ATmega128

마이크로컨트롤러 기초

김 락 환 저

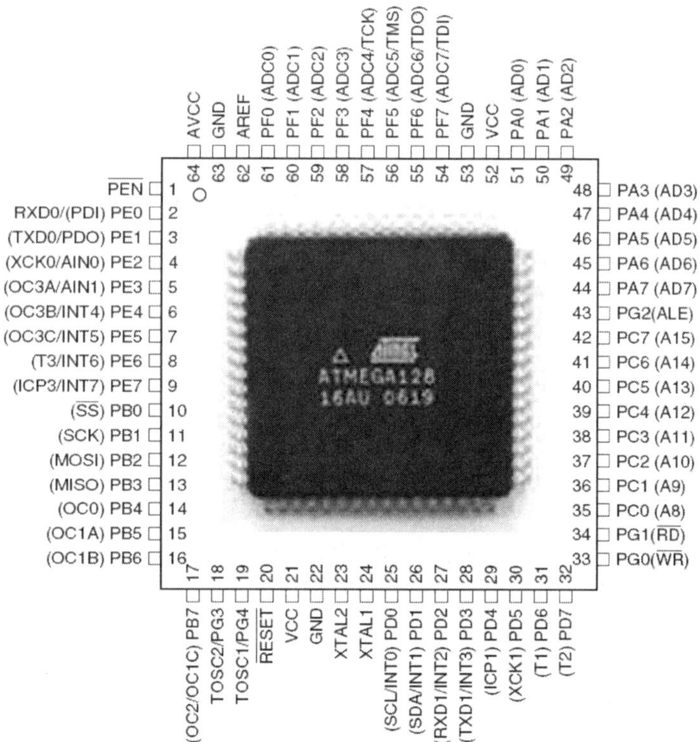

오성미디어

머 리 말

우리가 흔히 사용하는 대부분의 전자 제품이나 여러 장치 등에 마이크로컨트롤러가 탑재되어 사용되고 있다. 마이크로컨트롤러에는 수많은 종류가 있으며 그중에서 ATMEL사의 AVR시리즈는 현장의 엔지니어가 많이 사용하고 있다. 이 책은 산업현장에서 가장 보편적으로 사용되고 있는 8비트 마이크로컨트롤러인 ATmega128의 하드웨어 설계, 주변 소자와의 하드웨어 인터페이스와 프로그래밍 방법에 대해 C언어를 중심으로 보다 알기 쉽게 소개하여 산업 현장에서 제어장치를 설계하고자 하는 현장 엔지니어에게 필요한 내용을 다루고 있다.

본 교재에서 1장에서는 ATmega128의 구조와 특징을 다루고, 2장에서는 기본적인 C언어와 컴파일러 사용법을 다룬다. 이 교재에서는 C언어 사용을 중심으로 설명하였다. 그 이유는 최근에는 매우 다양한 프로세서들이 계속해서 개발되고 있고, 제품의 평균 수명도 짧아져 계속해서 신제품을 개발해야 되는데 C 언어로 프로그램을 작성하는 경우 새로운 프로세서로 변경하는 경우에도 소스프로그램을 조금만 수정하면 바로 실행이 가능한 프로그램을 완성할 수가 있다. 본 교재에서는 CodeVisionAVR 컴파일러를 중심으로 다루었다. 3장에서는 입·출력 포트에 대해 다룬다. 본 교재는 입·출력 포트를 다루는데 많은 분량을 할애하였다. 이 장에서는 포트를 이용하여 다양한 출력장치들을 예제와 혼자해볼 수 있는 문제들을 다루고 있다. 4장에서 A/D 변환기에 대해 다루고, 5~6장은 인터럽트 사용방법에 대해 다룬다. 7장에서는 비동기식 통신(UART)에 대해 다룬다. 본 교재의 실제적인 실험들은 키트를 이용해서 할 수 있도록 구성하였다. 본 교재는 C언어와 디지털논리회로를 배운 학생들에게 한 학기에 걸쳐서 학습하기에 적당한 내용을 이 책은 담고 있다. 이 책에는 ATmega128 매뉴얼에서 참조할 수 있는 표와 그림등을 싣고 있지만 보다 깊이 있게 이 책을 따라 공부하기 위해서는 인터넷에서 이들 매뉴얼들을 받아서 같이 보는 것이 필요할 것이다. 또한 마이크로컨트롤러는 제조회사마다 동작하는 명령어나 신호가 상이하겠지만 개념은 거의 동일하여 AVR ATmega128의 기본적인 사용 방법을 배움으로써 다른 마이크로컨트롤러에 대해서도 쉽게 이해할 수 있도록 하였다.

저자

차 례

제1장 ATMega128 구조 ---- 3

1.1 ATMega128의 특징과 기본구조 ---- 3

1.2 AVR ATMega128의 회로 구성과 기본 하드웨어 ---- 17

제2장 C 프로그래밍과 개발환경 ---- 27

2.1 C 프로그래밍 ---- 27

2.2 C언어 기초 문법 ---- 33

2.3 CodeVision 컴파일러 ---- 52

제3장 입 · 출력(I/O) 포트 ---- 69

3.1 입 · 출력(I/O) 포트의 개요 ---- 69

3.2 I/O PORT를 이용한 LED구동 및 스위치 입력 실습 ---- 82

3.3 7 세그먼트 LED 구동 ---- 93

3.4 4x4 키패드 입력 받기 ---- 105

3.5 LCD 표시장치 제어 ---- 111

3.6 드라이버 내장형 도트 매트릭스 LED의 제어 ---- 129

3.7 모터 제어 ---- 135

제4장 A/D 변환기 ---- 167

4.1 A/D변환(ADC)의 정의 ---- 167

4.2 ATMega128의 ADC ---- 168

4.3 아날로그 비교기 ---- 184

제5장 인터럽트(Interrupt) ---- 191

5.1 인터럽트의 개념과 종류 ---- 191
5.2 외부 인터럽트 제어 ---- 195
5.3 외부 인터럽트 실습 ---- 197

제6장 타이머/카운터 ---- 209

6.1 타이머/카운터 개요 ---- 209
6.2 타이머/카운터0과 타이머/카운터2 ---- 210
6.3 타이머 카운터1과 타이머/카운터3 ---- 225
6.4 타이머/카운터 실습 ---- 240

제7장 직렬통신(UART) ---- 255

7.1 직렬통신(UART)란? ---- 255
7.2 USART 실습 ---- 264

제1장
ATMega128 구조

제1장 ATMega128 구조

1.1 ATMega128의 특징과 기본구조

AVR은 하나의 CPU를 지칭하는 말이 아니고 미국의 ATMEL사에서 개발한 8비트 CPU시리즈를 총칭하는 말이다. AVR은 서로 다른 응용 분야에 사용 될 수 있도록 기능 및 성능에 따라서 크게 3가지의 기본 패밀리 (ATtiny 패밀리, AT90 패밀리, ATMega 패밀리) 및 특수용으로 나누어진다. AVR은 1997년에 최초로 소개 되었으며 상대적으로 그 역사가 짧지만 강력한 성능과 여러 가지 장점에 힘입어 현재는 시장에서 가장 대중적인 8비트 CPU로 사랑 받고 있다.
최근까지 조사된 각종 통계조사에 따르면 8비트 CPU가 사용되는 각 분야에 있어서 과거에 Intel 사의 8051이나 Microchips 사의 PIC CPU가 점유 하고 있던 대부분의 시장을 AVR이 대체하고 있다. AVR은 지속적으로 발전하고 있으며, 임베디드 시스템이 갈수록 증가 하고 있으므로 앞으로도 그 인기가 더 해 갈 것으로 예상되고 있다.

1.1.1 ATMega128의 특징

ATMega128은 8-비트 RISC(Reduced Instruction Set Computer) 구조로 명령어가 간단하며 동작 속도가 빠르고, 1MHz당 약 1MIPS(Million Instruction Per Second)의 성능을 보인다. 16MHz 클록을 사용할 때 16MIPS의 연산속도를 갖는다. MIPS는 Million Instructions per Second의 약자로서 16 MIPS이면 초당 1600만개의 명령어를 수행하는 속도이다.AVR ATMega128의 대표적인 특징은 다음과 같다.

- 128 Kbyte In-System 프로그램 플래시 메모리
  - In-system Programming방법으로 10000번 읽기/지우기가 가능
  - 읽고 쓰는 동작을 동시에 수행가능
  - 칩에 내장된 부트 프로그램으로 In-System 프로그래밍 가능
- 4 Kbyte EEPROM(최대 10만 번 쓰고 지울 수 있다.)
- 4 Kbyte 내부 SRAM
- 64Kbyte까지 외부메모리 장착 가능

- In-system Programming을 위한 SPI 인터페이스 제공
- 32개의 범용레지스터와 직접 연결되어 수학연산, 논리연산, 비트 연산을 보통 한 개의 시스템 클록 안에서 수행한다.
- 독립적인 프리스케일러와 비교모드를 갖는 8비트 타이머/카운터 2개
- 독립적인 프리스케일러, 비교모드와 캡쳐모드를 갖는 확장 16비트 타이머/카운터 2개
- 독립적인 오실레이터를 갖는 실시간 카운터
- 2개의 8비트 PWM 채널
- 2비트~16비트로 프로그램 가능한 분해능을 갖는 6개의 PWM 채널
- Output Compare Modulator(비교기 출력)
- 8채널의 10비트 A/D 컨버터
- Byte 지향의 두선 직렬 인터페이스 제공
- 2개의 프로그램 가능한 직렬 USARTs
- 마스터/슬레이브 SPI 직렬 인터페이스
- 프로그램 가능한 Watchdog Timer와 칩 내장형 발진기
- 칩 내장 아날로그 비교기
- 53개의 프로그램 가능한 I/O PORT
- 리셋과 8개의 외부인터럽트를 포함하여 총 35개의 인터럽트 벡터를 가지고 있다.
- 6가지 슬립모드: Idle, ADC 노이즈 감쇄기, 저전원, 무전원, 대기상태, 연장 대기상태
- 소프트웨어로 선택 가능한 클록 주파수
- 동작 범위 : 정상적인 동작의 경우 5.5mA, idle모드의 경우 1.6mA, 파워다운 모드의 경우 1마이크로A이하를 소비한다. -40도부터 85도 사이에서 동작가능하고 ATMega128L의 경우 2.7-5.5V에서 최대 8MHz에서 동작 가능하고, ATMega128의 경우 4.5-5.5V에서 최대 20MHz에서 동작 가능하다.

1.1.2 AVR ATMega128의 외부구조

ATMega128의 핀 배치는 그림1-1과 같다.

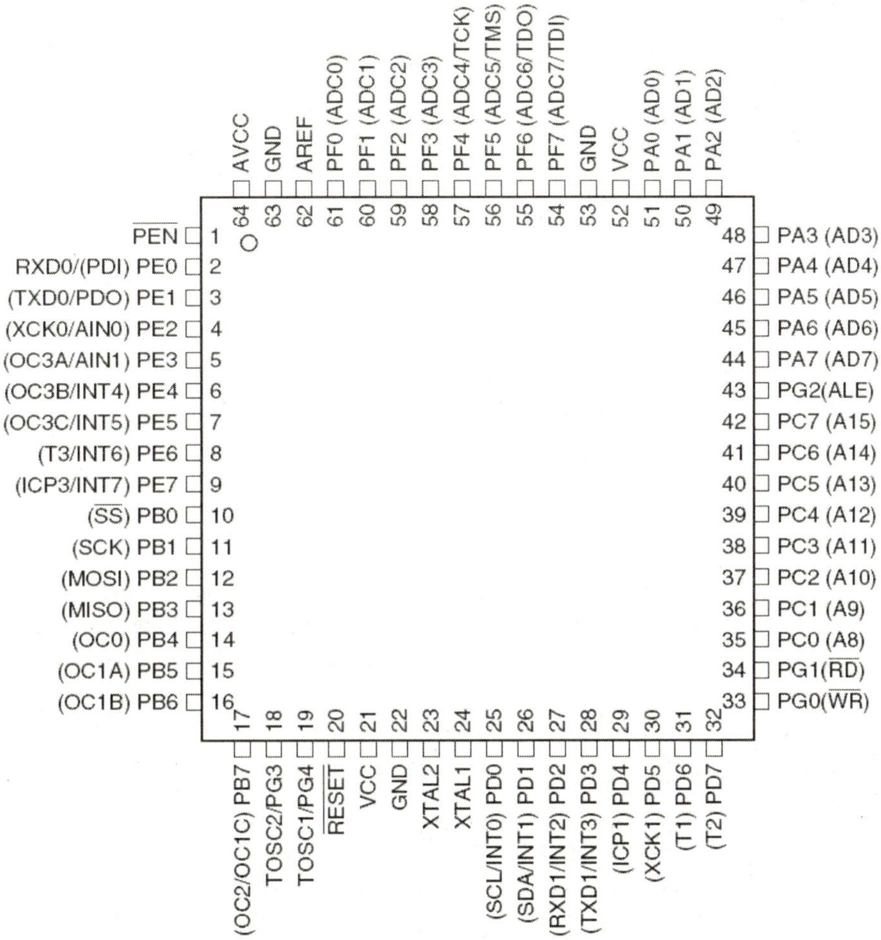

그림1-1 ATMega128의 핀 배치(출처:ATMEL 데이터시트)

명칭	핀번호	설명
VCC	21,52	마이크로프로세서가 동작하도록 공급하는 전원으로 두 가지 타입에 따라 전원의 범위가 다르다.
GND	22,53,63	신호의 접지 핀으로 사용된다.
XTAL1, XTAL2	23,24	수정발진기의 입/출력 핀으로서 크리스털이나 오실레이터를 접속한다. 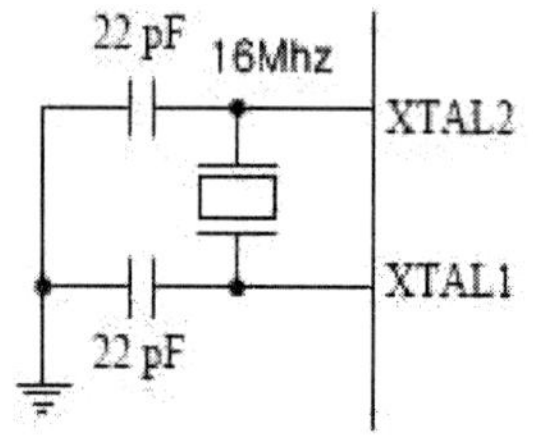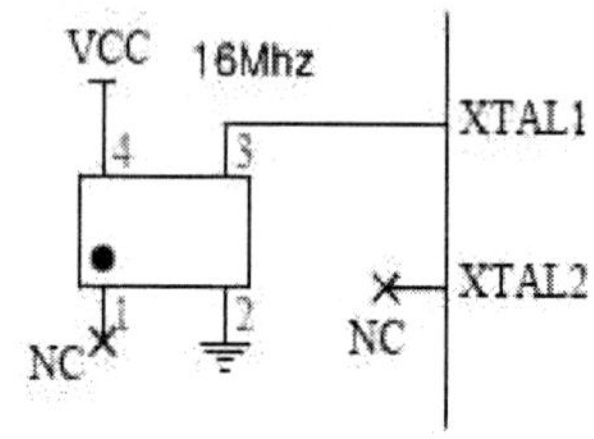
RESET	20	리셋 입력 핀으로서 50ns 이상의 Low level 입력이 지속되면 리셋이 발생한다. 리셋이 되면 일반적으로 프로그램의 0번지를 가르키고 0번지부터 프로그램이 시작됨 리셋 시 대부분의 레지스터는 0으로 된다.
포트 A PA7~PA0	44-51	내부 풀업 저항이 있는 8비트 양방향 입출력 단자. 외부메모리를 둘 경우에는 주소버스(A7-A0)와 데이터버스(D7-D0)로 사용.
포트 B PB7~PB0	10-17	내부 풀업 저항이 있는 8비트 양방향 입출력 단자. SPI용 단자 혹은 PWM 단자로도 사용된다.
포트 C PC7~PC0	35-42	내부 풀업 저항이 있는 8비트 양방향 입출력 단자. 외부메모리를 둘 경우에는 주소버스(A15-A8)로 사용된다.
포트 D PD7~PD0	25-32	포트 핀 내부 풀업 저항이 있는 8비트 양방향 입출력 단자. 타이머용 단자 혹은 외부인터럽트용 단자로도 사용된다.
포트 E PE7~PE0	2-9	내부 풀업 저항이 있는 8비트 양방향 입출력 단자. 타이머용 단자, 외부인터럽트, 아날로그 비교기, USART용 단자로도 사용된다.
포트 F PF7~PF0	54-61	내부 풀업 저항이 있는 5비트 양방향 입출력 단자. AD변환기 혹은 JTAG 인터페이스용 단자로도 사용된다.
포트 G PG4~PE0	9, 18, 43, 34, 33	내부 풀업 저항이 있는 8비트 양방향 입출력 단자. 외부 메모리 접속을 위한 스트로브 신호용, RTC(Real Time Counter) 타이머용 발진기 단자로도 사용된다.
AVCC	64	A/D 컨버터 및 포트 F의 전원 (ADC를 이용하지 않더라도 외부적으로 VCC에 연결되어야 한다.)
AGND	63	AVCC에 대한 전원 접지(반드시 GND와 접속할 것)
AREF	62	A/D 컨버터의 기준전압
PEN	1	SPI 활성화를 시키는 프로그래밍 Enable 핀으로서 파워-온-리셋 시 Low로 유지함으로써 SPI 활성화 상태가 된다. 일반적인 동작모드에서는 사용하지 않는다.

1.1.3 AVR ATMega128의 내부구조

ATMega128의 내부구조는 그림1-2 블록도와 같다.

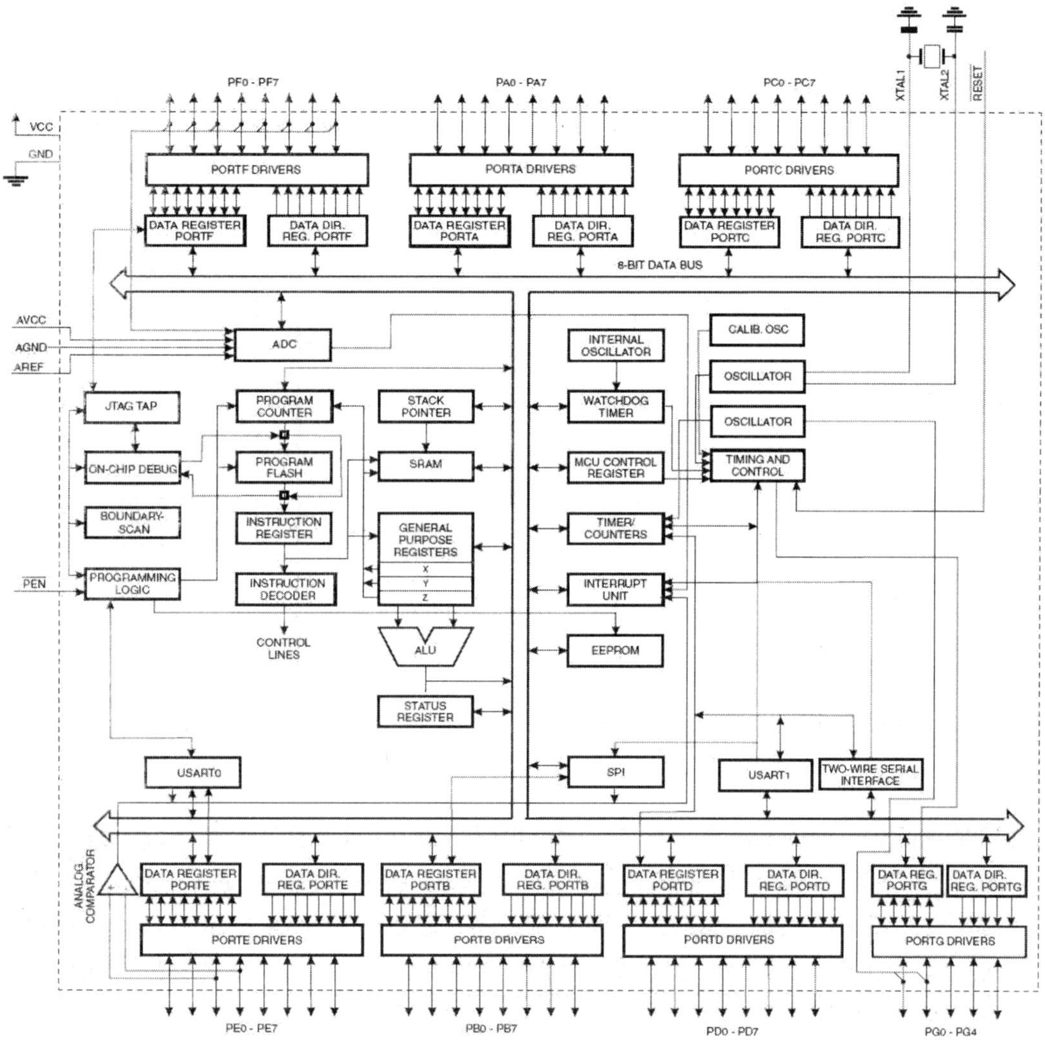

그림1-2 ATMega128 내부 블럭도(출처:ATMEL 데이터시트)

병렬처리의 최대 성능을 위해서 AVR은 Harvard 구조를 사용한다.

※ Harvard 구조 - 프로그램 / 데이터에 대해 분리된 메모리와 버스 구조

고성능의 ALU는 모든 32개의 범용레지스터와 직접 연결되어 단일 사이클로 동작한다.

그림1-3은 ATMega128의 코어 부분의 블록도를 나타낸다.

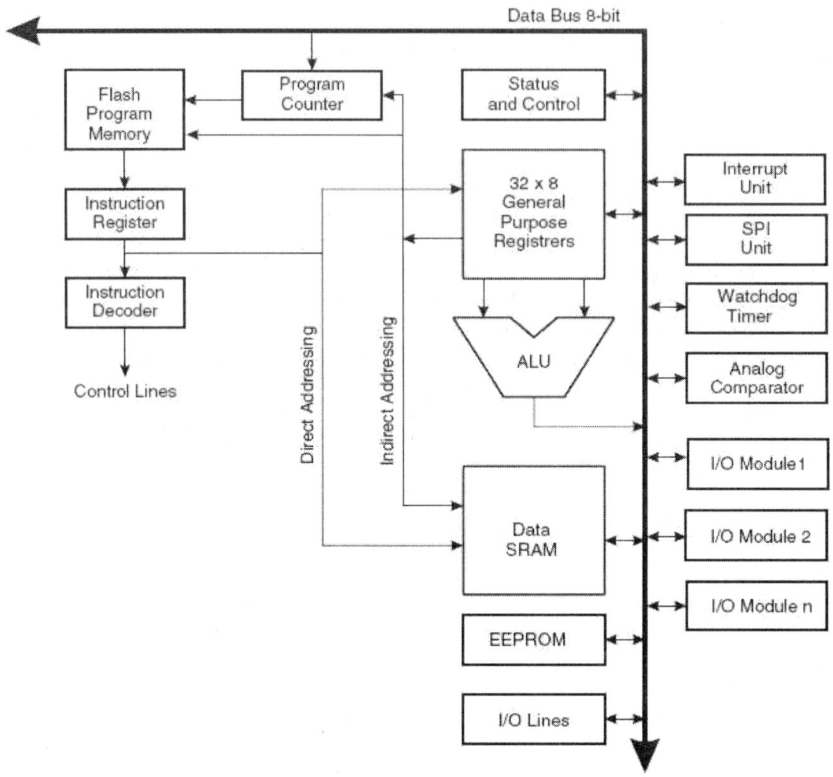

그림1-3 ATMega128의 코어 부분의 블록도(출처:ATMEL 데이터시트)

ATMega128이 Harvard 구조와 2단계 파이프라인 처리방식으로 프로그램 명령을 인출하여 실행한다. AVR의 이러한 진보된 설계 기술은 결국 CPU가 시스템 클록의 1주기에 평균적으로 1개의 명령을 실행하도록 함으로써 클록 주파수 1MHz당 1MIPS의 처리속도에 해당하는 매우 높은 성능을 발휘하는 것이 가능하도록 하였다.

1.1.4 AVR ATMega128의 메모리구조

(1) 프로그램메모리

ATMega128의 경우 자체적으로 128KB의 플래시 메모리를 포함하고 있기 때문에 외부에 별도로 ROM이나 플래시 메모리를 구성할 필요가 없다. 따라서

ATMega128은 내부의 플래시 메모리만을 프로그램 메모리로 활용한다. 특이하게 ATMega128의 프로그램 메모리 공간은 부트 프로그램 영역과 응용 프로그램 영역으로 구분되어 관리된다. 부트영역은 사용할 수 도 있고, 사용하지 않을 수도 있다. 또한 부트 프로그램 영역은 그와 관계된 부트 락(lock) 비트를 통하여 소프트웨어 보안 기능을 제공한다. 128KB의 플래시 메모리는 AVR의 최대 강점 중 하나인 ISP 방식을 지원한다. ISP(In-System Programming) 기능을 이용하면 별도의 장비 없이 ATMega128 과 ISP 케이블, ISP 기능을 지원하는 다운로드 프로그램 (Ponyprog2000 등)을 이용하면 사용자가 작성한 프로그램의 다운로드가 가능하다. 플래시 프로그램 메모리는 그림1-4와 같이 16비트 단위로 접근 가능한 64K바이트의 주소공간($0000번지에서 $FFFF번지)을 갖는 플래시 롬이 프로그램 메모리로 내장되어 있다.

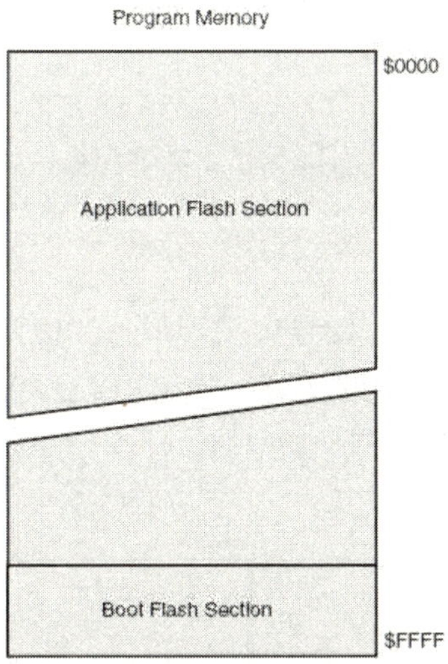

그림1-4 프로그램메모리(출처:ATMEL 데이터시트)

(2) 데이터메모리

데이터 메모리는 그림1-5에 보여 진 것처럼 32바이트의 범용레지스터($0000번지에서 $001F번지), 64바이트의 I/O레지스터($0020번지에서 $005F번지), 160개의 확장 I/O 레지스터($0060번지에서 $00FF번지) 그리고 4K바이트($0100번지에서 $10FF번지)의 SRAM이 내장되어 있다.

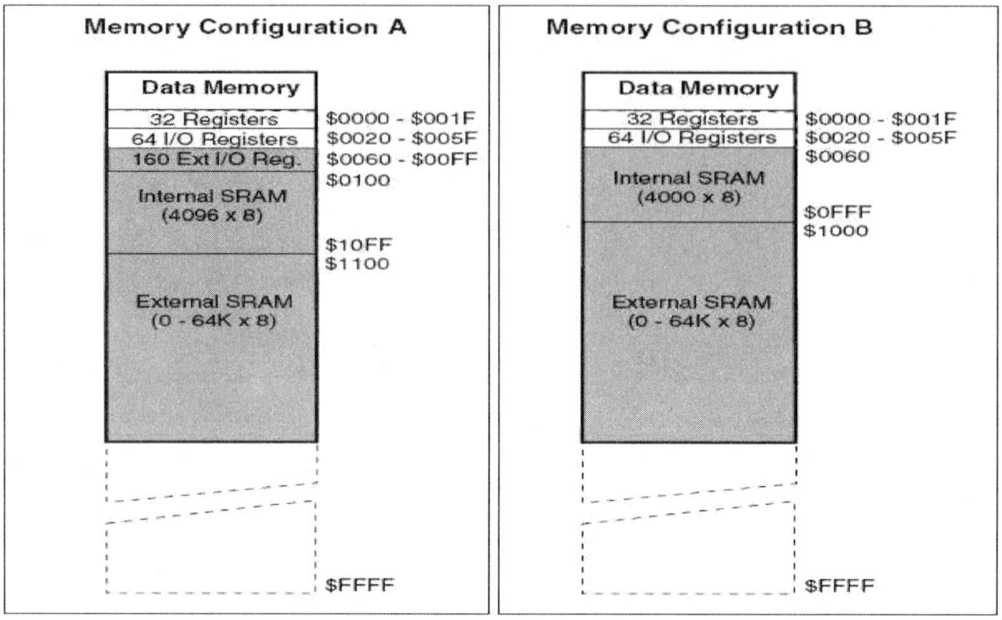

그림1-5 데이터메모리(출처:ATMEL 데이터시트)

(3) 범용 레지스터

그림1-6과 같이 32바이트로 내부메모리의 00번지에서 1F번지를 차지한다. 8051의 A레지스터와 같은 ALU가 따로 있지 않고 32개가 모두 ALU역할을 하여 기본적인 사칙연산을 수행하고 일부의 상수 데이터를 사용하는 연산명령은 R16-R31에서 수행한다.

Register	Address	
R0	$00	
R1	$01	
R2	$02	
…		
R13	$0D	
R14	$0E	
R15	$0F	
R16	$10	
R17	$11	
…		
R26	$1A	X-register Low Byte
R27	$1B	X-register High Byte
R28	$1C	Y-register Low Byte
R29	$1D	Y-register High Byte
R30	$1E	Z-register Low Byte
R31	$1F	Z-register High Byte

그림1-6 범용레지스터(출처:ATMEL 데이터시트)

(4) X,Y,Z 레지스터

그림 1-7과 같이 R26-R31은 각각 2개씩 합쳐져서 3개의 16비트 레지스터인 X,Y,Z 레지스터로 사용될 수 있다. 이들은 데이터 메모리의 16비트 주소를 간접 지정하는 포인터로 사용되며 Z레지스터(R30, R31의 쌍)는 LPM, ELPM, SPM 명령에서 메모리값에 접근할 때 사용한다.

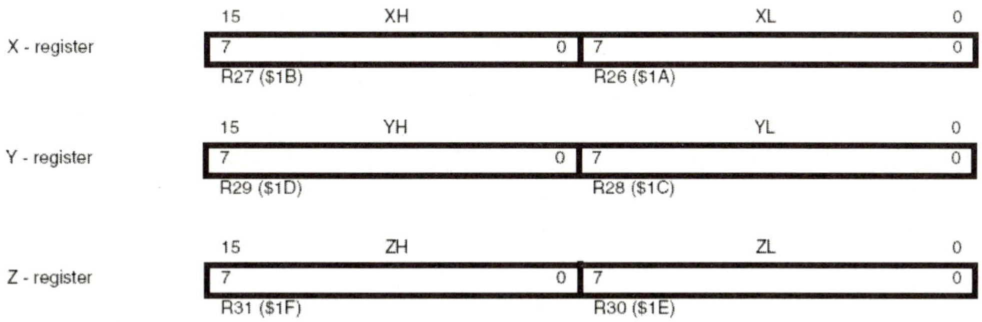

그림1-7 XYZ레지스터(출처:ATMEL 데이터시트)

(5) I/O 레지스터 (출처:ATMEL 데이터시트)

Address	Name	Bit 7	Bit 6	Bit 5	Bit 4	Bit 3	Bit 2	Bit 1	Bit 0	Page
($61)	DDRF	DDF7	DDF6	DDF5	DDF4	DDF3	DDF2	DDF1	DDF0	86
($60)	Reserved	–	–	–	–	–	–	–	–	
$3F ($5F)	SREG	I	T	H	S	V	N	Z	C	9
$3E ($5E)	SPH	SP15	SP14	SP13	SP12	SP11	SP10	SP9	SP8	12
$3D ($5D)	SPL	SP7	SP6	SP5	SP4	SP3	SP2	SP1	SP0	12
$3C ($5C)	XDIV	XDIVEN	XDIV6	XDIV5	XDIV4	XDIV3	XDIV2	XDIV1	XDIV0	41
$3B ($5B)	RAMPZ	–	–	–	–	–	–	–	RAMPZ0	12
$3A ($5A)	EICRB	ISC71	ISC70	ISC61	ISC60	ISC51	ISC50	ISC41	ISC40	88
$39 ($59)	EIMSK	INT7	INT6	INT5	INT4	INT3	INT2	INT1	INT0	89
$38 ($58)	EIFR	INTF7	INTF6	INTF5	INTF4	INTF3	INTF	INTF1	INTF0	89
$37 ($57)	TIMSK	OCIE2	TOIE2	TICIE1	OCIE1A	OCIE1B	TOIE1	OCIE0	TOIE0	106, 138, 158
$36 ($56)	TIFR	OCF2	TOV2	ICF1	OCF1A	OCF1B	TOV1	OCF0	TOV0	106, 139, 158
$35 ($55)	MCUCR	SRE	SRW10	SE	SM1	SM0	SM2	IVSEL	IVCE	29, 42, 61
$34 ($54)	MCUCSR	JTD	–	–	JTRF	WDRF	BORF	EXTRF	PORF	51, 256
$33 ($53)	TCCR0	FOC0	WGM00	COM01	COM00	WGM01	CS02	CS01	CS00	101
$32 ($52)	TCNT0	Timer/Counter0 (8 Bit)								103
$31 ($51)	OCR0	Timer/Counter0 Output Compare Register								103
$30 ($50)	ASSR	–	–	–	–	AS0	TCN0UB	OCR0UB	TCR0UB	104
$2F ($4F)	TCCR1A	COM1A1	COM1A0	COM1B1	COM1B0	COM1C1	COM1C0	WGM11	WGM10	131
$2E ($4E)	TCCR1B	ICNC1	ICES1	–	WGM13	WGM12	CS12	CS11	CS10	134
$2D ($4D)	TCNT1H	Timer/Counter1 – Counter Register High Byte								136
$2C ($4C)	TCNT1L	Timer/Counter1 – Counter Register Low Byte								136
$2B ($4B)	OCR1AH	Timer/Counter1 – Output Compare Register A High Byte								136
$2A ($4A)	OCR1AL	Timer/Counter1 – Output Compare Register A Low Byte								136
$29 ($49)	OCR1BH	Timer/Counter1 – Output Compare Register B High Byte								136
$28 ($48)	OCR1BL	Timer/Counter1 – Output Compare Register B Low Byte								136
$27 ($47)	ICR1H	Timer/Counter1 – Input Capture Register High Byte								137
$26 ($46)	ICR1L	Timer/Counter1 – Input Capture Register Low Byte								137
$25 ($45)	TCCR2	FOC2	WGM20	COM21	COM20	WGM21	CS22	CS21	CS20	156
$24 ($44)	TCNT2	Timer/Counter2 (8 Bit)								158
$23 ($43)	OCR2	Timer/Counter2 Output Compare Register								158
$22 ($42)	OCDR	IDRD/OCDR7	OCDR6	OCDR5	OCDR4	OCDR3	OCDR2	OCDR1	OCDR0	253
$21 ($41)	WDTCR	–	–	–	WDCE	WDE	WDP2	WDP1	WDP0	53
$20 ($40)	SFIOR	TSM	–	–	–	ACME	PUD	PSR0	PSR321	70, 107, 143, 228
$1F ($3F)	EEARH	–	–	–	–	EEPROM Address Register High				19
$1E ($3E)	EEARL	EEPROM Address Register Low Byte								19
$1D ($3D)	EEDR	EEPROM Data Register								20
$1C ($3C)	EECR	–	–	–	–	EERIE	EEMWE	EEWE	EERE	20
$1B ($3B)	PORTA	PORTA7	PORTA6	PORTA5	PORTA4	PORTA3	PORTA2	PORTA1	PORTA0	84
$1A ($3A)	DDRA	DDA7	DDA6	DDA5	DDA4	DDA3	DDA2	DDA1	DDA0	84
$19 ($39)	PINA	PINA7	PINA6	PINA5	PINA4	PINA3	PINA2	PINA1	PINA0	84
$18 ($38)	PORTB	PORTB7	PORTB6	PORTB5	PORTB4	PORTB3	PORTB2	PORTB1	PORTB0	84
$17 ($37)	DDRB	DDB7	DDB6	DDB5	DDB4	DDB3	DDB2	DDB1	DDB0	84
$16 ($36)	PINB	PINB7	PINB6	PINB5	PINB4	PINB3	PINB2	PINB1	PINB0	84
$15 ($35)	PORTC	PORTC7	PORTC6	PORTC5	PORTC4	PORTC3	PORTC2	PORTC1	PORTC0	84
$14 ($34)	DDRC	DDC7	DDC6	DDC5	DDC4	DDC3	DDC2	DDC1	DDC0	84
$13 ($33)	PINC	PINC7	PINC6	PINC5	PINC4	PINC3	PINC2	PINC1	PINC0	85
$12 ($32)	PORTD	PORTD7	PORTD6	PORTD5	PORTD4	PORTD3	PORTD2	PORTD1	PORTD0	85
$11 ($31)	DDRD	DDD7	DDD6	DDD5	DDD4	DDD3	DDD2	DDD1	DDD0	85
$10 ($30)	PIND	PIND7	PIND6	PIND5	PIND4	PIND3	PIND2	PIND1	PIND0	85
$0F ($2F)	SPDR	SPI Data Register								168
$0E ($2E)	SPSR	SPIF	WCOL	–	–	–	–	–	SPI2X	168
$0D ($2D)	SPCR	SPIE	SPE	DORD	MSTR	CPOL	CPHA	SPR1	SPR0	166
$0C ($2C)	UDR0	USART0 I/O Data Register								189
$0B ($2B)	UCSR0A	RXC0	TXC0	UDRE0	FE0	DOR0	UPE0	U2X0	MPCM0	189
$0A ($2A)	UCSR0B	RXCIE0	TXCIE0	UDRIE0	RXEN0	TXEN0	UCSZ02	RXB80	TXB80	190
$09 ($29)	UBRR0L	USART0 Baud Rate Register Low								193
$08 ($28)	ACSR	ACD	ACBG	ACO	ACI	ACIE	ACIC	ACIS1	ACIS0	228
$07 ($27)	ADMUX	REFS1	REFS0	ADLAR	MUX4	MUX3	MUX2	MUX1	MUX0	244
$06 ($26)	ADCSRA	ADEN	ADSC	ADFR	ADIF	ADIE	ADPS2	ADPS1	ADPS0	245
$05 ($25)	ADCH	ADC Data Register High Byte								246
$04 ($24)	ADCL	ADC Data Register Low byte								246
$03 ($23)	PORTE	PORTE7	PORTE6	PORTE5	PORTE4	PORTE3	PORTE2	PORTE1	PORTE0	85
$02 ($22)	DDRE	DDE7	DDE6	DDE5	DDE4	DDE3	DDE2	DDE1	DDE0	85

Address	Name	Bit 7	Bit 6	Bit 5	Bit 4	Bit 3	Bit 2	Bit 1	Bit 0	Page
$01 ($21)	PINE	PINE7	PINE6	PINE5	PINE4	PINE3	PINE2	PINE1	PINE0	85
$00 ($20)	PINF	PINF7	PINF6	PINF5	PINF4	PINF3	PINF2	PINF1	PINF0	86

Address	Name	Bit 7	Bit 6	Bit 5	Bit 4	Bit 3	Bit 2	Bit 1	Bit 0	Page
($FF)	Reserved	–	–	–	–	–	–	–	–	
..	Reserved	–	–	–	–	–	–	–	–	
($9E)	Reserved	–	–	–	–	–	–	–	–	
($9D)	UCSR1C	–	UMSEL1	UPM11	UPM10	USBS1	UCSZ11	UCSZ10	UCPOL1	191
($9C)	UDR1	USART1 I/O Data Register								189
($9B)	UCSR1A	RXC1	TXC1	UDRE1	FE1	DOR1	UPE1	U2X1	MPCM1	189
($9A)	UCSR1B	RXCIE1	TXCIE1	UDRIE1	RXEN1	TXEN1	UCSZ12	RXB81	TXB81	190
($99)	UBRR1L	USART1 Baud Rate Register Low								193
($98)	UBRR1H	–	–	–	–	USART1 Baud Rate Register High				193
($97)	Reserved	–	–	–	–	–	–	–	–	
($96)	Reserved	–	–	–	–	–	–	–	–	
($95)	UCSR0C	–	UMSEL0	UPM01	UPM00	USBS0	UCSZ01	UCSZ00	UCPOL0	191
($94)	Reserved	–	–	–	–	–	–	–	–	
($93)	Reserved	–	–	–	–	–	–	–	–	
($92)	Reserved	–	–	–	–	–	–	–	–	
($91)	Reserved	–	–	–	–	–	–	–	–	
($90)	UBRR0H	–	–	–	–	USART0 Baud Rate Register High				193
($8F)	Reserved	–	–	–	–	–	–	–	–	
($8E)	Reserved	–	–	–	–	–	–	–	–	
($8D)	Reserved	–	–	–	–	–	–	–	–	
($8C)	TCCR3C	FOC3A	FOC3B	FOC3C	–	–	–	–	–	135
($8B)	TCCR3A	COM3A1	COM3A0	COM3B1	COM3B0	COM3C1	COM3C0	WGM31	WGM30	131
($8A)	TCCR3B	ICNC3	ICES3	–	WGM33	WGM32	CS32	CS31	CS30	134
($89)	TCNT3H	Timer/Counter3 – Counter Register High Byte								136
($88)	TCNT3L	Timer/Counter3 – Counter Register Low Byte								136
($87)	OCR3AH	Timer/Counter3 – Output Compare Register A High Byte								136
($86)	OCR3AL	Timer/Counter3 – Output Compare Register A Low Byte								136
($85)	OCR3BH	Timer/Counter3 – Output Compare Register B High Byte								137
($84)	OCR3BL	Timer/Counter3 – Output Compare Register B Low Byte								137
($83)	OCR3CH	Timer/Counter3 – Output Compare Register C High Byte								137
($82)	OCR3CL	Timer/Counter3 – Output Compare Register C Low Byte								137
($81)	ICR3H	Timer/Counter3 – Input Capture Register High Byte								137
($80)	ICR3L	Timer/Counter3 – Input Capture Register Low Byte								137
($7F)	Reserved	–	–	–	–	–	–	–	–	
($7E)	Reserved	–	–	–	–	–	–	–	–	
($7D)	ETIMSK	–	–	TICIE3	OCIE3A	OCIE3B	TOIE3	OCIE3C	OCIE1C	138
($7C)	ETIFR	–	–	ICF3	OCF3A	OCF3B	TOV3	OCF3C	OCF1C	139
($7B)	Reserved	–	–	–	–	–	–	–	–	
($7A)	TCCR1C	FOC1A	FOC1B	FOC1C	–	–	–	–	–	135
($79)	OCR1CH	Timer/Counter1 – Output Compare Register C High Byte								136
($78)	OCR1CL	Timer/Counter1 – Output Compare Register C Low Byte								136
($77)	Reserved	–	–	–	–	–	–	–	–	
($76)	Reserved	–	–	–	–	–	–	–	–	
($75)	Reserved	–	–	–	–	–	–	–	–	
($74)	TWCR	TWINT	TWEA	TWSTA	TWSTO	TWWC	TWEN	–	TWIE	206
($73)	TWDR	Two-wire Serial Interface Data Register								208
($72)	TWAR	TWA6	TWA5	TWA4	TWA3	TWA2	TWA1	TWA0	TWGCE	208
($71)	TWSR	TWS7	TWS6	TWS5	TWS4	TWS3	–	TWPS1	TWPS0	207
($70)	TWBR	Two-wire Serial Interface Bit Rate Register								206
($6F)	OSCCAL	Oscillator Calibration Register								39
($6E)	Reserved	–	–	–	–	–	–	–	–	
($6D)	XMCRA	–	SRL2	SRL1	SRL0	SRW01	SRW00	SRW11		29
($6C)	XMCRB	XMBK	–	–	–	–	XMM2	XMM1	XMM0	31
($6B)	Reserved	–	–	–	–	–	–	–	–	
($6A)	EICRA	ISC31	ISC30	ISC21	ISC20	ISC11	ISC10	ISC01	ISC00	87
($69)	Reserved	–	–	–	–	–	–	–	–	
($68)	SPMCSR	SPMIE	RWWSB	–	RWWSRE	BLBSET	PGWRT	PGERS	SPMEN	279
($67)	Reserved	–	–	–	–	–	–	–	–	
($66)	Reserved	–	–	–	–	–	–	–	–	
($65)	PORTG	–	–	–	PORTG4	PORTG3	PORTG2	PORTG1	PORTG0	86
($64)	DDRG	–	–	–	DDG4	DDG3	DDG2	DDG1	DDG0	86
($63)	PING	–	–	–	PING4	PING3	PING2	PING1	PING0	86
($62)	PORTF	PORTF7	PORTF6	PORTF5	PORTF4	PORTF3	PORTF2	PORTF1	PORTF0	85

(6) 상태레지스터(SREG)

상태레지스터(SREG:Status REGister)는 ALU의 연산 후 상태와 결과를 표시하는 레지스터이다.

Bit	7	6	5	4	3	2	1	0
	I	T	H	S	V	N	Z	C
읽기/쓰기	R/W	R/W	R/W	R/W	R/W	R/W	R/W	R/W
초기값	0	0	0	0	0	0	0	0

- 비트 7(I : Global Interrupt Enable) : 전역 인터럽트 인에이블 비트 '1' 이면 전체 인터럽트 허용, '0' 이면 전체 인터럽트 불허용
- 비트6(T : Bit Copy Storage) : BLD 및 BST 명령을 이용하여 T비트와 다른 비트 사이의 복사가 가능
- 비트5(H : Half Carry Flag) : 산술 연산 중 가산에서 Half Carry / 감산에서 Half Borrow 발생 (BCD연산시 사용)
- 비트4(S : Sign Bit) : S = N ⊕V (부호 없는(있는) 정수의 대소 판단 사용)
- 비트3(V : 2's Complement Overflow Flag) : 2의 보수 연산에서 오버플로를 표시한다.
- 비트2(N : Negative Flag) : 연산 결과값의 최상위 비트가 1로되어 2의 보수표현을 사용하는 경우 연산 결과가 음수임을 표시한다.
- 비트1(Z : Zero Flag) : 연산 결과값이 0이 되었음을 표시한다.
- 비트0(C : Carry Flag) : 연산으로 자리올림이나 자리내림이 발생하면 1로 세트된다.

(7) EEPROM

ATMega128에는 4KByte의 EEPROM이 내장되어 있다. 여기에는 플래시 메모리보다 더 많은 약 100,000번까지 반복적으로 데이터를 쓸 수 있다. 일반적으로 EEPROM은 전원이 OFF되어도 저장된 데이터의 보관용으로 빈번하게 사용하곤 한다. ATMega128은 EEPROM을 SRAM이나 I/O레지스터 등의 내부 데이터 메모리와 별도로 관리하여 EEPROM 데이터 메모리 영역을 두고 있다. 따라서 EEPROM 데이터 메모리 영역은 내부 데이터 메모리 영역과 다른 메모리 주소영역인 0x0000 ~ 0x0FFF 번지의 영역에 할당한다. 즉 내부 데이터 메모리

영역의 0x0000 번지와 EEPROM 데이터 메모리 영역의 0x0000 번지는 다른 영역의 번지이므로 중첩되지 않는다.

(가) EEAR 레지스터

읽고 쓸 EEPROM의 4K바이트의 주소 지정에 사용된다. 초기값은 부여되지 않고 임의의 값이 될 수 있다. 항상 EEPROM에 접근하기 전에 주소값을 지정하도록 한다. EEPROM은 바이트 단위로 읽고 쓰기를 한다.

EEARH/EEARL (EEPROM Address Register) 0x1F(0x3F), 0x1E(0x3E)

bit	7	6	5	4	3	2	1	0
	-	-	-	-	EEARH[11:8]			
	EEARL[7:0]							
Read/Write	R/W	R/W	R/W	R/W	R/W	R/W	R/W	R/W
초기값	0	0	0	0	x	x	x	x
	x	x	x	x	x	x	x	x

(나) EEDR 레지스터

실제로 읽거나 쓰기 위한 바이트 단위의 데이터가 저장되어지는 레지스터이다.

EEDR (EEPROM Data Register) 0x1F(0x3F), 0x1E(0x3E)

bit	7	6	5	4	3	2	1	0
	MSB							LSB
Read/Write	R/W	R/W	R/W	R/W	R/W	R/W	R/W	R/W
초기값	0	0	0	0	0	0	0	0

(다) EECR 레지스터

EECR (EEPROM Control Register) 0x1C(0x3C)

bit	7	6	5	4	3	2	1	0
	-	-	-	-	EERIE	EEMWE	EEWE	EERE
Read/Write	R/W	R/W	R/W	R/W	R/W	R/W	R/W	R/W
초기값	0	0	0	0	0	0	0	0

- 비트3(EERIE : EEPROM Ready Interrupt Enable) : 1로 설정되면 EEWE 비트가 0이 될때 EEPROM Ready 인터럽트를 발생하는 기능을 가진다.
- 비트2(EEMWE : EEPROM Master Write Enable) : EEWE를 1로 설정할때 EEPROM에 쓰기가 가능하도록 허용할지 여부를 결정한다.
- 비트1(EEWE : EEPROM Write Enable) : EEMWE가 1로 설정되면 EEWE가 1로

되고 나서 4클록 사이클 이내에 EEDR의 데이터를 EEAR이 가리키는 EEPROM의 주소에 쓴다. 쓰기가 완료되면 EEMWE는 자동적으로 0이 된다.

- 비트0(EERE : EEPROM Read Enable) : EEPROM의 읽기 스트로브로서 EEAR 레지스터에 적절한 주소값이 부여된 경우 EERE를 1로 해야 EEPROM 읽기가 시작될 수 있다.

(라) EEPROM 쓰기과정

다음의 과정을 거쳐 쓰기가 이루어지는데 쓰기가 수행되고 나면 CPU는 다음 명령을 실행하기 전에 2클록 동안 멈추고 EEPROM 쓰기는 CPU가 플래시메모리에 쓰기를 할 때는 불가능하다.

① EEWE가 0일 될 때까지 기다린다.
② SPMCSR 레지스터의 SPMEN비트가 0이 될 때까지 기다린다.
③ 쓰기 할 EEPROM주소를 EEAR레지스터에 저장한다.
④ 쓰기 할 EEPROM 데이터를 EEDR레지스터에 저장한다.
⑤ EECR레지스터의 EEMWE는 1로 EEWE는 0으로 설정한다.
⑥ 4클록 사이클 이내에 EEWE를 1로 설정한다. 그리고 쓰기가 수행된다.

위의 쓰기 과정에서 ③,④는 순서가 바뀌어도 상관없다. ⑤, ⑥ 과정 중에 인터럽트가 발생되면 EEMWE의 동작 제한시간이 초과되어 쓰기 동작이 실패하게 되므로 이를 방지하기 위해 ③-⑥ 과정동안에는 상태레지스터 SREG의 I비트를 0으로 설정하여 인터럽트 발생을 금지시켜야 한다.

EEPROM 쓰기 과정 중에 파워다운 슬립모드에 진입하면 파워다운 슬립모드에 제대로 진입하지 못하게 되므로 파워다운 모드에 진입하려면 EEPROM 쓰기가 완료되었는지를 확인해야 한다. 전원 전압이 낮은 동안에는 EEPROM 데이터가 손상될 수 있다. 이를 방지하기 위해 내부 Brown-out 감지기를 작동하게 하고 전원전압이 낮아지면 리셋되도록 하드웨어를 구성하는 것도 괜찮다.

(마) EEPROM 읽기과정

①EEWE가 0일 될 때까지 기다린다.
②읽기할 EEPROM주소를 EEAR레지스터에 저장한다.
③EECR레지스터의 EERE를 1로 설정한다.
④EEPROM 데이터를 EEDR레지스터로부터 읽는다.

1.2 AVR ATMega128의 회로 구성과 기본 하드웨어

1.2.1 AVR ATMega128 보드

그림 1-8은 ATMega128 메인보드이다.

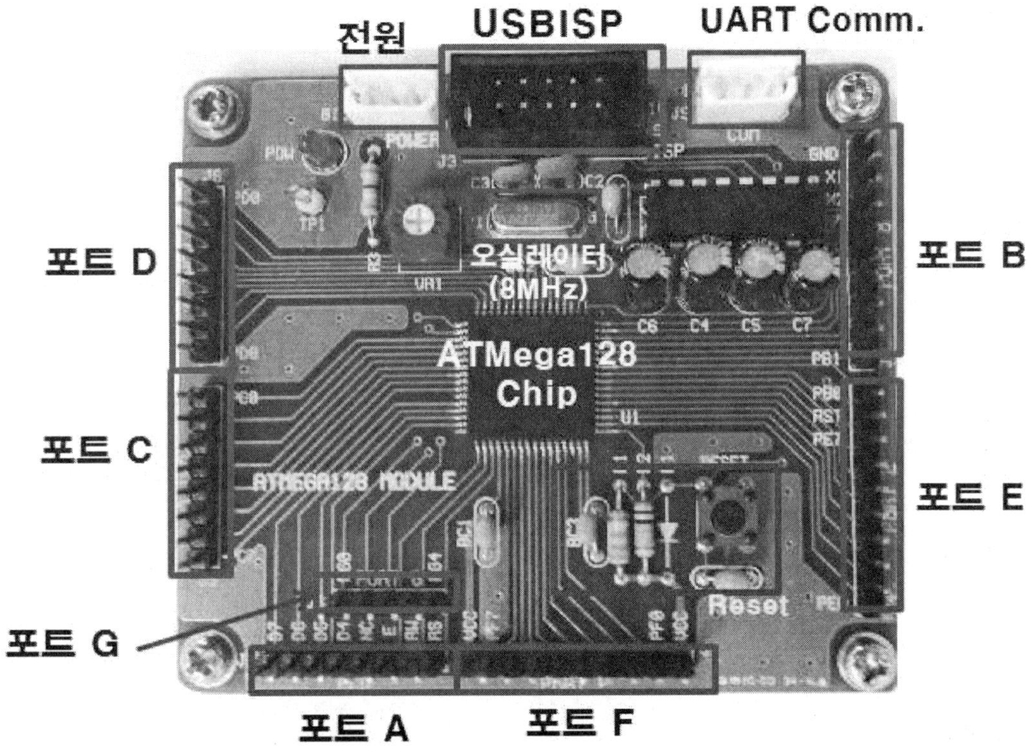

그림1-8 AVR ATMegaA128 보드

1.2.2 AVR ATMega128회로 구성

ATMega128을 구동하기 위해서는 다음과 같은 기본적인 하드웨어 구성이 필요하다.

① **전원**

- MCU를 구동하기 위한 전원부 (안정화된 5V 사용)

② MCU (ATMega128)

- 마이크로 컨트롤러
- VCC연결(1,21,52,62,64)
- GND연결(22,53,63)

③ Oscillator (8MHz)

MCU에게 기준이 될 클록을 제공한다. 그림1-9는 ATMega128에 기준 클록을 만드는 하드웨어 방법 3가지를 나타낸다. 이 보드에는 그림1-10(a)와 같이 8MHz 오실레이터를 사용하여 기본 클록을 발생한다.

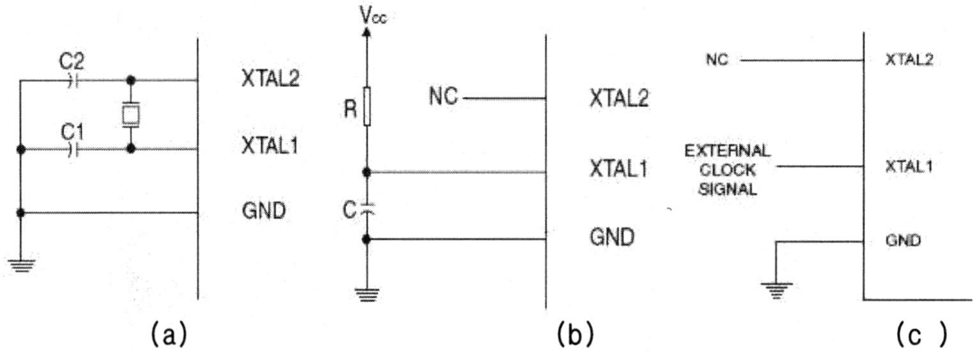

그림1-9 크리스털, R-C, 오실레이터 발진 회로

④ Reset

- 그림1-10은 Reset 기능을 작동하게 하는 회로
- ATMega128이 전원을 투입한 직후에 정확히 지정된 상태로 동작을 시작하도록 하기 위하여 리셋 회로를 설계해야 한다.
- 저항과 캐패시터의 RC회로를 사용하여 아날로그 소자인 스위치의 잡음방지
- 다이오드는 스위치 오프 시 캐패시터를 방전시켜주기 위한 환류 다이오드 역할

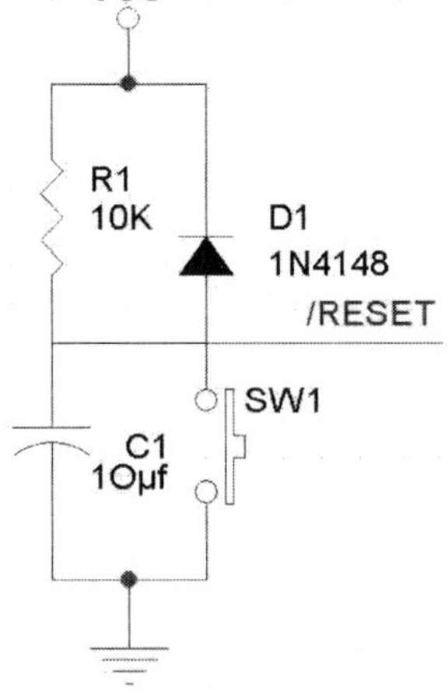

그림1-10 파워 온 리셋부

⑤ 포트 A-G

- ATMega128에는 7개의 I/O포트를 가지고 있다. 각 포트는 입출력기능에서 설명한다.

⑥ USBISP

- PC와 메인보드를 연결하는 커넥터로 PC에서 작성한 프로그램을 직접 ATMega128 프로그램메모리에 저장시켜 실행할 수 있도록 하는 In System Programmer 기능을 사용할 수 있도록 한다.

그림1-11은 실제 ATMega128 메인보드 회로도이다.

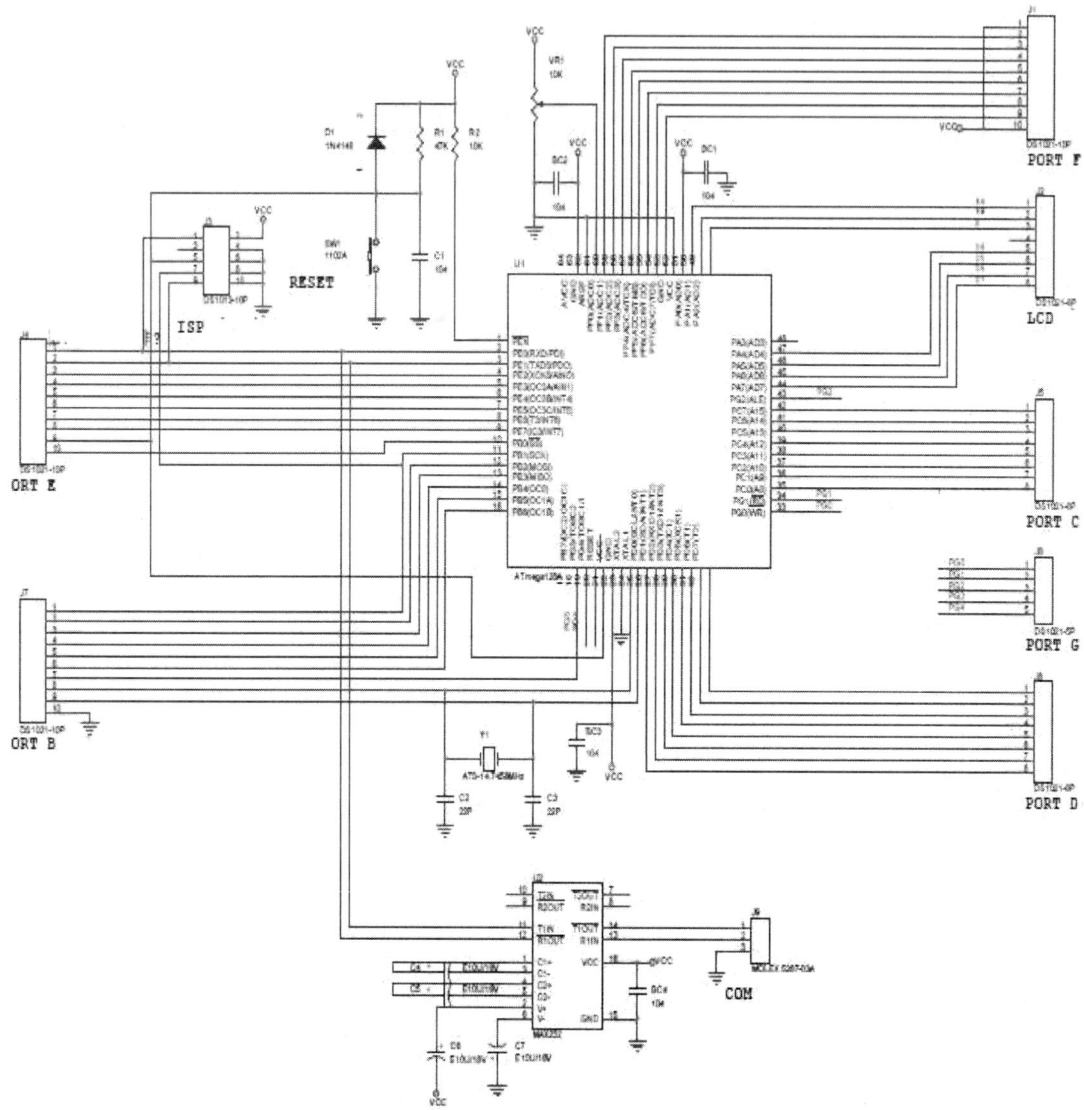

그림1-11 ATMega128 메인보드 회로도

1.2.3 AVR용 USB_ISP In-System Programmer

그림1-12는 AVR용 USB_ISP In-System Programmer이다.

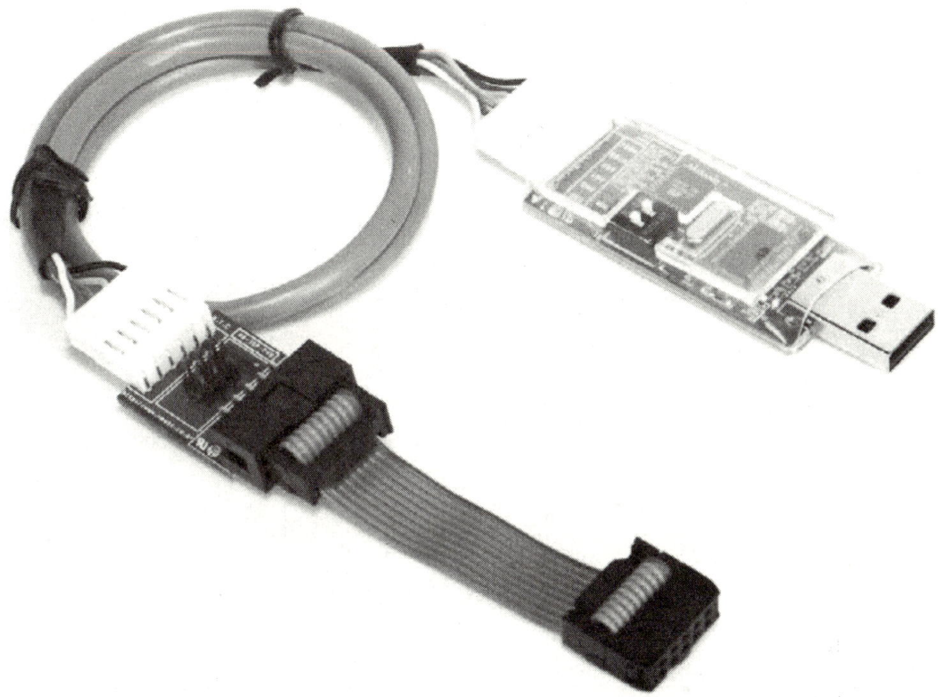

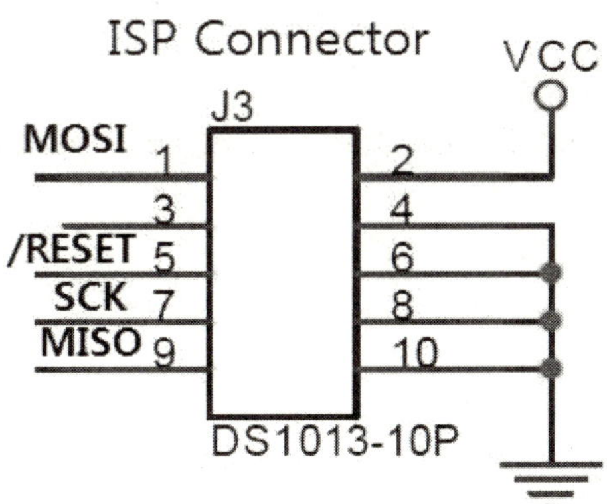

그림1-12 AVR용 USB_ISP In-System Programmer

그림1-13은 AVR용 USB_ISP In-System Programmer 회로도이다..

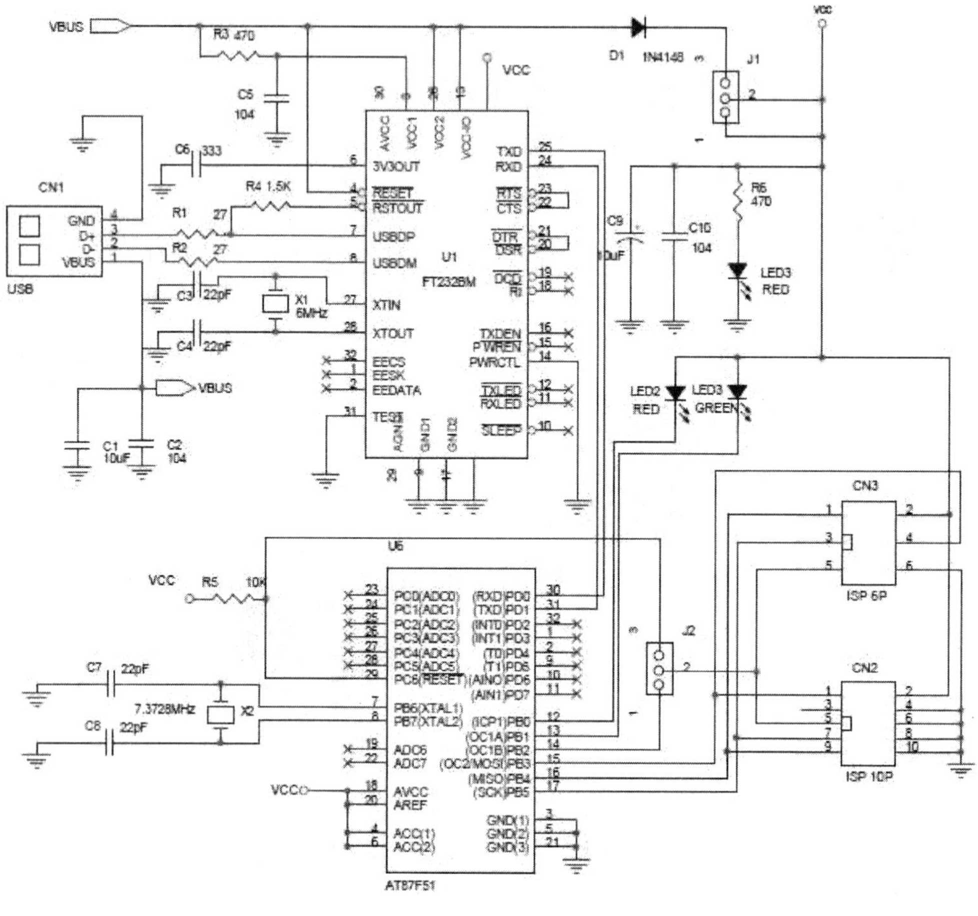

그림1-13 AVR용 USB_ISP In-System Programmer 회로도

(가) 하드웨어 연결

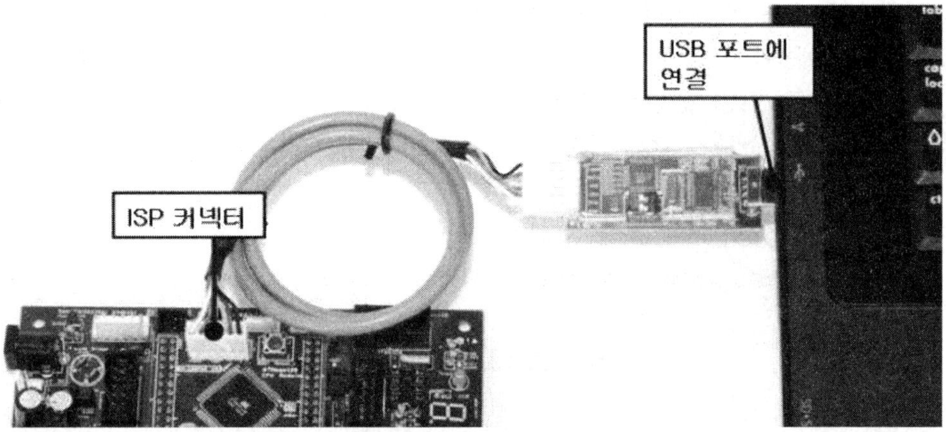

(나) USB버스 전원

USB-ISP 를 사용하면서 USB 의 전원을 사용하고 싶다면 USB-ISP 의 DIP 스위치 중 윗 스위치를 ON(왼쪽) 시킨다. 그러면 PC 에서 공급되는 USB전원을 사용할 수 있다. 여기서 공급되는 전원으로 모터를 구동하거나 많은 전유가 흐르는 회로를 동작시킬 경우 USB-ISP 나 USB 포트에 무리를 줄 수 있다. 기본 셋팅은 OFF (오른쪽) 로 되어 있다.

(다) USB 드라이버 설치

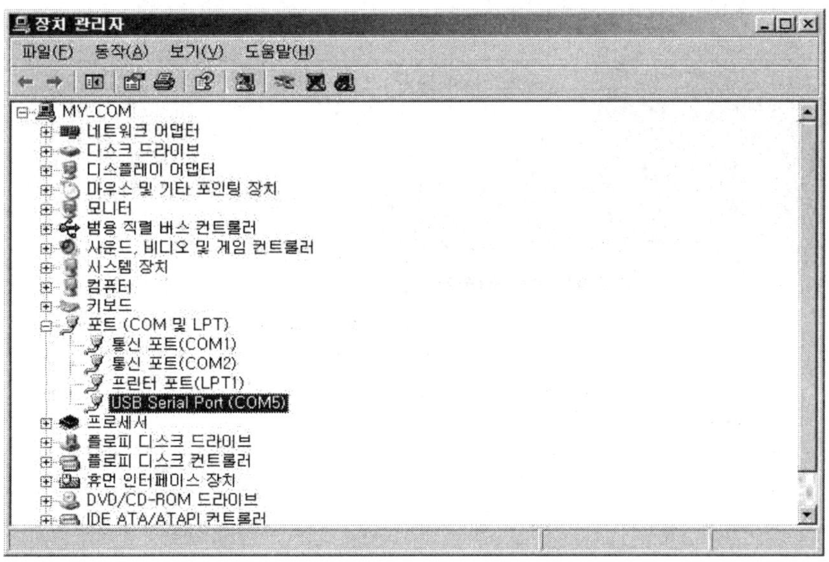

먼저 제공되는 USB-ISP 드라이버(USB-ISP_드라이버.exe)를 설치하고 컴퓨터의 USB 포트에 USB-ISP 를 연결한다. USB-ISP가 연결되면 내 컴퓨터의 장치관리자에 위 그림과 같이 포트 장치에 USB Serial Port가 잡힌다. 여기서는 COM5 라고 되어 있는데 각자 컴퓨터에 따라 또는 연결되는 USB 포트에 따라 달라질 수 있으니 USB-ISP 를 사용하기 전에 확인해야 한다.

(라) CodeVision AVR 에서 사용하기

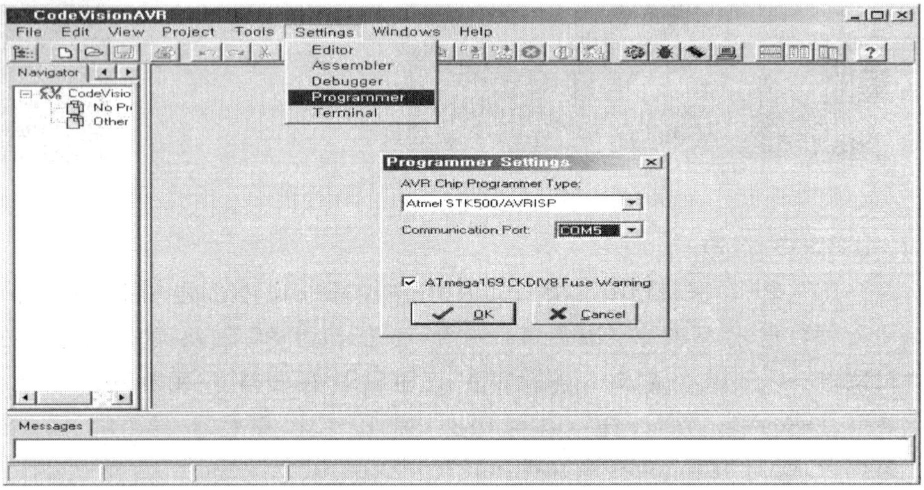

(마) AVR STUDIO 에서 사용하기

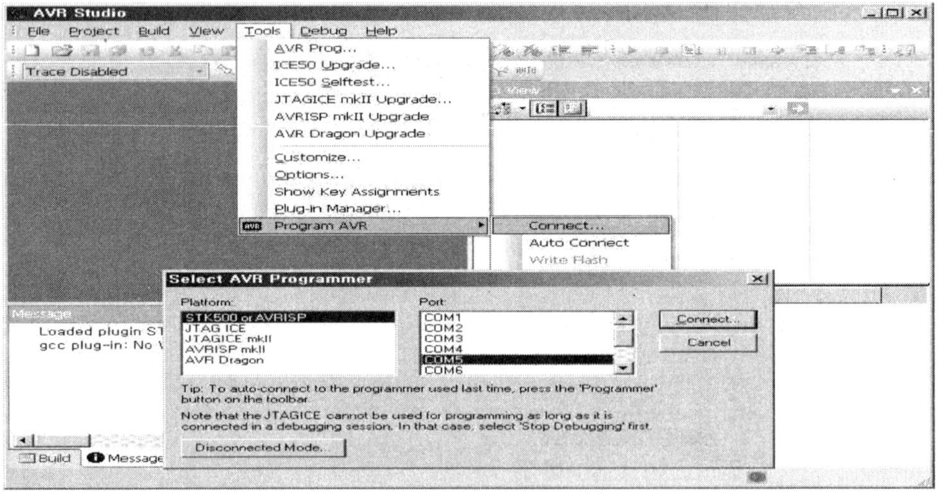

제2장

C 프로그래밍과 개발환경

제2장 C 프로그래밍과 개발환경

2.1 C 프로그래밍

2.1.1 C 언어의 특징

- 논리적이며 구조적이어서 프로그램 작성 및 이해가 쉽다.
- 하드웨어 제어가 쉽기 때문에 시스템 개발 프로그램에 가장 많이 사용된다.
- 프로그램 이식성이 좋아 여러 가지 마이크로프로세서에 이동 사용 가능하다.
- 연산자와 자료 형이 풍부하여 함축적으로 프로그램을 작성할 수 있다.

2.1.2 C언어의 기초 사항

- 주석 문은 /*와 */사이에 기술하는 프로그램 설명문으로, Compile 대상에서 제외된다.
- ( ) 소괄호 : 함수, 수식의 우선 순위. 예) 5*(2+3), sub(3, "abc")
- { } 중괄호 : Block의 시작과 끝.
- [ ] 대괄호 : 배열 선언 및 요소 지정. 예) a[5], b[3][4]

2.1.3 레이블(Label)

상수, 변수 명, 함수명 등은 다음과 같은 규칙을 따른다.

• 영문자(a~z, A~Z), 숫자(0~9), under score(_) 사용.
• 하나의 이름 안에 공백(space, blank, tab 등)을 사용할 수 없다.
• 첫 글자는 반드시 영문자이어야 하며, under score(_)는 영문자와 같이 처리된다.
• 대, 소문자 구분.
• 한 이름의 길이는 문자수의 제한을 받지 않으나 컴파일러는 선두의 8문자까지 만을 해석한다.
• 예약어는 이름으로 사용할 수 없다.

2.1.4 예약어

예약어(reserved keyword)는 C 컴파일러가 사용할 수 있도록 이미 예약해 놓은 것으로 C 문법을 구성하는 필수적인 것 들이다. 그래서 예약어는 변수나 함수 등의 이름으로 사용될 수 없다. 아래 표는 표준C(ANSI-C)와 RIDE의 RC-51만의 예약어를 모두 나타낸 것이다.

표2.1 표준 C 예약어

auto	break	case	char	const	continue	default	do
double	else	enum	extern	float	for	goto	if
int	long	register	return	short	signed	signed	static
struct	switch	typedef	union	unsigned	void	volatile	while

2.1.5 데이터 형

데이터 형은 변수를 만들 때 데이터 값의 범위에 따라 프로그래머가 선택적으로 사용한다. 사용하는 데이터 형은 메모리 사용량이나 프로그램 동작속도 등에 영향을 미치기 때문에 변수 값의 범위에 따라서 적절히 사용해야 한다. 예를 들어, 255보다 작은 수의 연산에는 1 byte의 char형만 사용하면 되는데 2byte의 int형을 사용할 경우 연산양이 늘어나서 연산 시간도 많이 걸리고 메모리 사용량도 많다.

표2.2 데이터 형 지정자

데이터 형	크기 (bits)	크기 (bytes)	값의 범위
bit	1	-	0 ~ 1
char	8	1	0 ~ 255
unsigned char	8	1	0 ~ 255
signed char	8	1	-128 ~ 127
int	16	2	-32,768 ~ 32,767
unsigned int	16	2	0 - 65,536
long int	32	4	-2,147,483,648 ~ 2,147,483,647
unsigned long int	32	4	0 ~ 4,294,967,295
float	32	4	±1.75494E-38 ~ ±3.402823E+38
double	32	4	±1.75494E-38 ~ ±3.402823E+38

2.1.6 주석(Comments) 처리

```
주석 시작           "/*"
주석 끝             "*/"
예:      /* 이것은 주석 입니다 */
한 줄 주석 처리: "//"
예:      // 이것도 주석입니다.
```

2.1.7 전처리(Preprocessor)

```
- 헤더파일 포함 처리:
#include <mega128.h>      /* 컴파일러 설치 사용 디렉터리에서 참조 */
#include "work.h"           /* 현재 작업 디렉터리에서 참조 */
```

```
- macro define:
#define ALFA 0xff     /* ALFA 심볼을 0xff로 동일 처리 */
                     /* 프로그램에서 ALFA를 모두 0xff로 컴파일 처리 함 */
```

- 파라미터를 가질 수 있음:

```
#define  SUM(a,b) a+b
int          i=SUM(2,3);              /* i=2+3;으로 치환 처리 */
```

2.1.8 상수(Constants)

2진수 : 0b로 시작(예 0b101001)
16진수 : 0x로 시작 (예. 0xff)
8진수 : 0으로 시작 (예. 0777)
Unsigned integer 상수는 뒤에 U사용: (예, 10000U)
Long integer 상수는 뒤에 L사용: (예, 99L)
Unsigned Long integer 상수는 뒤에 UL사용: (예, 99UL)
Floating point 상수는 뒤에 F사용: (예, 1.234F)
문자 상수는 1중 따옴표로 처리: (예, ‘a’)
문자열 상수는 2중 따옴표로 처리: (예, “Hello world”)

2.1.9 변수(Variables)

전역(global) 변수와 지역(local) 변수가 있음.
전역(global) 변수: 함수 외각에 선언, 프로그램 내의 모든 함수에서 사용 가능.
지역(local) 변수 : 함수 내부에 선언, 해당 함수 내에서만 사용 가능.
초기화하지 않은 전역 변수는 프로그램 초기에 0으로 초기화 됨.
예:

```
/* 전역 변수 선언 */
char a;
int b;
long c = 0x12345678;              /* 초기화 */
void main(void){
   /* 지역 변수 */
   char d;
   int e;
   long f=22222222;     /* 초기화 */
   …
}
```

- **행렬 변수**

```
/* 전역 행렬 변수 */
int global_array1[32];           /* 모든 값이 0으로 초기화 */
int global_array2[]={1,2,3};
int global_array3[4]={1,2,3,4};
char global_array4[]=" This is a string" ;
int multidim_array[2,3]={{1,2,3},{4,5,6}};
void main(void){
  /* 지역 행렬 변수 */

  int local_array[3]={11,22,33};

  …
}
```

- **extern 선언**

```
다른 파일에 선언된 변수는 extern 선언을 해야 한다.
extern int xyz;
```

- **비트(bit) 변수**

```
비트 변수는 레지스터 R2에서 R15까지 사용 가능: 최대 112 비트.

  예:
  bit alfa=1;              /* bit0 of R2 */
  bit beta;                /* bit1 of R2 */

  void main(void){

  if(alfa) beta != beta;

  …

  }
```

2.1.10 I/O 레지스터의 비트 단위 액세스

I/O 레지스터를 비트 단위로 액세스 할 수 있다.

```
DDRA.0 = 1;             /* Port A의 비트 0을 출력 포트로 함 */
DDRA.1 = 0;             /* Port A의 비트 1을 입력 포트로 함 */
PORTA.0 = 1;           /* Port A의 비트 0에 1 출력 */
If(PINA.1){              /* Port A의 비트 1를 판별하여 처리 */
/* 코드 추가 *
}
```

프로그램의 판독을 좋게 하려면 #define을 사용하여 의미 부여 사용.

```
#define alarm_input PINA.2

void main(void){
if(alarm_input)

...
}
```

2.1.11 딜레이(delay) 함수 사용

CodeVisionAVR에서는 일정 시간 동안 지연하는 2개의 딜레이 함수를 제공한다.

```
void        delay_us(unsigned int n);   /* micro(u) sec 단위 지연 함수 */
void        delay_ms(unsigned int n);   /* milli(m) sec 단위 지연 함수 */
```

예:

```
delay_us(100);      /* 100 usec 지연 */
delay_ms(123);      /* 123 msec 지연 */
```

딜레이 함수를 사용하기 전에 delay.h 헤더 파일을 포함해야 되고, 정확한 시간을 위해서는 Project|Configure|C Compiler 메뉴의 AVR chip 클록 주파수가 정확히 설정되어야 한다. 지연 동안 인터럽트가 처리될 수 있고 인터럽트가 처리되면 지연 시간이 늘어 날 수 있다.

2.2 C언어 기초 문법

2.2.1 연산자

(1) 산술 연산자

일반적인 산술 연산자는 덧셈(+), 뺄셈(-), 곱셈(*), 그리고 나눗셈(/)이다. 그리고 나눗셈을 하고 남은 나머지를 구하는 연산자로 %가 있다. 이들은 2개의 피연산자를 이용하여 연산하는 연산자이다.

종류	설명	예
+	산술 덧셈 연산	k+3 : k값에 3을 더함 k=20인 경우 결과값은 23
-	산술 뺄셈 연산	k-4 : k값에 4를 뺌 k=10 인 경우 결과값은 6
*	산술 곱셈 연산	4*5의 결과값은 20
/	산술 나눗셈 연산	9/2의 결과값은 4
%	나눗셈의 나머지 연산	9%2의 결과값은 1

(2) 단항 연사자

일반적인 단항 연산자 중 증가연산자(++)와 감소연산자(--)는 피연산자 값을 1 증가하거나 감소시키는 기능을 한다. 사용 방법은 피연산자 앞에 붙이는 전위형(prefix)이 있고 뒤에 붙이는 후위형(postfix) 이 있다. 아래 표에서 단항 연산자의 종류를 보여준다.

<table>
<tr><td rowspan="2">전위형
(prefix)</td><td>++</td><td>a = 5;
b = ++a; // a를 먼저 증가 후에 대입</td><td>결과 : a = 6, b = 6</td></tr>
<tr><td>--</td><td>a = 5;
b = --a; // a를 먼저 감소 후에 대입</td><td>결과 : a = 4, b = 4</td></tr>
<tr><td rowspan="2">후위형
(postfix)</td><td>++</td><td>a = 5;
b = a++; // a를 먼저 대입 후 증가</td><td>결과 : a = 6, b = 5</td></tr>
<tr><td>--</td><td>a = 5;
b = a--; // a를 먼저 대입 후 감소</td><td>결과 : a = 4, b = 5</td></tr>
<tr><td colspan="2">-</td><td>음의 값(2의 보수)으로 만든다.</td><td>-128은 128을 음수로 만든다.</td></tr>
<tr><td colspan="2">~</td><td>1의 보수로 만든다.</td><td>~0x80=~(10000000)
결과값=01111111</td></tr>
<tr><td colspan="2">!</td><td>논리반전(참→거짓, 거짓→참)</td><td>!수식: 수식이 참(1)이면 0으로, 거짓(0)이면 참이 됨</td></tr>
<tr><td colspan="2">&</td><td>주소표시</td><td></td></tr>
<tr><td colspan="2">sizeof</td><td>해당 자료형 또는 변수의 바이트수</td><td>sizeof(int):정수형 바이트수
sizeof(k):변수k의 바이트수</td></tr>
</table>

(3) 대입 연산자

변수에 값을 대입 시키는 연산자를 대입연산자라고 한다. 대입 연산자의 종류는 =, +=, -=, *=, /=, %= 등이 있다. 대입 연산자 +=, -=, *=, /=, %=들은 우측의 수식을 먼저 연산하고 그 결과를 좌측의 변수와 다시 연산하여 좌측의 변수에 대입하는 연산자이다.

```
temp = 15+73;
temp += 2;          // temp = temp + 2 ;와 같은 결과
temp -= 2;          // temp = temp - 2 ;와 같은 결과
temp *= 2;          // temp = temp * 2 ;와 같은 결과
temp /= 2;          // temp = temp / 2 ;와 같은 결과
temp %= 2;          // temp = temp % 2 ;와 같은 결과
```

(4) 관계 연산자

관계 연산자는 <, >, <=, >=, ==, !=와 같이 6가지가 있는데 이들은 참(1)과 거

짓(0)의 형태로 값이 나온다. 연산자의 좌측과 우측의 값이 관계연산자에 의한 조건을 **만족하면 1의 값이 되고 만족하지 못하면 0이 된다.**

관계 연산자	의 미	출력값
a < b	a가 b보다 작다.	맞으면 1, 틀리면 0
a > b	a가 b보다 크다.	맞으면 1, 틀리면 0
a <= b	a가 b보다 작거나 같다.	맞으면 1, 틀리면 0
a >= b	a가 b보다 크거나 같다.	맞으면 1, 틀리면 0
a == b	a가 b보다 같다.	맞으면 1, 틀리면 0
a != b	a가 b보다 다르다.	맞으면 1, 틀리면 0

<=, >=, !=, =, == // 중간에 사이가 떨어진 경우는 잘못된 사용이다.

=< .=>, =! // 순서가 바뀐 경우는 잘못된 사용이다.

```
2 != 5;            // 2와 5는 다르기 때문에 결과는 1(참)이 된다.
4 >= 4;            // 같은 수이기 때문에 결과는 1(참)이 된다.
temp = ( 3 > 2 );// 3보다 2가 크기 때문에 결과 1(참)의 값이 temp에 대입된다.
temp = ( 3 < 2 );// 3보다 2가 크기 때문에 결과 0(거짓)이 temp에 대입된다.
temp = ( 3 > 3 );// 결과는 0(거짓)이 temp에 된다.
temp = ( 3 == 3 );// 결과는 1(참)이 temp에 대입 된다.
```

(5) 논리 연산자

논리 연산자는 !(부정), &&(논리곱), ||(논리합)가 있는데 이들의 **출력은 1(참)이나 0(거짓)으로 출력된다.** C에서 논리 연산인 경우에는 0인 경우는 거짓을 의미하고 0이 아닌 경우는 참을 의미한다.

```
!0;               // 결과는 1이 된다.
!5;               // 결과는 0이 된다.
예 ( i = 6일 때)
i>0 && i<5 // 결과는 거짓(0)
i>0 || i<5 // 결과는 참(1)
!(i > 0) // 결과는 거짓(0)
```

(5) 비트 연산자

비트 연산자는 피연산자를 비트별로 연산을 가능하게 해 주는 연산자들이다.

종류	의미	기호	사용방법
논리 연산자	1의 보수(not)	~	~a
	논리곱(and)	&	a & b
	논리합(or)	|	a | b
	배타적 논리합(xor)	^	a ^ b
시프트 연산자	왼쪽 시프트	<<	a << 시프트 할 비트수
	오른쪽 시프트	>>	a >> 시프트 할 비트수

가) 1의 보수 : ~

1의 보수는 2진수에서 1은 0으로 0은 1로 반전시키는 것을 말한다.

프로그램	변수	10진수	2진수							
unsigned char a=3, b;	a	3	0	0	0	0	0	0	1	1
b = ~a;	b	252	1	1	1	1	1	1	0	0

나) 논리곱 : &

2개의 데이터를 비트별로 논리곱한다. 대응되는 비트가 둘 다 1일 때만 1이고 되고 나머진 0이 된다.

프로그램	변수	10진수	2진수							
unsigned char a=7, b= 125; c = a & b ;	a	7	0	0	0	0	0	1	1	1
	b	125	0	1	1	1	1	1	0	1
	c	5	0	0	0	0	0	1	0	1

다) 논리합 : |

2개의 데이터를 비트별로 논리합 한다. 대응되는 비트가 둘 다 0일 때만 0이 되고 나머진 1이 된다.

프로그램	변수	10진수	2진수							
unsigned char a=7, b= 181; c = a	b ;	a	7	0	0	0	0	0	1	1	1
	b	181	1	0	1	1	0	1	0	1
	c	183	1	0	1	1	0	1	1	1

라) 배타적 논리합 : ^

2개의 데이터를 비트별로 배타적 논리합 한다. 대응되는 비트가 같을 경우에는 0 이되고 다를 경우에는 1이 된다.

프로그램	변수	10진수	2진수							
unsigned char a=7, b= 181; c = a ^ b ;	a	7	0	0	0	0	0	1	1	1
	b	181	1	0	1	1	0	1	0	1
	c	178	1	0	1	1	0	0	1	0

마) 왼쪽 시프트 : ≪

데이터를 ≪ 왼쪽에 나와 있는 숫자만큼 비트별로 왼쪽으로 비트 값을 이동한다.

프로그램	변수	10진수	2진수							
unsigned char a = 7; b = a ≪ 2 ;	a	7	0	0	0	0	0	1	1	1
			0	0	0	0	1	1	1	0
			0	0	0	1	1	1	0	0
	b	28	0	0	0	1	1	1	0	0

바) 오른쪽 시프트 : ≫

데이터를 ≫ 오른쪽에 나와 있는 숫자만큼 비트별로 왼쪽으로 비트 값을 이동한다.

프로그램	변수	10진수	2진수							
unsigned char a = 7; b = a ≫ 2 ;	a	7	0	0	0	0	0	1	1	1
			0	0	0	0	0	0	1	1
			0	0	0	0	0	0	0	1
	b	1	0	0	0	0	0	0	0	1

(6) 비트대입 연산자

수식	복합대입연산자	설명
a = a + b	a += b	a와 b의 값을 더하여 a에 저장
a = a - b	a -= b	a에서 b의 값을 빼서 a에 저장
a = a * b	a *= b	a와 b의 값을 곱하여 a에 저장
a = a / b	a /= b	a를 b로 나눈 값의 몫을 a에 저장
a = a % b	a %= b	a를 b로 나눈 값의 나머지를 a에 저장
a = a & b	a &= b	a와 b를 이진수 비트 and연산 하여 a에 저장
a = a ^ b	a ^= b	a와 b를 이진수 비트 xor연산 하여 a에 저장
a = a | b	a |= b	a와 b를 이진수 비트 or연산 하여 a에 저장
a = a << b	a <<= b	a를 이진수 비트로 b만큼 왼쪽으로 이동하여 a에 저장
a = a >> b	a >>= b	a를 이진수 비트로 b만큼 오른쪽으로 이동하여 a에 저장

2.2.2 제어 구조와 루프(loop)문

(1) if문과 if~else문

if문과 if-else문의 사용방법은 다음과 같다. 조건식은 0이면 거짓이고 0이 아니면 참이다. 그리고 참인 경우 실행해야 할 문장들이 많으면 중괄호 { }를 사용해야 하지만 실행문이 한 개의 문장으로 되어 있는 경우에는 중괄호를 생략할 수 있다.

	사용법	의미

if문	if(조건식)
	{
	....
	......
	}
		조건식이 참이면 { }사이의 문장들을 실행한다.
		거짓이면 { }를 건너뛴다.

if~else 문	if(조건식)
	{
	①
	}
	else
	{
	②
	}
		조건식이 참이면 { ① }사이의 문장들은 실행한다. 거짓이면{② }사이의 문장들을 실행한다.
		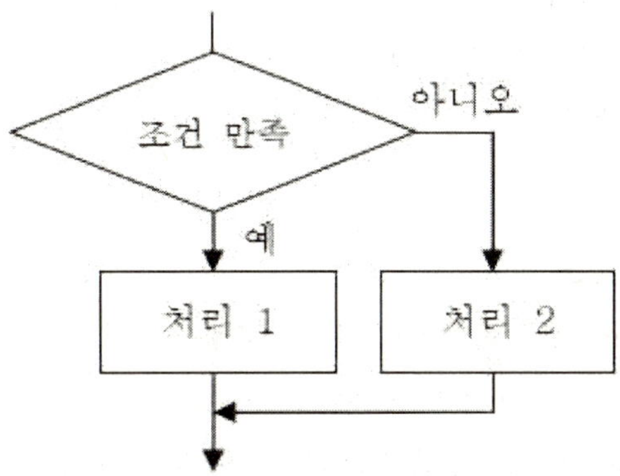

다음은 if 문과 else if문을 사용한 예이다

```
#included<mega128.h>
void main ()
{
        char a=2, b=0;  //변수 선언과 변수 초기화
        DDRA=0xff;
        if( a ) PORTA = 0x0f; // a는 0이 아니기 때문에 조건식은 참이 되고
                              P1에 0x0f가출력된다.
                        // 명령문이 하나밖에 없어서 중괄호({ }) 생략되었음
        if( a < b )     // 조건식이 거짓임으로 else 다음의 { } 부분을 실행한다.
        {
                PORTA.0 = 0; // 포트A.0에 0을 출력한다.
                PORTA.1 = 0; // 포트A.1에 0을 출력한다.
        }
        else
        {
                PORTA.0 = 1; // 포트 A.0에 1을 출력한다.
                PORTA.1= 1; // 포트 A.1에 1을 출력한다.
        }
}
```

```
if ( a == 1 ) b = 10;  // 만일 a가 1이면, b를 10을 만들고
else if ( a == 2 ) b = 20;  // 그렇지 않고 a가 2이면, b를 20으로 하고
else if ( a == 3 ) b = 30;  // 그렇지 않고 a가 3이면, b를 30으로 하고
else b = 40;  // 그 이외는 b를 40으로 한다.
```

(2) for문

for문은 조건에 따라서 반복을 수행하는 제어문이다. for문은 조건식이 참이면 중괄호 { }사이의 모든 문장들을 반복적으로 수행하다가 조건식이 거짓이 되면 for문을 빠져 나오게 된다. 프로그램이 수행되는 순서는 for문을 만나면 초기식이 한번만 수행되고 다음은 조건식에서 조건이 참인지 거짓인지 판단을 한다. 그리고 참이라면 { } 사이의 문장들을 모두 수행시킨 후에 마지막으로 증감식을 변경한다.

for 문	사용법

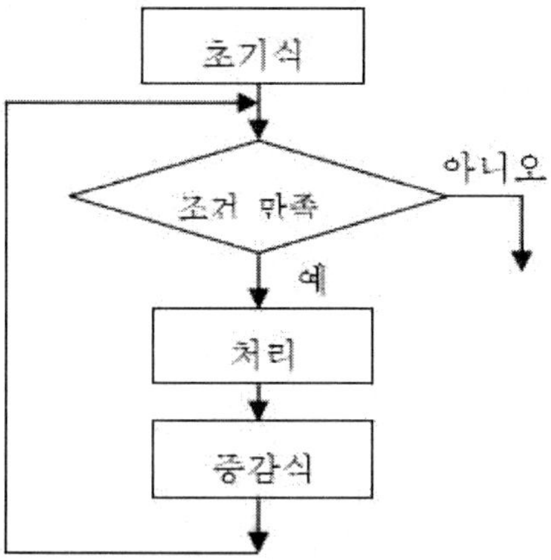	for (초기식 ; 조건식 ; 증감식)
	{
	....
	}

다음은 for문을 사용한 예이다.

```
#included<mega128.h>
void main ()
{
  unsigned char I, sum =0; //변수 선언 및 초기화
  DDRA=0xff;
  for( I  = 0; I < 10; I++) // I=0에서부터 I가 9까지 { } 안의 명령을 반복 수행한다
  {                             // 그리고 I는 한 바퀴 돌 때마다 1씩 증가한다.
       sum = sum + I;           // 0~9까지 숫자를 더하는 일을 한다.
       PORTA = sum;             // 현재의 sum 값을 포트 1에 출력한다.
  }
}
```

(3) while문과 do while문

while문은 조건식이 참인 동안 반복을 수행하는 제어문이다. while과 do while문과의 차이점은 while문은 조건식이 처음부터 거짓이면 { }의 문장을 한 번도 실행시키지 않지만 do while문은 조건식이 거짓이더라도 { }사이의 문장을 한번은 실행시킨다.

	사용법	의 미

while 문	while (조건식)
	{
	....
	.....
	}
		조건식이 참일 동안{ }사이의 문장들을 반복하며 실행한다. 조건식이 거짓이 되면 { } 부분을 더 이상 실행하지 않고 빠져 나온다.
		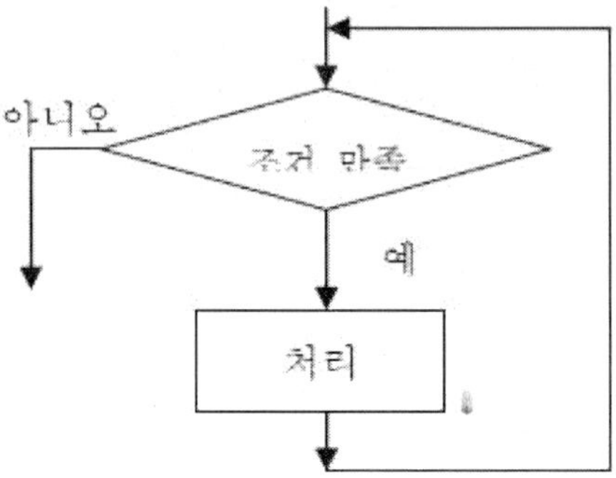

do while문	do { .... }while (조건식)	조건식에 관계없이 일단 { }사이의 문장들을 한번 실행한 후에 조건식을 검사한다. 그리고 조건식이 참일 동안 { } 사이의 문장들을 반복해서 실행한다. 조건식이 거짓이 되면 { } 부분을 더 이상 실행하지 않고 빠져 나온다. 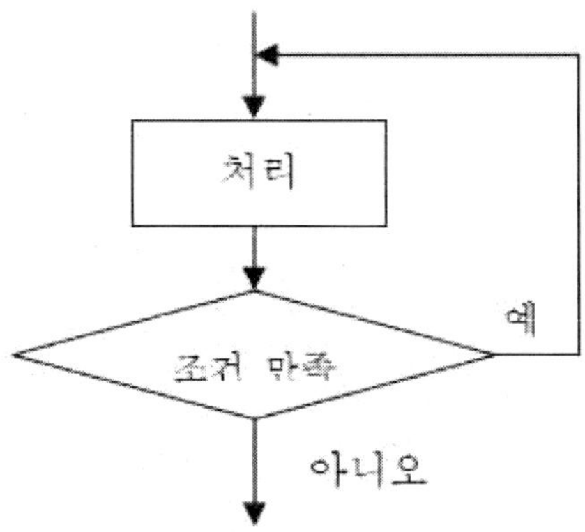

다음은 while 문과 do while 문을 사용한 예이다.

```
#included<mega128.h>
void main ()
{
        char a=2; b=0;             // 변수 선언과 변수 초기화
        DDRA=0xff;
        while ( b ) PORTA = 12; // b는 0 이기 때문에 PORTA=4;를 실행시키지 않는다.
                        // 명령문이 하나밖에 없어서 중괄호 ({ }) 생략되었음
```

```
do
        {
          PORTA = 7;              // 포트 1에 7을 출력한다.
        }while( b )   // b는 0이기 때문에 거짓이지만 일단 한번은 실행시킨다.

        while( a -> 0)   // a를 1씩 감소하면서 { }안의 문장들을 실행시킨다.
        {                         // 그래서 0이되면 while 문을 빠져 나오게 된다.
          PORTA = 100;            // 포트 1에 100을 출력한다.
        }
}
```

(4) switch문

switch문은 조건 값에 따라 선택적으로 해당하는 문장으로 가서 실행 할 때 사용된다. 다음은 switch문을 사용하는 방법을 보여준다.

	사용법

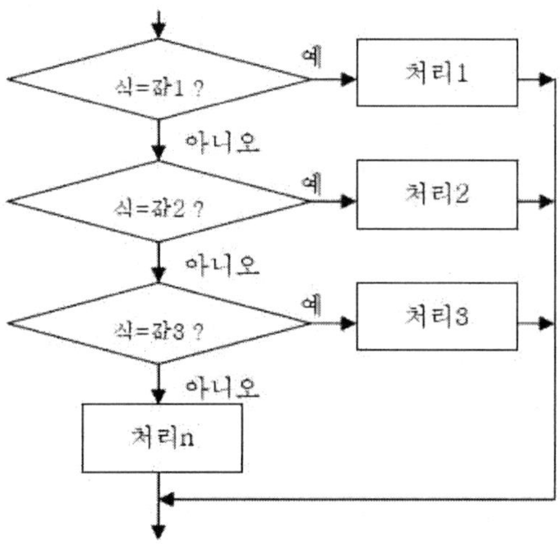	switch (수식)
	{
	case 값 1 : 문장 1; break;
	case 값 2 : 문장 1; break;
	case 값 3 : 문장 1; break;
	defualt : 문장 N; break;
	}

switch문은 먼저 수식의 값을 계산하고 나온 결과 값을 case 다음에 나오는 값과 같은 곳으로 가서 문장을 실행시킨다. break;가 나오면 switch문을 빠져 나온다. 그리고 수식을 계산해서 나오는 값이 case 다음의 값과 같은 것이 없다면 default로 가서 문장을 실행시킨다. 그러나 default는 있어도 되고 없어도 된다. 다음은 switch 문을 사용한 예를 보여준다.

```
#included<mega128.h>
void main ()
{
  unsigned char num=1;          //변수 선언 및 초기화
  DDRA=0xff;
  switch(num+1) // ()안의 값은 1+1=2가 되어 case 2:로 점프하여 프로그램을 실행
  {
        case 1: PORTA = 1;      break;  // 포트 1에 1을 출력
        case 2: PORTA = 2;      break;  // 포트 1에 2를 출력
        case 3: PORTA = 3;      break;  // 포트 1에 3을 출력
        default:        PORTA = 4;      break;  // 포트 1에 4를 출력
  }
}
```

(5) break, continue, goto문

(가) break문

break문은 while문, do~while문, for문 안에서 루프를 탈출하기 위해서 사용되고 또한 switch문에서 블록을 빠져 나올 때도 사용한다.

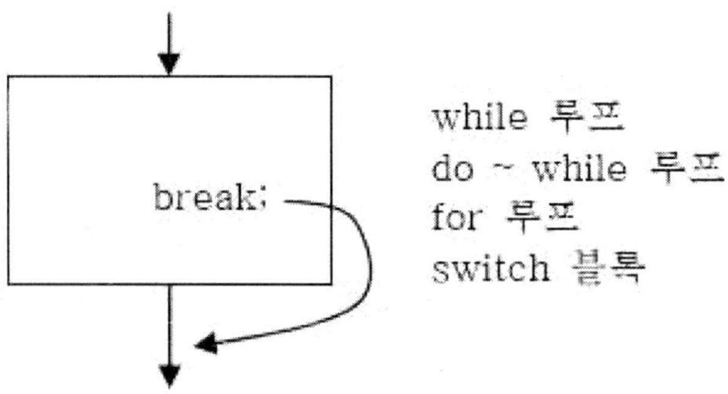

(나) continue문

continue문은 while, do~while, for문 루프를 돌다가 continue 문을 만나게 되면 루프의 중간이더라도 다음 문장들은 실행시키지 않고 루프의 처음으로 돌아가 조건식과 비교하고 루프를 돌게 된다. continue 문은 루프의 중간에 어떤 조건하에서 나머지 문장들을 실행할 필요가 없을 경우에 사용된다.

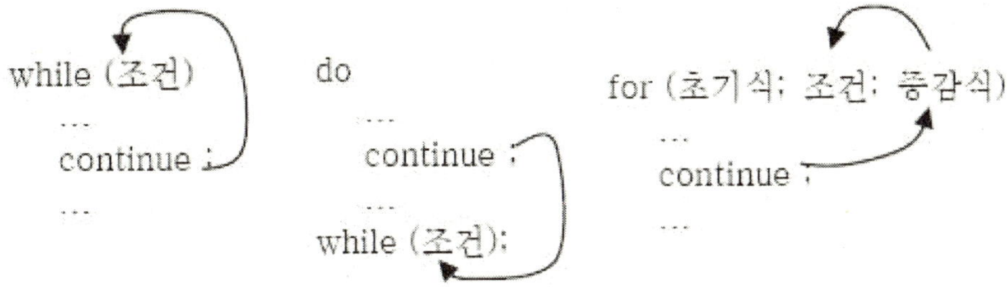

(다) goto문

goto문은 프로그램 수행 도중 goto문을 만나면 goto문 다음에 나오는 레이블(label)로 점프하여 그 곳에서부터 프로그램을 수행한다. goto문은 한 함수 안에서만 사용가능하며 다른 함수의 레이블(lab디)로 goto문을 사용할 수 없다. 다음은 goto문을 사용하는 방법이다.

```
...
goto  abc;
abc:  i++;
...
```

2.2.3 함수(Function)

C프로그램은 함수의 집합으로 각각의 함수는 정해진 일을 수행하거나 다른 함수들과 결합하여 프로그램의 최종 목적파일을 생성한다. 함수는 그 자체로 어떠한 일을 수행하고, 다른 함수들과 입/출력 파라미터를 서로 주고받으면서 통신할 수 있다. 함수는 프로그램을 이해하고 수정하는데 편리하다. 즉 어떤 기능이 서로 다른 프로그램이나 동시에 다른 프로그램에 같은 기능의 프로그램이 사용될 경우에 함수로 구현한다. 따라서 프로그래머는 같은 코드를 반복적으로 작성하는 것을 피하는 것이 바람직하다.

(1) 함수의 선언

(가) 함수의 구조

하나의 함수는 아래와 같은 구조로 이루어져 있다. 위의 형식에서 대괄호([

])로 묶인 부분은 생략이 가능하고, 필요 할 경우에만 기술한다.

```
[자료형] 함수명(형식인수의 자료형 선언[형식인수1],••,형식인수의 자료형 선언 [형식인수n])
{
[변수 선언;]
[문장 1;]
.
[문장 n];
}
```

- **자료 형** : 다른 함수에서 이 함수를 호출하였을 경우, 함수 실행 후 호출 함수에 반환하는 실행 결과 값의 자료 형을 기입한다. 자료 형은 char, int 등이 올 수 있다. **자료 형이 생략되면 반환되는 결과 값은 int형으로 간주된다.** 그리고 만약 함수가 어떤 결과 값도 호출 함수 쪽으로 반환하지 않을 경우 는 자료 형을 **void** 라고 기입한다.

- **인수:** 호출 함수에서 피호출 함수에 어떤 값을 전달하고자 할 경우에는 이를 인수를 통하여 전달한다. 호출 함수 쪽에 기입된 인수를 실인수(actual parameter)라고 부르며, 피호출 함수 쪽에 기입된 인수를 형식인수(formal parameter)라고 부른다. 그러므로 호출 함수로부터 어떤 값을 전달 받아 실행되는 피호출 함수의 경우에는, 반드시 피호출 함수의 함수 명 옆의 괄호 안에 전달 받는 항목, 즉 형식 인수들을 정의해야 하고, 함수의 표제부에 그 형식 인수들의 자료 형을 선언해야 한다. 그러나 호출 함수로부터 인수를 전달 받지 않는 함수의 경우에는 형식인수의 정의와 형식인수의 자료 형 선언은 필요하지 않다. 이 경우 함수 명 옆의 ()안에는 void 또는 아무것도 기입하지 않는다.

1) 인수가 없는 함수 호출

```
#include <stdio.h>
void msg_out()  {
printf("C program.₩[();
}
void main()
{
msg_out();
}
```

함수 msg_out()은 인수가 없으므로 괄호 안이 비어있고, 어떠한 결과 값도 반환하지 않으므로 자료 형이 void로 선언되었다.

2) 인수가 있는 함수 호출

최대공약수(두 정수를 나누어떨어지게 하는 수중에서 가장 큰 수)를 구하는 프로그램을 작성하시오.

```
#included<mega128.h>
int gcd (int u, int v) { /* 정수형 결과 값을 반환하는 함수와 형식인수 선언 */
        int temp;
        while ( v != 0 )  {
        temp = u % v;
        u = v;
        v = temp;
        }
        return (u); /* 결과 값(u)을 반환하고 호출 함수로 복귀 */
}
void main()
{
        int x = 150, y = 35;
        int result;
        result = gcd(x, y); /* x, y를 실인수로 gcd()함수를 호출하여 반환
                                되는 결과 값을 result에 저장 */
        printf("The gcd of %d and %d is %d₩", x, y, result);
}
```

결과 : The gcd of 150 and 35 is 5

- result = gcd(x, y);

괄호 안의 x와 y를 인수로 전달하여 함수 gcd()를 호출하고, 함수 gcd()가 실행 후 반환하는 값을 result에 저장하라는 의미이다. 이때 호출 함수 쪽 괄호 안의 인수를 실 인수라 부르며, 함수가 호출되면 프로그램의 실행은 피호출 함수(이 경우 함수 gcd())로 이동된다.

- int gcd (u, v)

함수 gcd()가 반환하는 결과 값의 자료 형이 int형이고, 호출 함수로부터 전달 받은 실인수 x와 y에 대응하는 형식인수로 u와 v를 정의하였다. 이 경

우 형식인수의 이름은 실인수의 이름과 반드시 같을 필요는 없다. 그리고 반환되는 결과값의 자료 형이 int일 경우에는 생략할 수 있으나, int 이외의 경우에는 반드시 반환되는 결과 값의 자료 형을 기입해 주어야한다.

int u, v;

형식인수의 자료 형을 선언한다.

return (u);

호출 함수 쪽으로 결과값(u값)을 반환하고, 제어권을 호출함수로 되돌린다.

(3) return문

return문은 그 함수를 호출한 함수에게 값을 되돌려 주며, return을 만나는 순간 그 함수를 빠져나가 호출한 함수로 되돌아간다. 이처럼 return문은 값을 전달해주는 역할뿐만 아니라 강제로 함수를 종료시키는 역할도 한다. return에 의해 돌려지는 값은 그 함수의 return_type과 일치하도록 하는 것이 좋다. 만약 일치하지 않는 경우 값이 잘못 되돌려지는 경우가 있다. return값이 없는 void형 함수에서 return문은 그 함수를 종료시키는 역할만 해준다. 그리고 return문은 변수, 상수 그리고 수식이 올 수 있다. 수식이 오는 경우는 괄호로 묶어 준다.

```
return;            // 단순히 함수를 종료하는 역할을 한다.
return 5;          // 상수 5를 되돌려 주고 함수를 종료한다.
return num;        // 변수 num을 되돌려 주고 함수를 종료한다.
return (n++);  // 변수 num을 1 증가시키고 값으 되돌려 주고 함수를 종료한다.
return (num1+num2); // num1과 num2를 더하여 값을 되돌려 주고 함수를 종료한다.
```

(4) 함수의 원형

C에서 함수들의 배열순서는 정해져 있지 않기 때문에 어떠한 순서로 배열되어 있든지 상관은 없다. 하지만, **어떤 함수 내에서 다른 함수를 호출하려 한다면** 컴파일러는 맨 위의 함수부터 차례대로 컴파일하기 때문에 어떤 함수를 쓰고자 한다면 **그 함수가 이전에 이미 만들어져 있어야 한다.** 그러나 프로그램이 복잡하고, 많은 함수들이 얽혀져 있을 경우에는 이들을 순서대로 정열하

는 것이 무리일 수 있다. 그래서 함수의 원형이라는 것이 필요하게 되었다. **함수의 원형은 함수의 머리 부분에다가 마지막에 세미콜론을 붙인 형태로서 프로그램의 앞부분에 나열해 두면 된다.** 함수의 원형으로 프로그램을 작성할 경우에는 main함수가 맨 위에 나온다. 그 후 필요한 모든 서브함수는 순서에 상관없이 작성하여 관리하면 된다.

```
void add ( char num1, char num2 );
void add ( char, char );
```

함수의 원형은 main함수 위에 놓여진다.

외부변수나 함수를 나타내는 'extern' 은 C에서 모듈(module)별 분할 컴파일에 주로 사용된다. 커다란 프로그램을 제작할 경우 한 개의 파일에 모든 함수를 다 만들지 못한다. 그래서 여러 개의 파일로 나누어 제작하게 된다. 이때 서로 다른 파일에서 프로그램을 제작할 경우 서로 다른 파일에서 전역변수나 함수를 사용할 방법이 있어야 한다. 변수나 함수를 'extern' 형으로 선언하여 그 변수나 함수가 다른 파일에 존재한다는 것을 알려서 현재의 파일에서 사용할 수 있도록 해 주는 것이다. 외부변수나 함수에 대한 예를 보자.

```
#included<mega128.h> //data_out.c
char temp;       // 전역 변수 선언
void data_out(void)
{
        temp = temp + 2;           // data_out 함수를 호출하여 실행되게 한다.
        PORTA = temp;              // 지역변수인 12가 출력된다.
}

#included<mega128.h> //main.c
extern  char  temp; /* 외부변수 선언, data_out.c에서 선언된 변수를 이 파일에서
                    사용*/
extern void data_out(void); // 외부함수(data_out.c)를 이 파일에서 사용

void main(void)
{
        DDRA=0xff;
        temp = 32;
        data_out();        // 이 파일에 없지만 외부 함수로 선언되어 사용가능
        PORTA = temp;
}
```

지역변수는 함수를 벗어나게 되면 변수는 제거된다. 그래서 그 값을 유지할 수가 없다. 하지만 변수를 정적(static)으로 선언하면 함수를 벗어나도 그대로 그 값을 유지하며 메모리에 저장되어 프로그램이 끝날 때까지 보존된다. 또한 지역변수는 그 변수가 선언된 함수에서만 사용이 가능하지만, 정적 변수는 모든 함수에 사용할 수 있다. 변수는 한번만 초기화 된다.

```
void data_out(void)
{
        static char temp1 = 0;
        char temp2 = 0;

        temp 1++;          // 정적 변수 temp1을 1 증가시킨다.
        temp 2++;          // temp2을 1 증가시킨다.

        PORTA = temp1;  // 포트A에 정적 변수 temp1 값 출력
        PORTC = temp2;  // 포트C에 temp2 값 출력
}
```

예제에서 P1의 출력 값을 보면 처음에 data_out 함수가 호출되면 temp1이 0으로 초기화 되고 그 후 1을 증가시키고 P1에 출력한다. 그러면 1이 출력되는데 그 값을 유지하고 있다가 다음에 다시 함수를 호출하면 초기화는 되지 않고 temp1을 1 증가시킬 때 2가 된다. 그래서 P1에 2가 출력된다. 그래서 계속 숫자가 증가하면서 출력된다. 하지만 temp2는 data_out 함수에 들어올 때마다 값이 초기화되기 때문에 P2에는 항상 1을 출력하게 된다.

지역변수는 서로 다른 파일에 같은 이름의 변수나 함수가 있다고 하더라도 그 변수나 함수사용을 현재의 파일에서만 사용 가능하게 하여 다른 파일과의 간섭을 없애주는 역할을 한다.

2.2.4 배열

배열은 여러 개의 변수를 하나의 묶음으로 만들어 사용하기 편리하게 만든 변수이다. 예를 들어, 단지 학생 50명의 성적을 입력하는 프로그램을 작성한다고 하자. 그리고 각 학생들이 배우는 과목은 국어, 영어, 수학, 과학, 사회라고 한다면 각 과목당 50명의 학생점수를 저장해야 할 변수를 만들어야 한다. 그래서 250개의 변수가 필요하게 되고 그 변수를 만드는 것도 힘들겠지만 사용하는 것도 쉽

지 않을 것이다. 그래서 많은 데이터를 처리할 경우에는 변수를 묶음 단위로 만들어 사용하기 위해 배열을 사용한다. 그리고 배열은 1차원 배열, 2차원 배열, … 등이 있다. 다음은 배열을 만드는 방법이다. 변수를 만드는 방법과 같이 데이터 형을 쓰고 다음에 배열이름을 쓴다. 다음에 배열의 개수가 배열이름 뒤에 추가 된다. 그리고 배열의 차원은 []의 개수가 몇 개가 있느냐에 따라 달라진다.

배열	만드는 방법			데이터 저장 공간
	데이터형	배열 이름	배열 개수	
1차원 배열, [ ]: 1개	char	korean	[50] ;	char 형 : 50개 저장 공간
2차원 배열, [ ]: 2개	char	english	[3][50] ;	char 형 : 3*50개 저장 공간
3차원 배열, [ ]: 3개	float	average	[5][3][50];	float 형 : 5*3*50개 저장 공간

배열에서 korean[50]으로 선언되었다면 변수의 개수가 50개라는 것을 의미하고 사용할 때는 korean[0], korean[1], ~ korean[49]까지 50개의 변수를 사용한다. 그리고 2차원 배열에서는 english[0][0]. english[0][1], ~english[0][49], english[1][0], ~english[1][49]~ english[2][49]까지 150개의 변수를 사용한다.

```
char korean[50];
char english[3][50];
char temp;

korean[25] = 52;          // korean[25]에 데이터를 쓴다.
english[1][24] = 14;      // english[1][24]에 데이터를 쓴다.
temp = korean[25];        // korean[25]에 있는 값을 temp에 대입
temp = english[1][24]; // english[1][24]에 있는 값을 temp에 대입
```

(1) 1 차원 배열

1차원 배열의 초기화 방법을 알아보자. 배열의 초기화도 일반변수와 마찬가지로 변수를 생성하고 사용하기 전에 변수의 처음 값을 대입하는 과정을 말한다. 초기화 하는 방법은 크게 2가지가 있다. 변수를 선언하면서 바로 대입하는 방법과 배열 각각의 원소들에 값을 대입하면서 초기화 하는 방법이 있다.

배열원소에 직접 값을 대입하는 방법이 선언하면서 초기화 하는 방법보다 컴파일

된 코드의 길이가 짧아진다. 그래서 배열원소에 각각 값을 대입하는 방법이 사용하기는 불편할지 모르겠으나 프로그램 크기나 속도 면에서 효과적이다.

```
unsigned char num[5];
num[0] = 2;
num[1] = 5;
num[2] = 31;
num[3] = 8;
num[4] = 43;
```

다음은 배열을 선언하면서 초기화 하는 방법을 보여준다.

```
① char num[10] = {10, 14, 15, 42, 86, 105, 21, 7, 99, 16};
② char num[] = {10, 14, 15, 42, 86, 105, 21, 7, 99, 16};
③ char num[10] = {10, 14, 15, 42};
④ char num[] = {10, 14, 15, 42};        // 배열의 개수도 결정하지 않고 초기화
                                           개수도 정확하지 않음
```

①에서 배열은 선언하면서 모든 배열 원소를 초기화 하였고, ②는 배열의 개수를 결정하지 않았지만 뒤에 10개의 배열원소를 초기화하였기 때문에 배열원소가 10개인 것을 알 수 있다. 그리고 ③은 변수는 10개지만 4개를 초기화하고 콤마(,)를 찍은 것은 나머지 배열 원소는 모드 0으로 초기화 하라는 뜻이다. ④는 배열의 개수도 결정하지 않았고 배열원소도 명확하게 초기화 하지 않아 잘못된 변수 선언 및 초기화이다.

2.3 CodeVision 컴파일러

AVR에서 쓸 수 있는 컴파일러 종류에는 CodeVisionAVR, AVR Edit, IAR,AVRStudio 등이 있다. CodeVisionAVR 과 IAR은 상용이고 AVR Edit과 AVR Studio는 gcc 기반이기 때문에 무료로 컴파일 할 수 있는 장점이 있다. 어느 컴파일러가 좋고 나쁨의 구분을 하기에는 무리가 있으며, 각각의 컴파일러는 장점과 단점이 존재한다. 우리는 여기에서 통합 개발환경을 지원하는 CodeVisionAVR의 기본적인 설치법과 초기 프로젝트 생성법, ToastProg 를 이용한 전송 방법 등을 알아본다.
CodevisionAVR의 제작사인 HP inforTech사의 홈페이지 (http:// hpinfotech.ro/)

에서 무료버전인 Evaluation version을 다운로드 받거나 일정 금액을 지불하고 commercial version을 구입하여 다운로드 받을 수 있다. Evaluation version과 commercial version의 차이는 코드의 길이가 제한(2KB)되어 있다는 점이며, 기타 기능상의 제한은 없다.

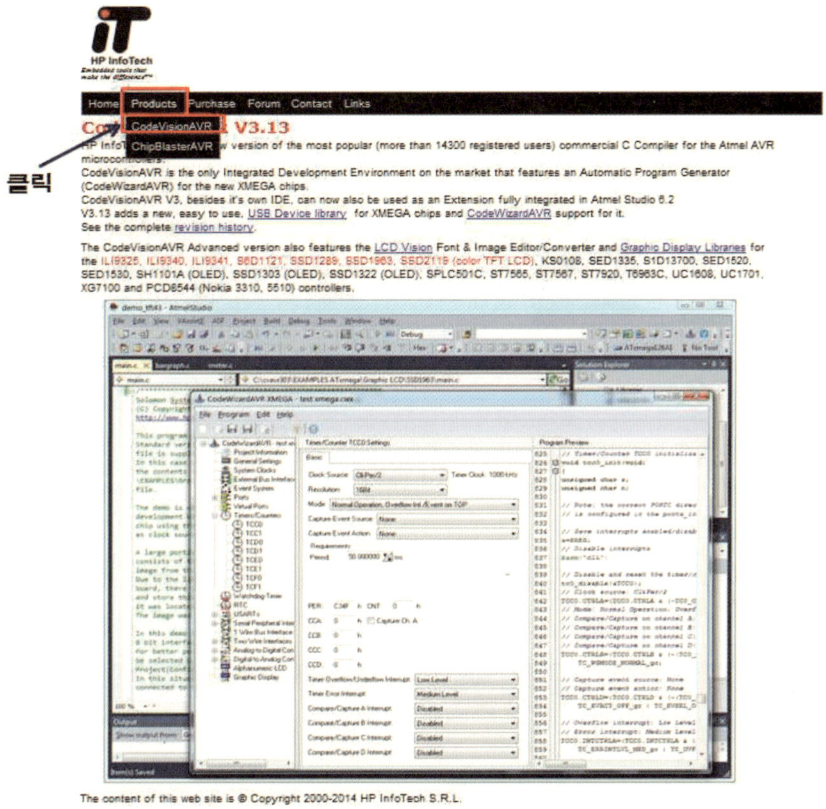

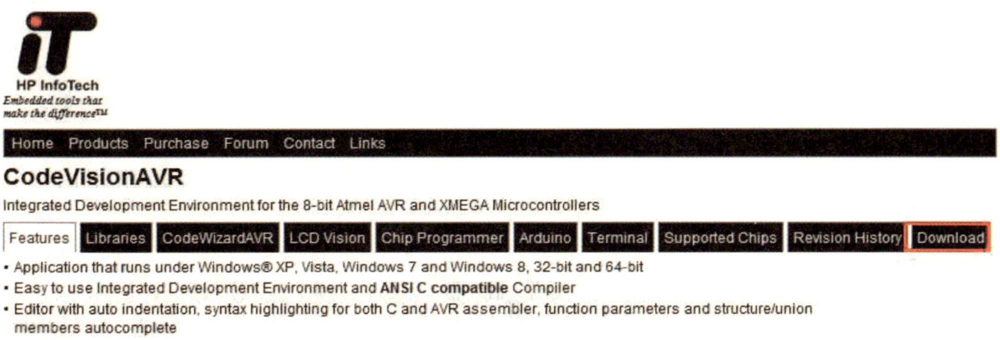

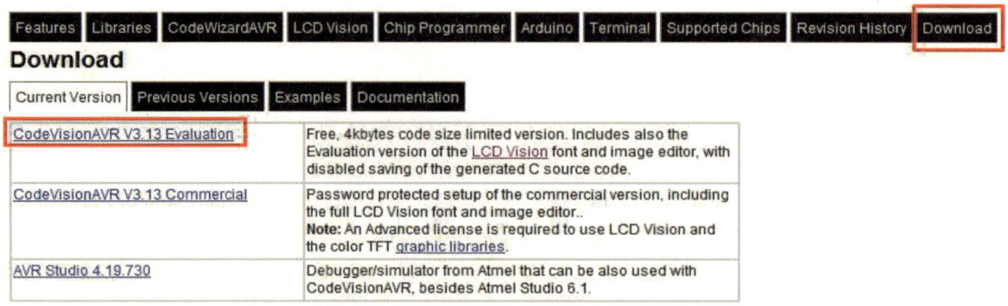

Internet Explorer 버전 문제로 현재 버전이 다운로드되비 않을 경우 이전버전을 다운로드하여 사용한다.

다운로드 후 설치는 기본옵션으로 진행하며 계속 [다음]버튼을 눌러 설치한다. 설치가 종료되면 바탕화면에 

아이콘이 생성된다. 이 아이콘을 더블 클릭하면 프로그램이 실행된다.

2.3.1 CodeVisionAVR C Compiler Programmer 설정하기

프로그램을 구동하면 다음과 같은 화면이 나타난다. CodeVisionAVR을 실행하여 메뉴의 [Settings] → [Programmer]를 선택한다.

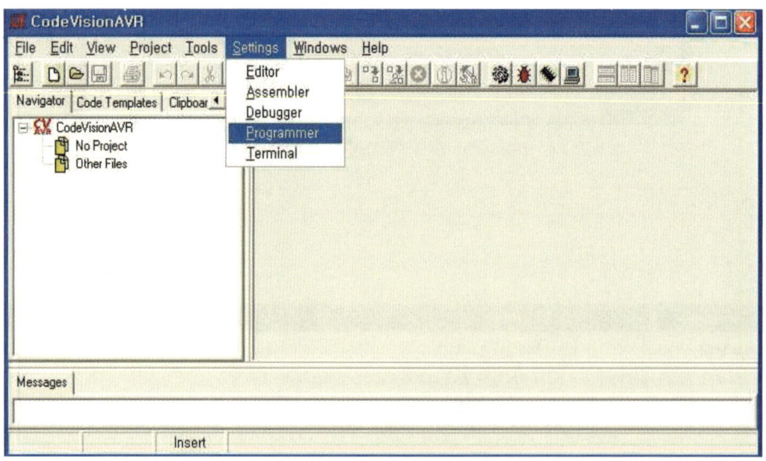

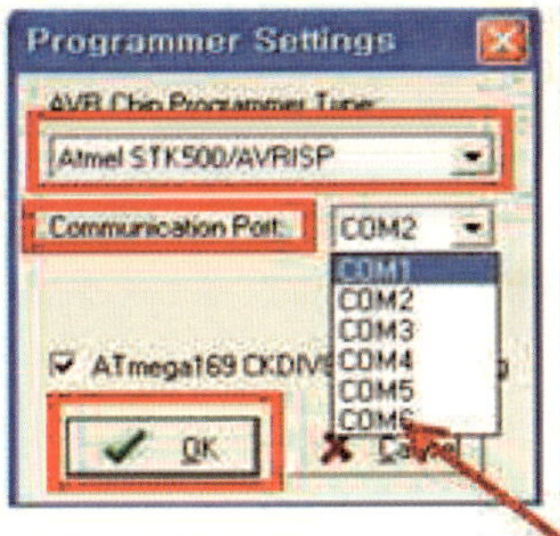

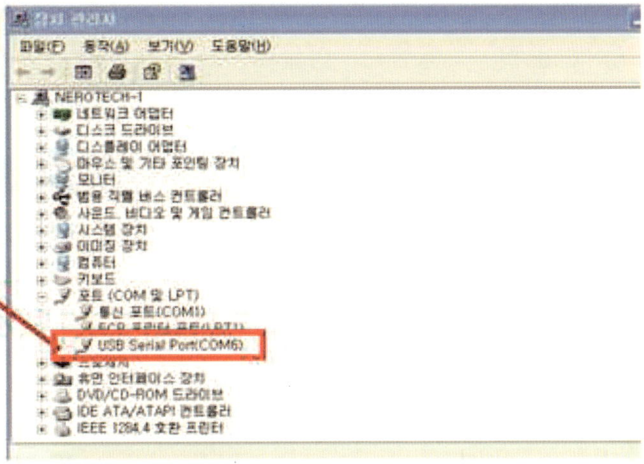

프로그램 다운로더기가 USBISP 타입을 사용할 경우

✎ AVR Chip Programmer Type : Atmel STK500/AVRISP

✎ Communication Port : 장치관리자의 포트 (COM 및 LPT)의 USB Serial port (COMx) 와 일치된 COM포트를 선택한다.

2.3.2 CodeVisionAVR C 편집 및 컴파일, 다운로드 하기

CodeVisionAVR에는 AVR의 기능을 설정하는 레지스터의 초기화를 사용자 메뉴 설정에 따라 생성시켜 주는 기능이 있습니다. 이 기능을 CodeWizard라고 한다.

(1) Project 파일 생성시 CodeWizard를 이용하여 프로그램 다운로드 하기

(가) [File] 의 New에서 Project를 선택한다.

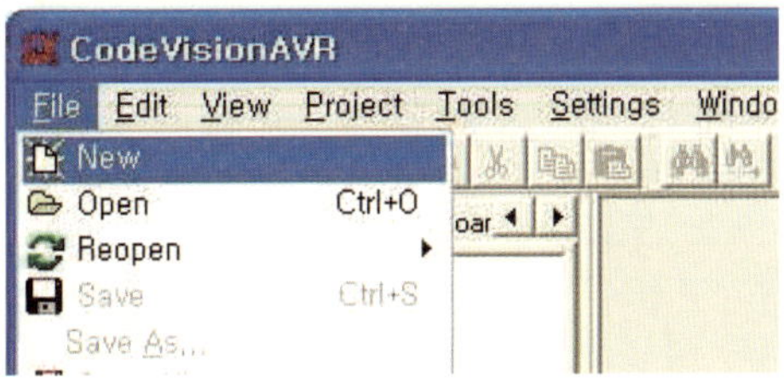

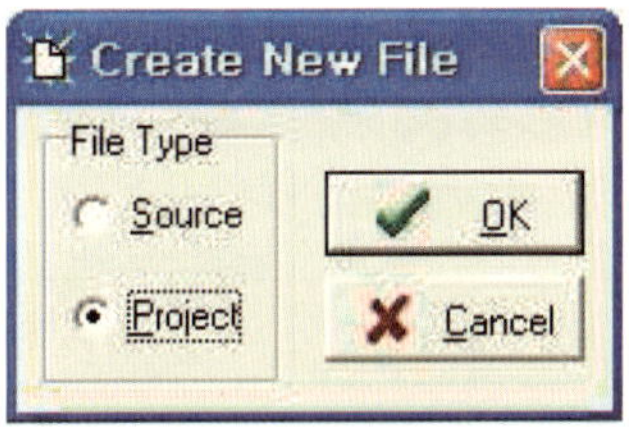

(나) Code를 자동으로 만들어 주는 CodeWizard의 실행 여부를 묻습니다. <Yes>를 클릭한다.

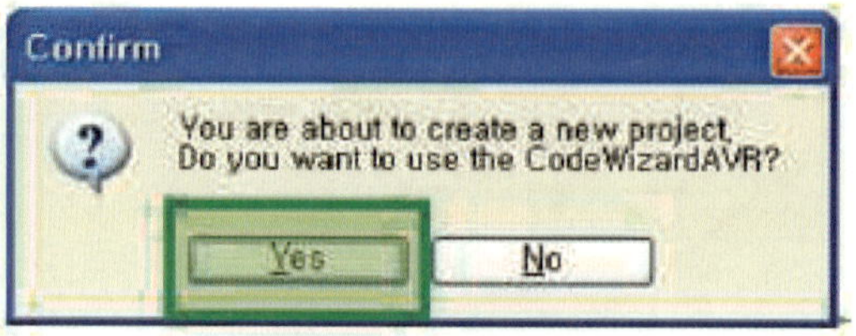

(다) <Yes>를 클릭하면 다음과 같은 설정 화면이 나타난다.

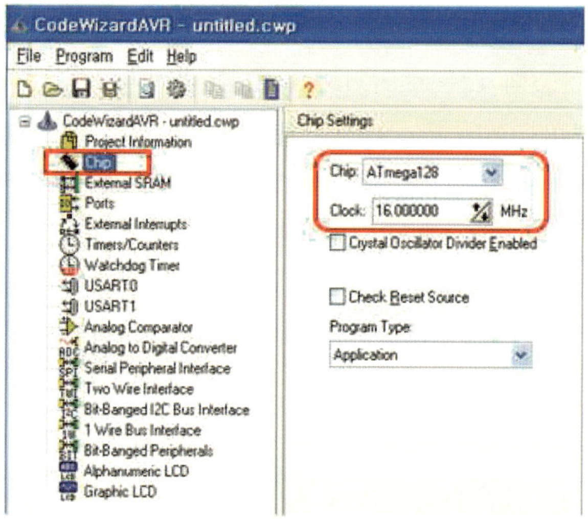

위의 설정 중 중요한 항목은 chip과 clock이다. chip은 ATmega128을 이용하고, clock은 16MHz를 이용할 것이므로 위와 같이 설정한다. 초기 설정은 chip과 clock만 정확히 맞추고 저장 후 종료를 해줘도 상관없다. 선택을 마친 후 CodeWizardAVR의 [File] 메뉴에서 Generate, Save and Exit를 선택합니다.

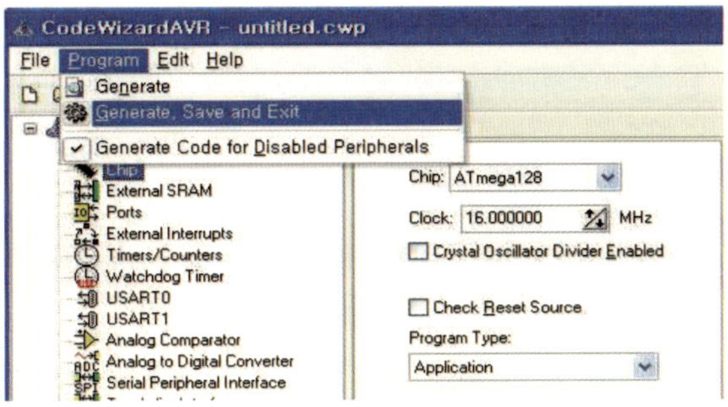

그러면 Source File, Project File, CodeWizard File 의 이름을 설정하라는 윈도우가 나타나고 이름을 넣으면 그에 해당하는 파일들이 생성된다.

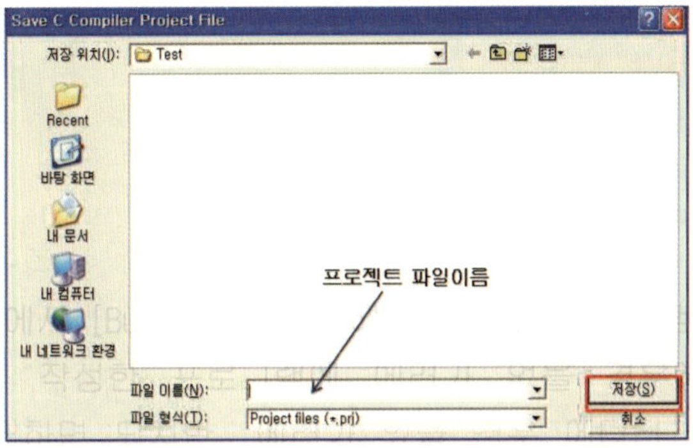

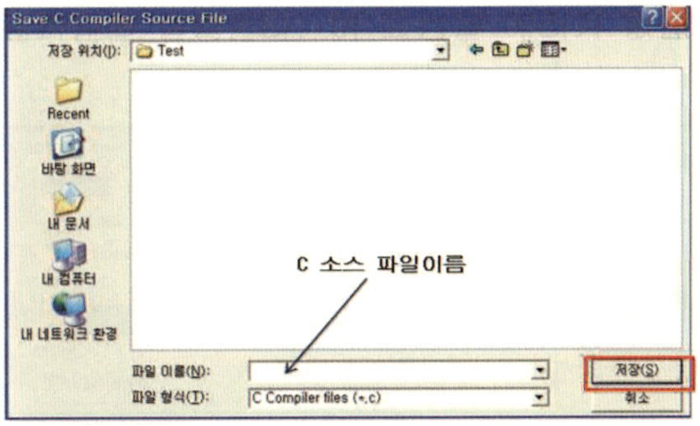

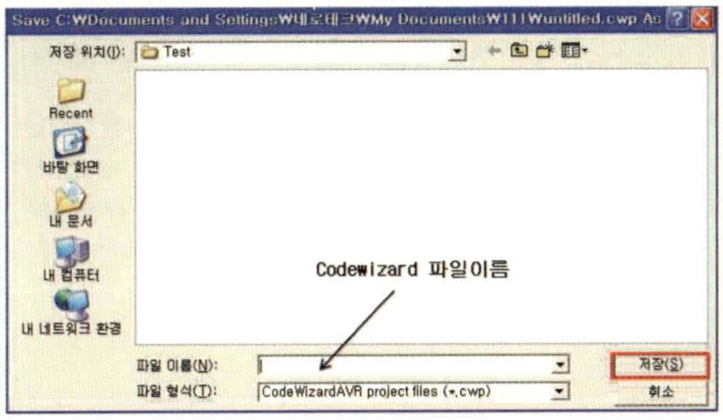

위 (다)의 항목을 실행한 결과는 아래의 그림과 같다.

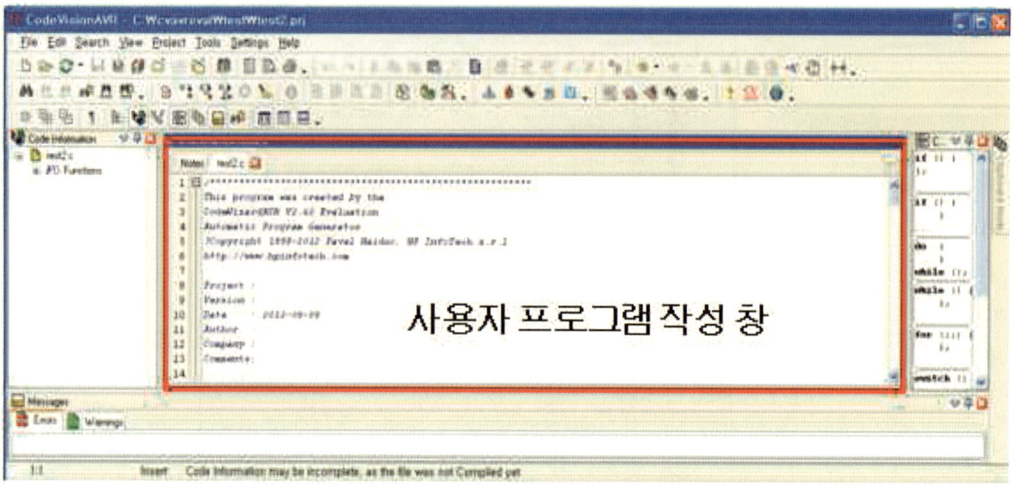

위의 과정을 거치면서 생성된 화면이다. wizard를 이용해 설정한 내용이 자동으로 소스코드가 생성되어 나타난다.

사용자 프로그램 작성 창을 아래로 스크롤하면

```
while (1)
      {
      // Place your code here
      }
```

문이 있는데 여기서부터 프로그래밍(코딩)을 시작하면 된다. 보통 코딩 시 초기화는 무한루프 (while(1)) 바로 위에 작성하도록 하고, 실제 동작 프로그램은 무한루프 내에 작성한다.

(라) 소스코드 작성이 끝나면, [Project]메뉴에서 [Compile File], [Build]를 수행한다. [Compile]은 소스코드를 Object code 로 바꿔주는 기능을 하며, [Build]는 Object code를 어셈블하여 HEX code를 만들어 주는 기능을 한다.

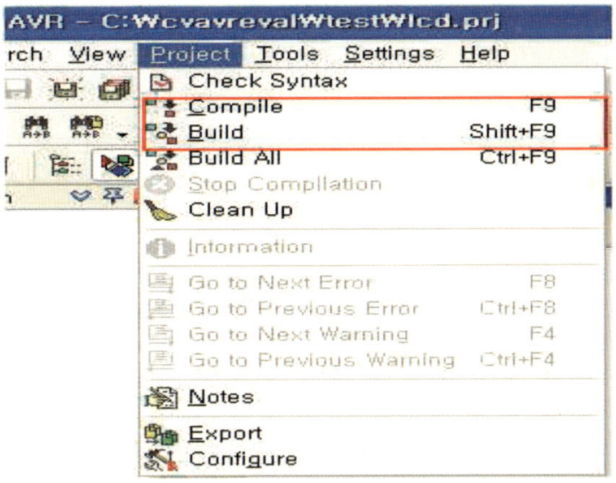

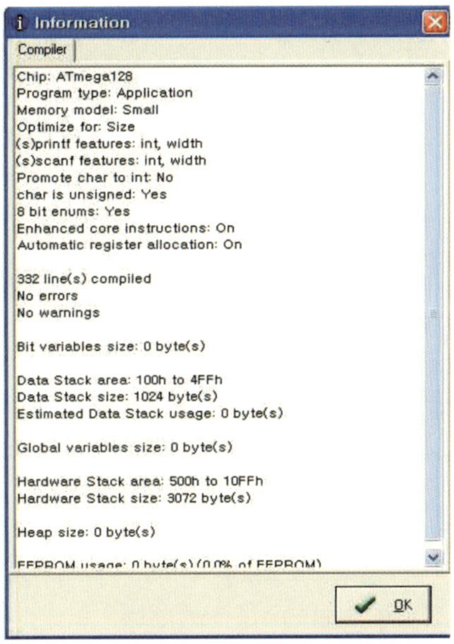

<Compile을 수행한 경우>

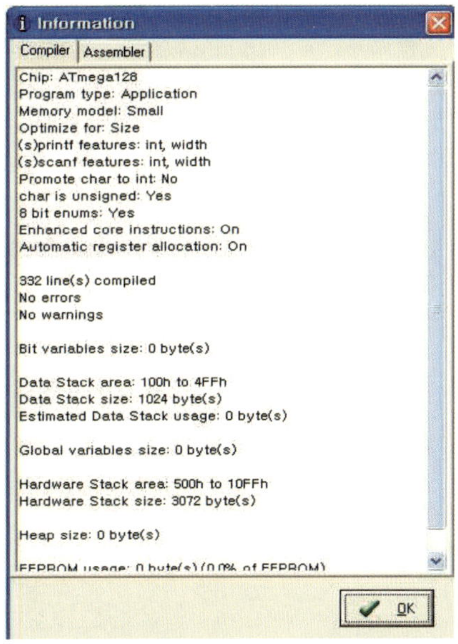

<Build를 수행한 경우>

[Compile] 및 [Build]를 실행 한 결과 error 및 warning 이 발생 하였다면, 화면에 Error 및 warning 메시지가 나타난다. 그러면 작성한 소스코드에 문제가 있는 것으로 다시하면 점검해 보아야 한다.

(마) [Project]→[Configure]→[After Build]를 수행한다. CodeVision 에는 ISP 프로그램이 내장되어 있기 때문에 [Build] 실행 후 에러가 없으면 곧바로

ISP 프로그램을 불러 선택한 Target Board에 HEX 파일을 다운로딩 시킬 수 있다. [After Build] 메뉴에서 [Program the Chip]에 체크하고 다음의 화면에서 필요에 따른 설정을 마치고 [OK]버튼을 선택합니다.

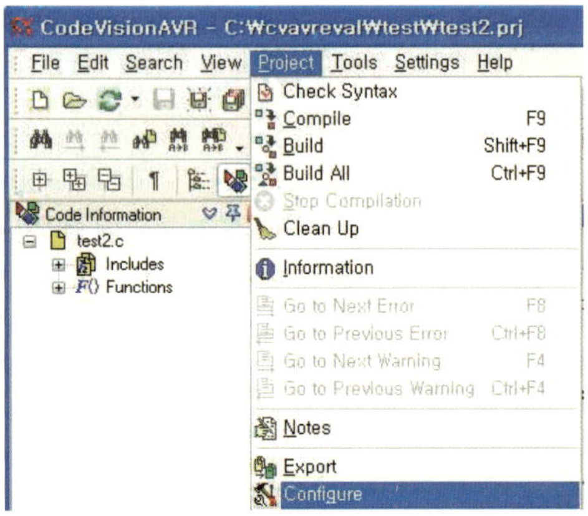

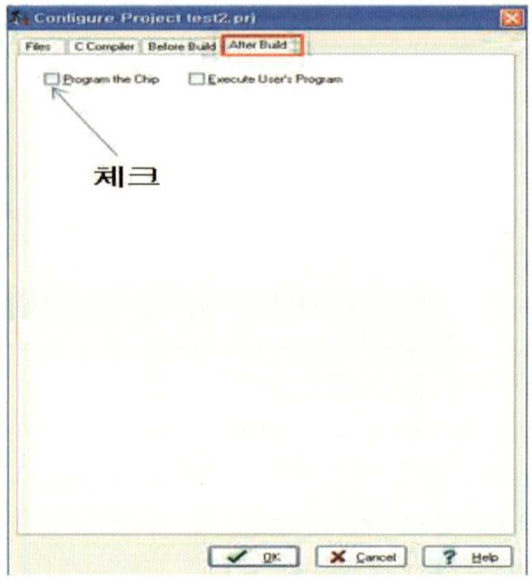

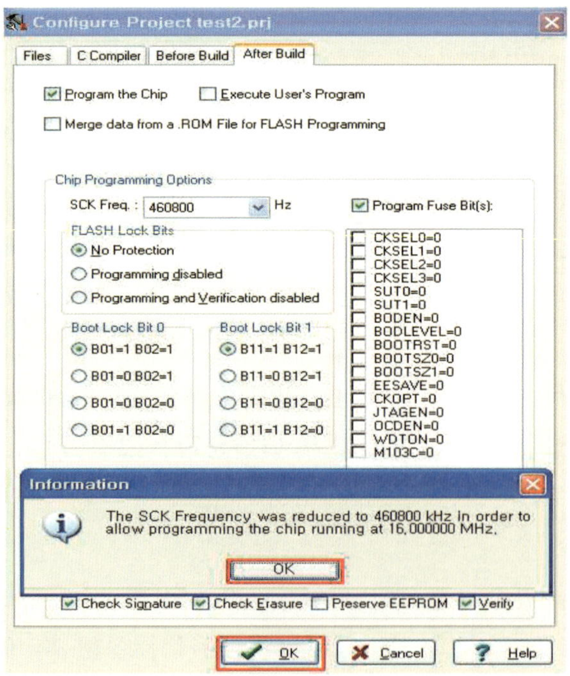

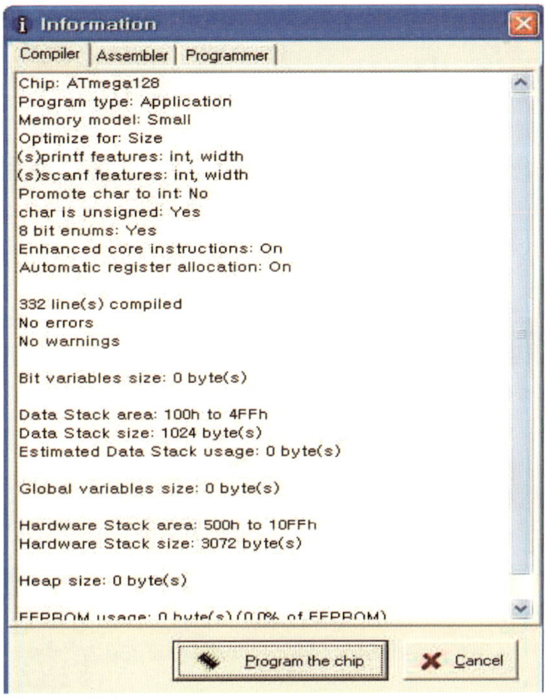

[OK]를 실행시키면 다음의 화면이 나타난다. [Program the chip]을 선택하면 'Programmer Setting'에서 선택한 ISP를 통해 Target Board에 HEX 파일이 다운로딩 된다. HEX파일을 다운로딩 하기 위해서는 다운로더기와 Target Board는 서로 ISP단자를 통해 연결되어야 하며, 또한 전원이 공급되어야 한다.

2.3.3 CodeWizard 없이 Project 파일을 이용하여 프로그램 다운로드 하기

(가) [File] 의 New에서 [Project]를 선택합니다.

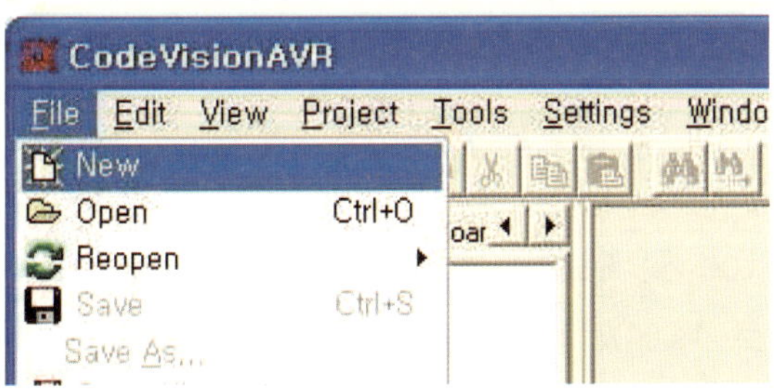

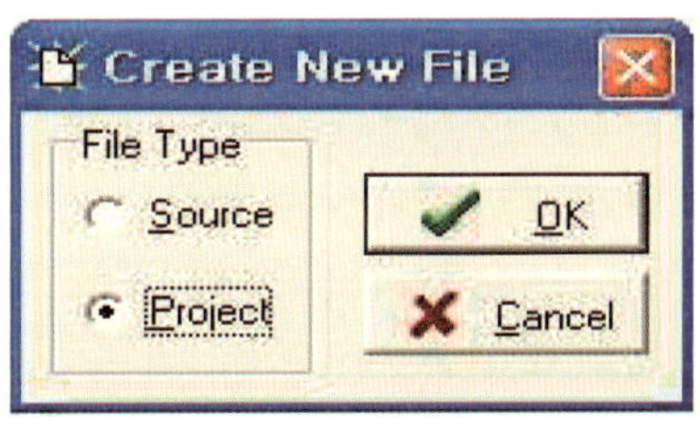

(나) CodeWizard 사용에서 [No]를 선택하고, 프로젝트 파일 이름을 설정하면 다음의 화면이 표시됩니다.

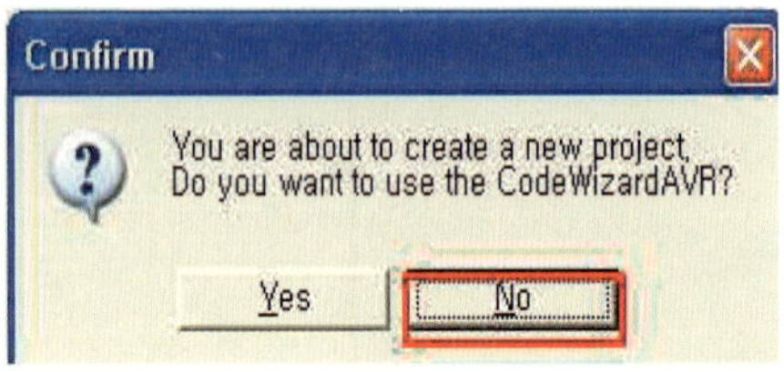

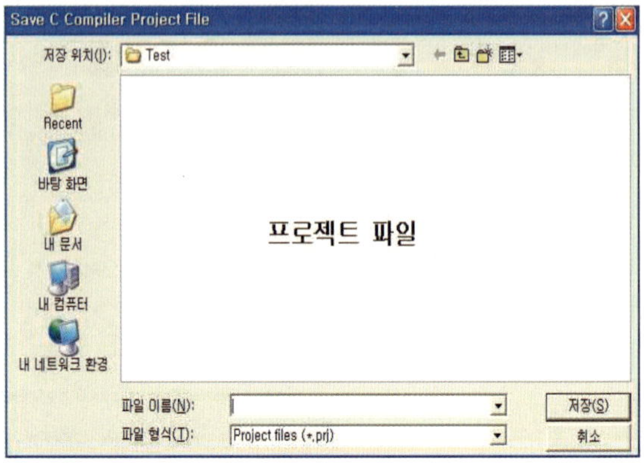

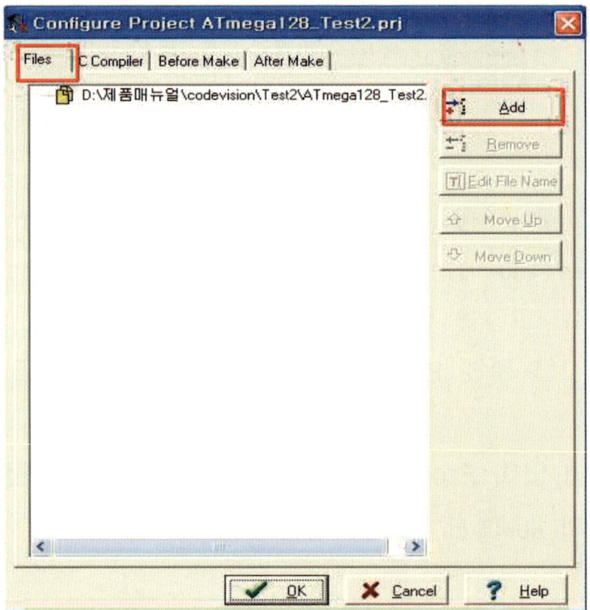

(다) [Files]의 창에서 [Add]를 선택하여 작성된 소스 코드를 선택합니다. [C Compiler]에서는 소스 코드의 Device 및 Clock 등의 값을 설정합니다. [After Make]는 Make 이후의 기능 설정으로 위에서 설명한 것과 같습니다.

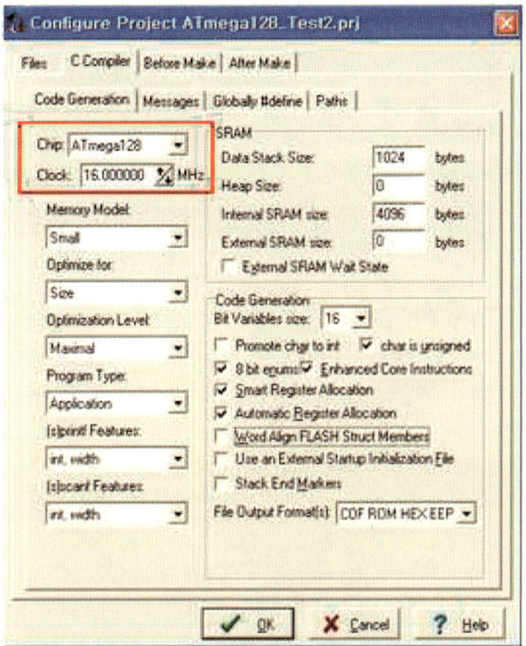
Configure Project ATmega128_Test2.prj
Files
C Compiler
Before Make
After Make
Code Generation
Messages
Globally #define
Paths
Chip: ATmega128
Clock: 16.000000 MHz
Memory Model:
Small
Optimize for:
Size
Optimization Level:
Maximal
Program Type:
Application
(s)printf Features:
int, width
(s)scanf Features:
int, width
SRAM
Data Stack Size: 1024 bytes
Heap Size: 0 bytes
Internal SRAM size: 4096 bytes
External SRAM size: 0 bytes
External SRAM Wait State
Code Generation
Bit Variables size: 16
Promote char to int
char is unsigned
8 bit enums
Enhanced Core Instructions
Smart Register Allocation
Automatic Register Allocation
Word Align FLASH Struct Members
Use an External Startup Initialization File
Stack End Markers
File Output Format(s): COF ROM HEX EEP
OK
Cancel
Help

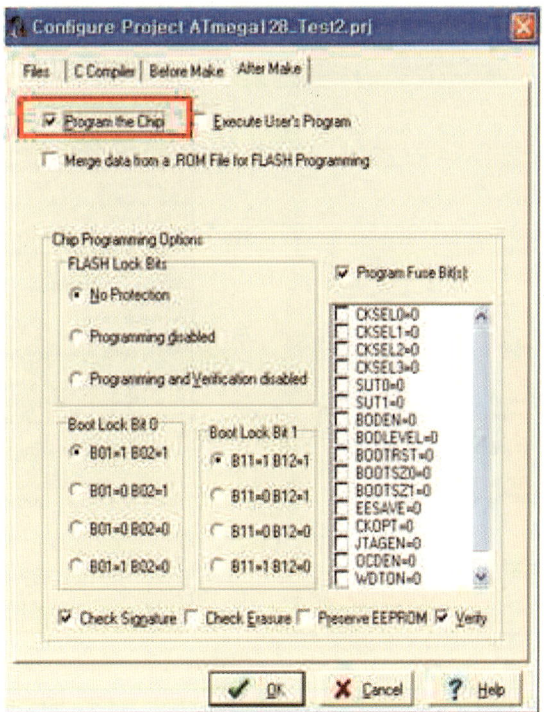
Configure Project ATmega128_Test2.prj
Files
C Compiler
Before Make
After Make
Program the Chip
Execute User's Program
Merge data from a .ROM File for FLASH Programming
Chip Programming Options
FLASH Lock Bits
No Protection
Programming disabled
Programming and Verification disabled
Program Fuse Bit(s):
CKSEL0=0
CKSEL1=0
CKSEL2=0
CKSEL3=0
SUT0=0
SUT1=0
BODEN=0
BODLEVEL=0
BOOTRST=0
BOOTSZ0=0
BOOTSZ1=0
EESAVE=0
CKOPT=0
JTAGEN=0
OCDEN=0
WDTON=0
Boot Lock Bit 0
B01=1 B02=1
B01=0 B02=1
B01=0 B02=0
B01=1 B02=0
Boot Lock Bit 1
B11=1 B12=1
B11=0 B12=1
B11=0 B12=0
B11=1 B12=0
Check Signature
Check Erasure
Preserve EEPROM
Verify
OK
Cancel
Help

(라) 소스코드 작성이 끝나면, [Project]메뉴에서 [Compile File], [Build]를 수행한다. [Compile]은 소스코드를 Object code 로 바꿔주는 기능을 하며, [Build]는 Object code를 어셈블하여 HEX code를 만들어 주는 기능을 한다.

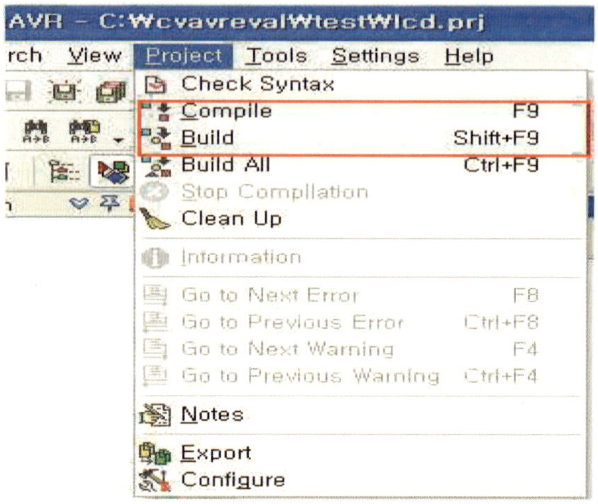

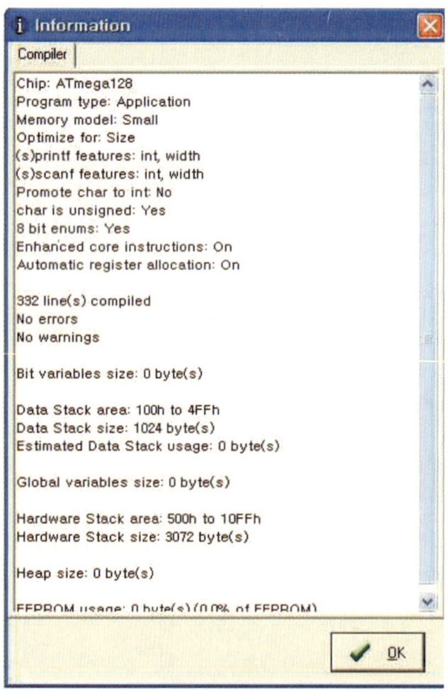

<Compile을 수행한 경우>

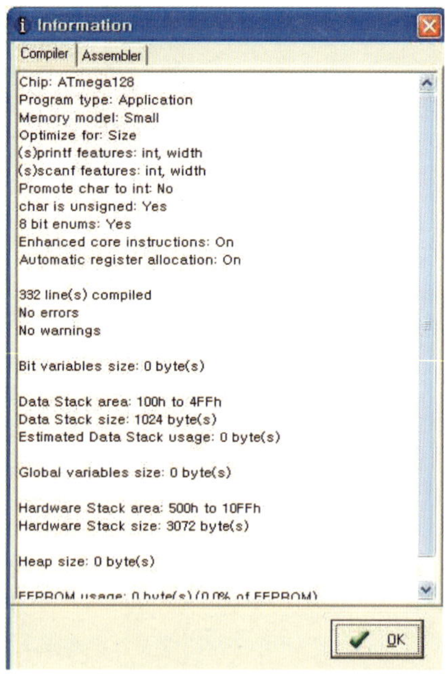

<Build를 수행한 경우>

(마) [Compile] 및 [Build]를 실행 한 결과 error 및 warning 이 발생 하였다면, 화면에 Error 및 warning 메시지가 나타난다. 그러면 작성한 소스코드에 문제가 있는 것으로 다시하면 점검해 보아야 한다. 만약 error 및 warning이 없을 경우 다음의 화면이 나타난다.

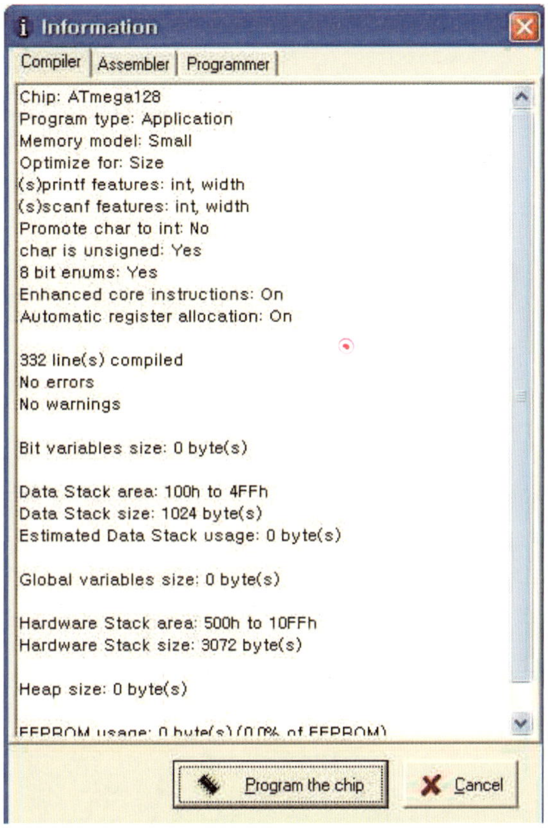

[Program the chip]을 선택하면 'Programmer Setting'에서 선택한 ISP를 통해 Target Board에 HEX 파일이 다운로딩 된다. HEX파일을 다운로딩하기 위해서는 다운로더기와 Target Board는 서로 ISP단자를 통해 연결되어야 하며, 또한 전원이 공급되어야 한다.

제3장
입 · 출력(I/O) 포트

제3장 입 · 출력(I/O) 포트

3.1 입 · 출력(I/O) 포트의 개요

I/O 포트는 마이크로컨트롤러와 외부와의 입출력 기능을 수행하기 위하여 사용 한다. ATMega128은 6개의 8비트 양방향 포트(PA~PF)와 1개의 5비트 양방향 포트(PG)를 가지고 있다. 양방향 이라는 말은 포트가 입력과 출력의 기능을 가진다라는 의미이다.

3.1.1 I/O PORT 특징

- Read-modify-Write 동작
- 최대 구동전류 40mA
- 풀업저항(Pull-up resistor) 설정 가능

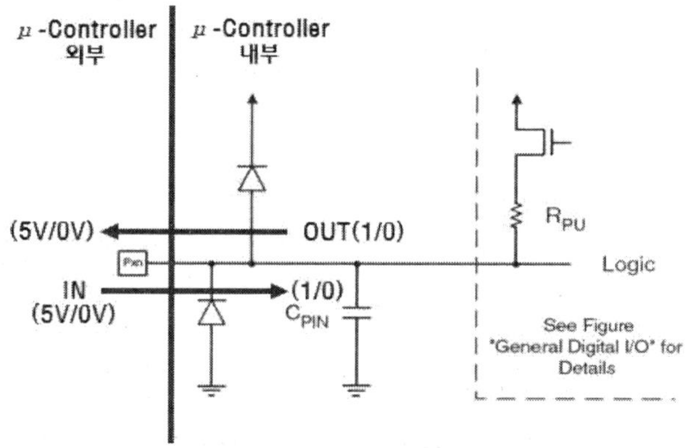

그림3-1 병렬 I/O핀의 구조

3.1.2 I/O PORT 구조 및 동작

각 포트의 기본 동작은 그림3-2와 같다.

- 8 pins = 8 bits = 1 port
- 1 bit:

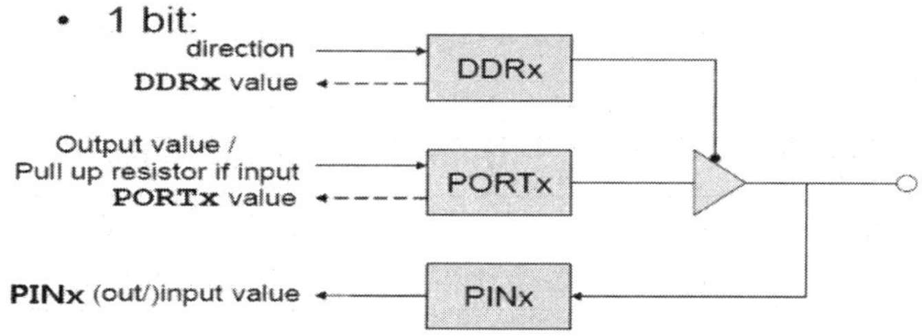

그림3-2 포트의 기본 동작

각 포트를 동작하는데 3개의 관련 레지스터가 있다. 각 포트의 입력과 출력 방향을 설정하는 **DDRx**(Data Direction Register)레지수터, 데이터 출력레지스터 **PORTx**, 포트의 값을 읽는 레지스터 **PINx**가 있다. 그림3-3은 병렬 I/O핀의 기본 구조를 나타낸다.

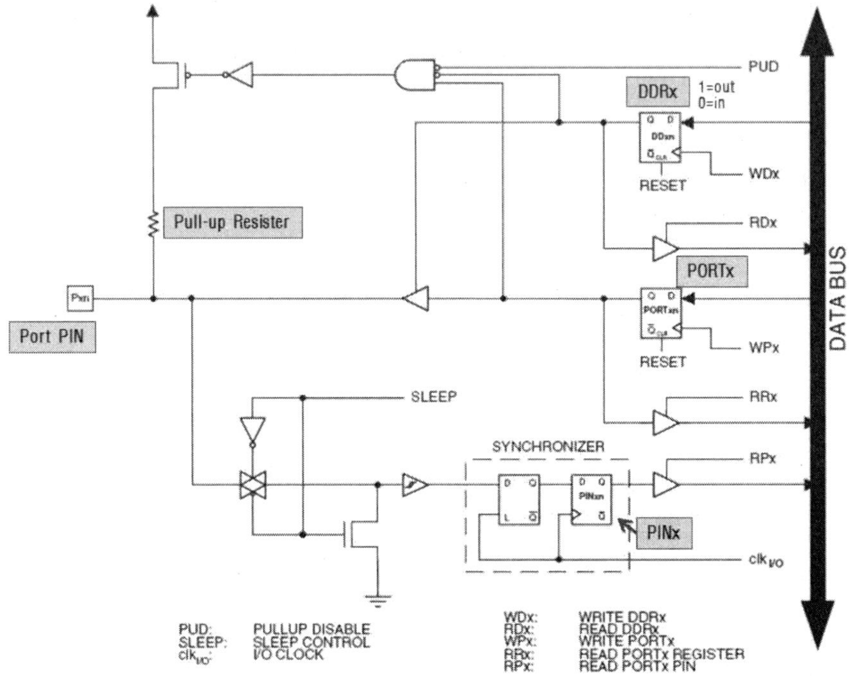

그림3-2 병렬 I/O핀의 기본 구조

3.1.3 I/O 관련 레지스터

1 SFIOR(Sepecial Function Register) : 특수기능 레지스터

모든 I/O 포트의 핀의 기능에 대한 사용 여부를 설정하는 레지스터

Bit	7	6	5	4	3	2	1	0
	TSM				ACME	PUD	PSR0	PSR321
읽기/쓰기	R/W	R	R	R	R/W	R/W	R/W	R/W
초기값	0	0	0	0	0	0	0	0

- PUD(Bit 2): Pull-up Disable 설정 비트
  - 1(set) : 모든 I/0 포트에 대해 풀업저항 기능이 없어짐.
  - 0(clear) : 풀업 저항 기능 생성

DDxn	PORTxn	PUD	I/0	풀업저항	비고
0	0	-	입력	No	3-State(하이 임피던스)
0	1	0	입력	Yes	내부에서 풀업
0	1	1	입력	No	3-State(하이 임피던스)
1	0	-	출력	No	L출력(Sink)
1	1	-	출력	No	H출력(Source)

[2] DDRx(Data Direction Register) (x=A, B, C, D, E, F) (G는 5비트)

- PORT x의 입/출력 방향설정을 위한 레지스터로 레지스터의 각 비트에 "1" 을 쓰면 해당 포트 핀은 출력으로 동작하고, "0" 을 쓰면 해당 포트 핀은 입력으로 동작한다.

Bit	7	6	5	4	3	2	1	0
	DDRx7	DDRx6	DDRx5	DDRx4	DDRx3	DDRx2	DDRx1	DDRx0
읽기/쓰기	R/W	R/W	R/W	R/W	R/W	R/W	R/W	R/W
초기값	0	0	0	0	0	0	0	0

[3] PORTx(Data Register) (x=A, B, C, D, E, F)(G는 5비트)

- 출력용 데이터 값을 위한 레지스터로 이 레지스터에 "1/0" 을 쓰게 되면 해당 포트 핀에 "5V/0V"가 걸리게 된다.

Bit	7	6	5	4	3	2	1	0
	PORTx7	PORTx6	PORTx5	PORTx4	PORTx3	PORTx2	PORTx1	PORTx0
읽기/쓰기	R/W	R/W	R/W	R/W	R/W	R/W	R/W	R/W
초기값	0	0	0	0	0	0	0	0

[4] PINx(Port n Input Pin Address) (x=A, B, C, D, E, F)(G는 5비트)

- 입력 핀에 해당하는 레지스터로서 포트 핀 외부에서 "5V/0V"로 입력되는 값을 " 1/0 "으로 레지스터에 나타낸다.

Bit	7	6	5	4	3	2	1	0
	PINx7	PINx6	PINx5	PINx4	PINx3	PINx2	PINx1	PINx0
읽기/쓰기	R	R	R	R	R	R	R	R
초기값	N/A	N/A	N/A	N/A	N/A	N/A	N/A	N/A

5 I/O 포트 추가 기능

- 포트 A: 외부 메모리를 인터페이스 할 때 데이터버스와 어드레스 하위 바이트로 스위칭 동작(AD0~AD7)

포트 핀	포트 A의 다른 기능
PORTA0	AD0(외부 메모리 인터페이스 어드레스와 데이터 비트 0)
PORTA1	AD1(외부 메모리 인터페이스 어드레스와 데이터 비트 1)
PORTA2	AD2(외부 메모리 인터페이스 어드레스와 데이터 비트 2)
PORTA3	AD3(외부 메모리 인터페이스 어드레스와 데이터 비트 3)
PORTA4	AD4(외부 메모리 인터페이스 어드레스와 데이터 비트 4)
PORTA5	AD5(외부 메모리 인터페이스 어드레스와 데이터 비트 5)
PORTA6	AD6(외부 메모리 인터페이스 어드레스와 데이터 비트 6)
PORTA7	AD7(외부 메모리 인터페이스 어드레스와 데이터 비트 7)

- 포트 B: SPI 직렬 통신, 타이머/카운터 0/1/2 등

포트 핀	포트 B의 다른 기능
PORTB0	/SS(SPI Slave 선택 입력)
PORTB1	SCK(SPI Clock)
PORTB2	MOSI(SPI Master Output/Slave Input)
PORTB3	MISO(SPI Master Input/Slave Output)
PORTB4	OC0(타이머/카운터0 비교 매치 및 PWM 출력)
PORTB5	OC1A(타이머/카운터1 비교 매치 및 PWM 출력 A)
PORTB6	OC1B(타이머/카운터1 비교 매치 및 PWM 출력 B)
PORTB7	OC2/OC1C(타이머/카운터2 비교매치 및 PWM출력 또는 타이머/카운터1 비교 매치 및 PWM 출력 C)

- 포트 C: 외부 메모리를 인터페이스 할 때 어드레스 상위 바이트로 스위칭 동작

포트 핀	포트 C의 다른 기능
PORTC0	A8(외부 메모리 인터페이스 어드레스 비트 8)
PORTC1	A9(외부 메모리 인터페이스 어드레스 비트 9)
PORTC2	A10(외부 메모리 인터페이스 어드레스 비트 10)
PORTC3	A11(외부 메모리 인터페이스 어드레스 비트 11)
PORTC4	A12(외부 메모리 인터페이스 어드레스 비트 12)
PORTC5	A13(외부 메모리 인터페이스 어드레스 비트 13)
PORTC6	A14(외부 메모리 인터페이스 어드레스 비트 14)
PORTC7	A15(외부 메모리 인터페이스 어드레스 비트 15)

- 포트 D: 외부 인터럽트, TWI 및 시리얼통신, 타이머/카운터 클록 등
-

포트 핀	포트 D의 다른 기능
PORTD0	INT0/SCL(외부 인터럽트 0 또는 TWI시리얼 클록)
PORTD1	INT1/SDA(외부 인터럽트 1 또는 TWI시리얼 데이터)
PORTD2	INT2/RXD1(외부 인터럽트 2 또는 USART1 수신)
PORTD3	INT3/TXD1(외부 인터럽트 3 또는 USART1 송신)
PORTD4	IC1(타이머/카운터 1 입력캡쳐 트리거 입력)
PORTD5	XCK1(USART1 외부클록 입/출력)
PORTD6	T1(타이머/카운터 1 클록 입력)
PORTD7	T2(타이머/카운터 2 클록 입력)

- 포트 E: 프로그램 퓨징, 타이머/카운터 3, 아날로그 비교기, 외부 인터럽트 등
-

포트 핀	포트 E의 다른 기능
PORTE0	PDI/RXD0(프로그래밍 데이터 입력 또는 USART0 수신)
PORTE1	PDO/TXD0(프로그래밍 데이터 출력 또는 USART0 송신)
PORTE2	AIN0/XCK0(아날로그 +입력0 또는 USART0 외부 클록 입출력)
PORTE3	AIN1/OC3A(아날로그 -입력 1 또는 타이머/카운터3 비교 매치 및 PWM 출력 A)
PORTE4	INT4/OC3B(외부인터럽트4 또는 타이머/카운터3 비교 매치 및 PWM 출력 A)
PORTE5	INT5/OC3C(외부인터럽트5 또는 타이머/카운터3 비교 매치 및 PWM 출력 A)
PORTE6	INT6/T3(외부인터럽트6 또는 타이머/카운터3 외부클록 입력)
PORTE7	INT7/ICP3(외부인터럽트7 또는 타이머/카운터3 입력 캡쳐 트리거 입력)

- 포트 F: A/D 컨버터, JTAG 인터페이스 등
-

포트 핀	포트 F의 다른 기능
PORTF0	ADC0(ADC 입력채널 0)
PORTF1	ADC1(ADC 입력채널 1)
PORTF2	ADC2(ADC 입력채널 2)
PORTF3	ADC3(ADC 입력채널 3)
PORTF4	ADC4/TCK(ADC 입력채널 4 또는 JTAG 테스트 클록)
PORTF5	ADC5/TMS(ADC 입력채널 5 또는 JTAG 테스트 모드선택)
PORTF6	ADC6/TDO(ADC 입력채널 6 또는 JTAG 테스트 데이터 출력)
PORTF7	ADC7/TDI(ADC 입력채널 7 또는 JTAG 테스트 데이터 입력)

▪ 포트 G: 타이머/카운터나 외부 메모리에 관련된 다른 기능을 가짐

포트 핀	포트 G의 다른 기능
PORTG0	/WR(외부 데이터 메모리 쓰기신호)
PORTG1	/RI(외부 데이터 메모리 읽기신호)
PORTG2	ALE(외부 메모리 어드레스 래치신호)
PORTG3	TOSC2(타이머/카운터 0의 Real Time Clock)
PORTG4	TOSC1(타이머/카운터 0의 Real Time Clock)

3.1.4 PORT의 입/출력 제어

1 PORT 입/출력 제어 방법

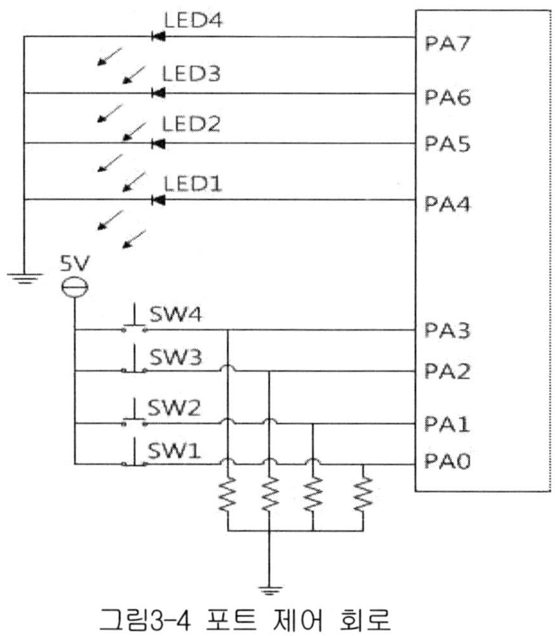

그림3-4 포트 제어 회로

그림3-4와 같이 포트A에 4개의 LED와 4개의 스위치를 연결한다. 스위치는 포트A의 0~3핀에 연결하고, LED는 포트A의 4~7핀에 연결한다.

① **PORT 입출력 방향 설정**

그림3-4회로를 제어하기 위해서 DDRx(x=A) 레지스터의 각 비트에 1과 0을 써 넣는다.

• PORTA의 **하위(0~3)비트는 입력포트로 설정**하고, **상위(4~7)비트는 출력포트로 설정**하기 위해서 **DDRA에 0xf0(DDRA=0xf0;)**를 써 넣는다. DDRA=0xf0와

동일한 명령어는 **DDRA=240, DDRA=0b11110000** 으로 쓸 수도 있다.

- 만약, PORTA의 8개 포트 중 1개의 포트(5번째 포트)를 출력으로 사용하려면 DDRA.4=1;로 쓰면 된다. 즉 모든 포트는 바이트(8비트) 또는 비트 단위로 입/출력 설정이 가능하다.

② PORT 출력 제어

PORTx(x=A) 레지스터의 각 비트를 1/0으로 설정하면 해당포트의 핀이 5V/0V로 나타난다.

- DDRA레지스터를 0xf0;로 설정한 후 **PORTA에 0x55를 쓰면(PORTA=0x55;)** 포트 A의 PA4와 PA6에 5V가 출력되고 이때 LED1과 LED3이 켜진다. PA5와 PA7은 0V가 출력되어 LED2와 LED4는 꺼진다.

	7	6	5	4	3	2	1	0
PORTA	0	1	0	1	0	1	0	1

이때 PORTA의 하위 4비트(0~3)에는 값을 써 넣어도 PA0~PA3 핀에 아무런 영향을 주지 않는다.

- PA7에 연결되어 있는 LED4만 점등하고자 할 경우에는 **PORTA.7=1**을 하게 되면 LED4만 제어하게 된다.

③ PORT 입력 제어

PINx 레지스터에 입력 포트의 현재 값(5V/0V)이 1/0으로 저장된다.

- 그림3-4회로를 제어할 경우 DDRA레지스터를 0xf0;로 설정한 후 a=PINA; 명령어를 실행하면 변수 a에 PA0~PA3의 전압값이 1 또는 0으로 저장된다.

	7	6	5	4	3	2	1	0
PINA	0	1	0	1	0	1	0	1

이때 변수 a에 저장되는 값은 0x55이다. 여기서 상위(4~7) 4비트는 입력값이 아니라 ②에서 실행한 출력 데이터값이 그대로 읽혀진 것이다. 따라서 입력 데이터를 정확히 저장하기 위해서는 다음과 같은 명령어를 실행한다.

```
a=PINA & 0x0f;
```

그러면 변수 a에는 0x05가 저장된다.

	7	6	5	4	3	2	1	0
a	0	0	0	0	0	1	0	1

①-③의 과정을 C프로그래밍하면 다음과 같다.

```
#include <mega128.h>

void main()
{
    int a; // 사용자 메모리 중 2바이트를 변수a 이름으로 지정한다.

    DDRA=0x11110000;
    PORTA=0x55;
    a=PINA & 0x0f;
    PORTA.6=0;
    PORTA.1=1;
}
```

2 CodeVision을 이용한 프로그램 편집, 컴파일과 실행

① 

를 실행한다.

② [File] 의 New에서 [Project]를 선택합니다.

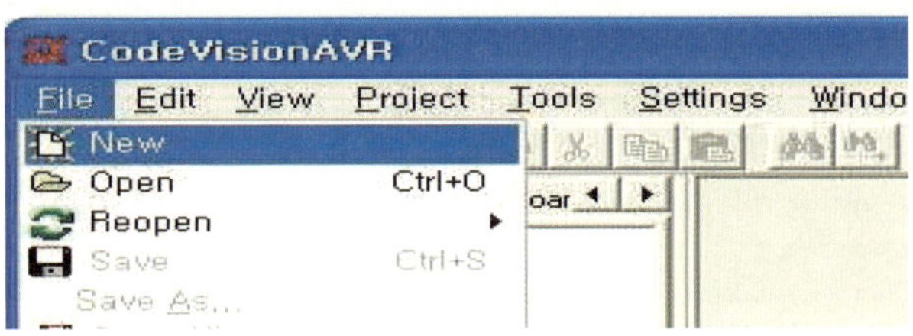

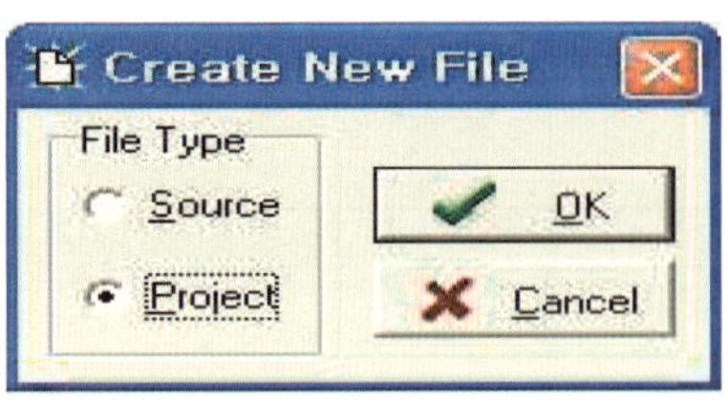

③ CodeWizard 사용에서 [No]를 선택하고, 프로젝트 파일 이름을 설정하면 다음의 화면이 표시됩니다.

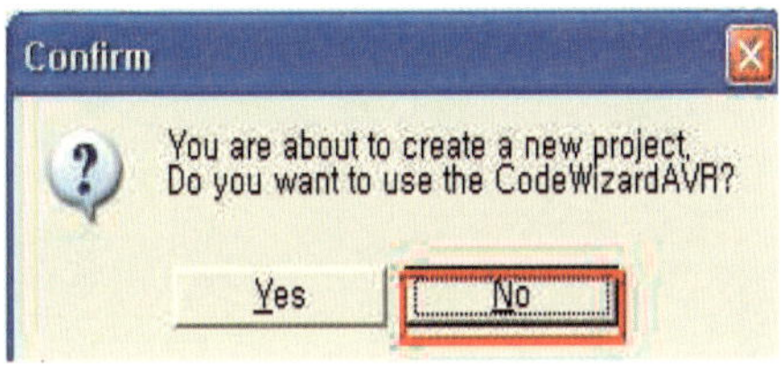

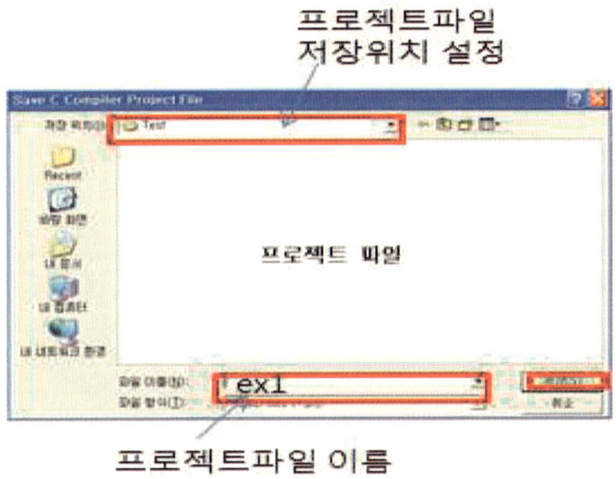

④ [Files]의 창에서 [Add]를 선택하여 작성된 소스 코드를 선택합니다. [C Compiler]에서는 소스 코드의 Device 및 Clock 등의 값을 설정합니다. [After Make]는 Make 이후의 기능 설정으로 그림과 같이 설정한다.

④-1

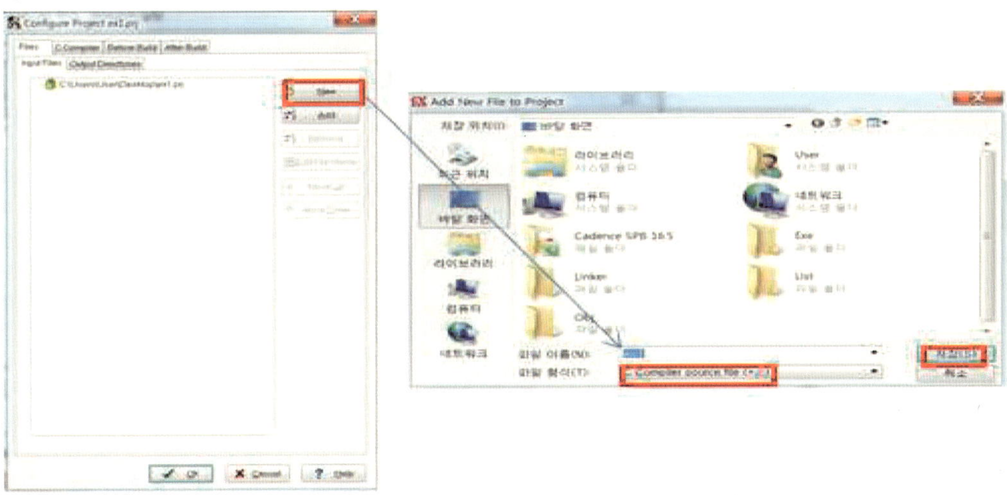

④-2

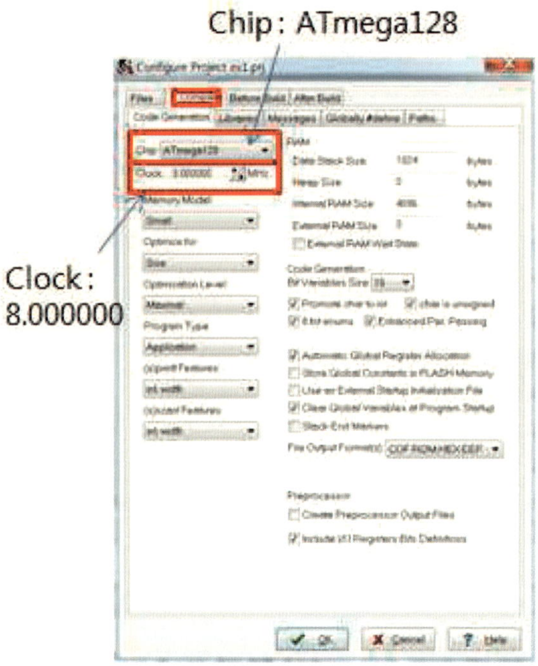

④-3

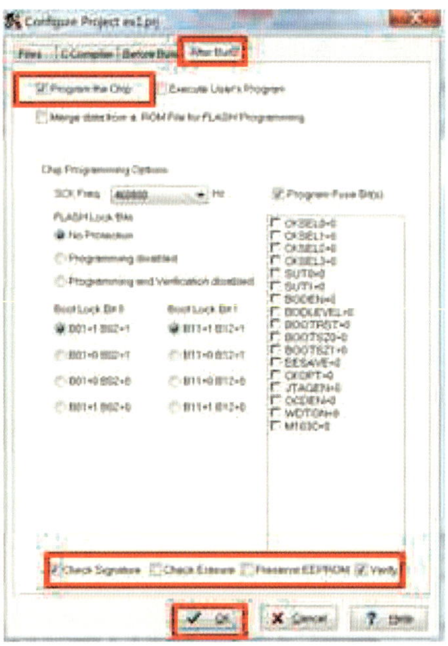

⑤ 에디터 창에 소스코드를 작성한다.

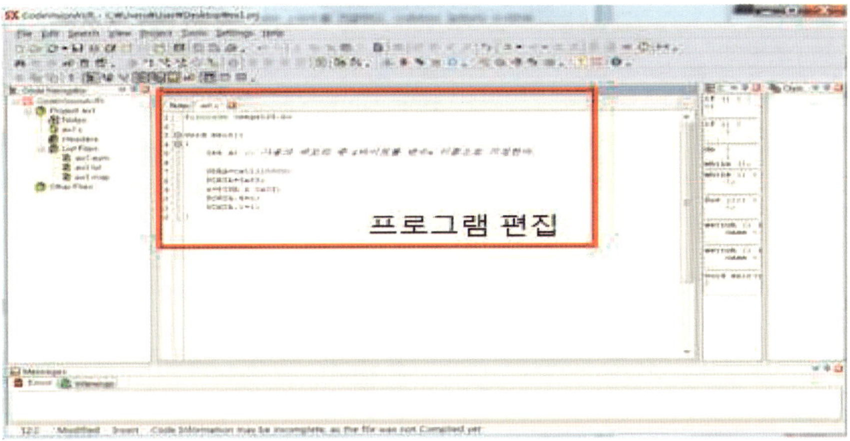

⑥ 타겟보드와 PC사이에 USB-ISP장치를 연결한다.

장치가 연결되면 PC에서 장치드라이버(CP210x USB to UART Bridge)을 찾는다. 이재 PC 내에 CP210x USB to UART Bridge 드라이버가 없으면 인터넷에서 드라이버를 찾아 설치한다. 설치가 완료되면 PC의 장치드라이버에 다음과 같이 나타난다.

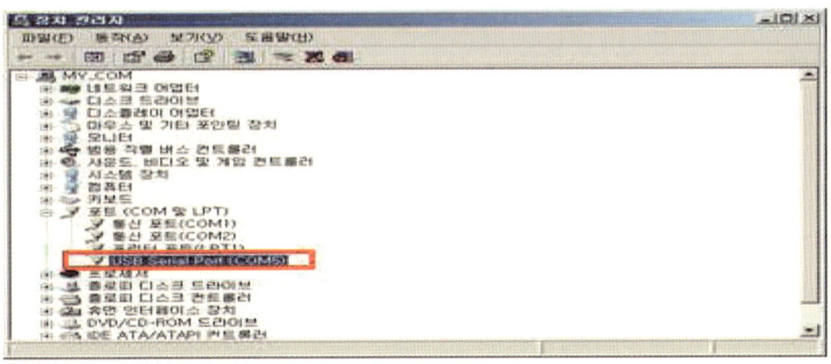

⑦ CodeVision AVR에서 Chip 프로그래머와 통신포트를 설정해 준다.

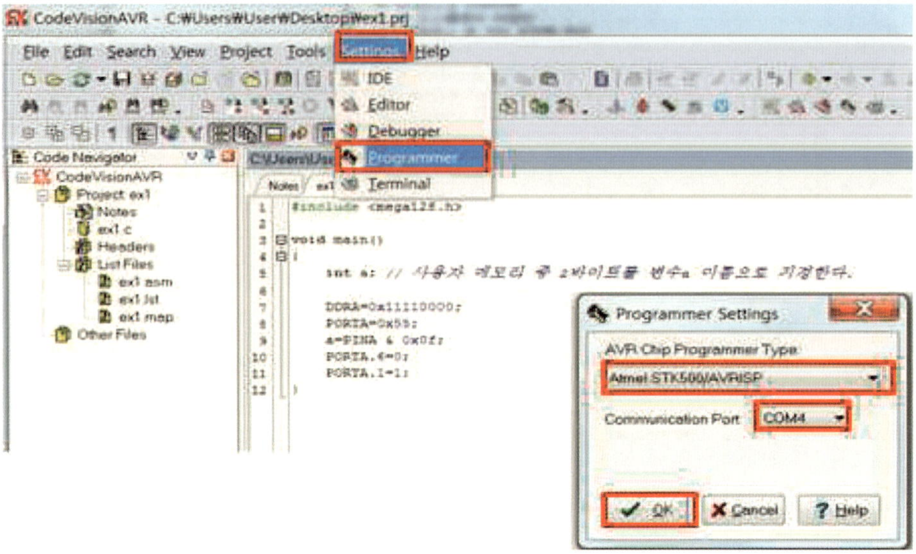

⑧ [Project]의 창에서 [Build]를 선택 해 에디터한 프로그램을 컴파일 한다. 컴파일을 실행한 후 작성한 프로그램에 에러가 없을 경우에는 바로 실행파일(*.HEX)을 다운로더하면 되지만, 에러가 있을 경우 에디터 창에서 에러를 찾아 바르게 고쳐 다시 컴파일을 실행한다. 이 과정을 에러가 없을 때까지 반복한다.

⑧-1

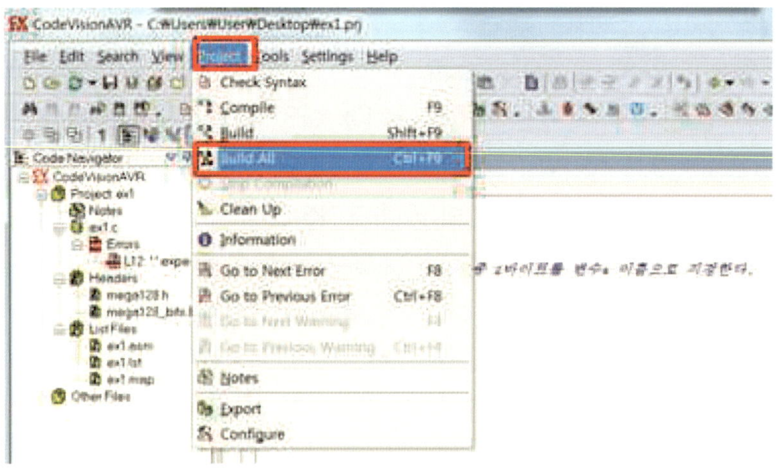

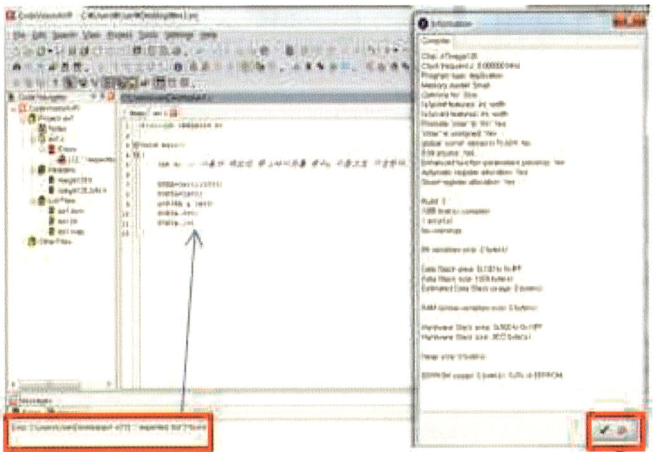

⑧-2 에러 문구를 클릭하면 에러 위치 알려줌.
에러내용은 문장 마지막에 ';'가 없음.

클릭 후 에디터 창에서
에러 수정 후 다시 Build All한다.

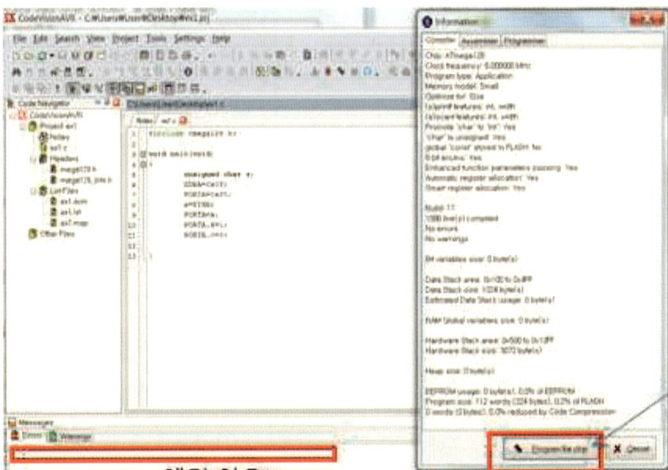

⑧-3 에러 없음

타겟보드로 실행파일
다운로드

⑨ 프로그램이 실행되는 것을 확인한다.

3.2 I/O PORT를 이용한 LED구동 및 스위치 입력 실습

3.2.1 다음 회로도는 LED구동회로도 이다.

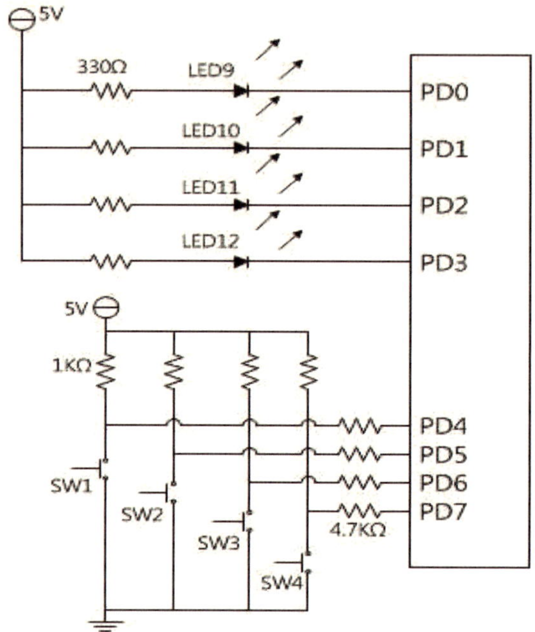

그림3-5 LED구동 및 스위치입력 회로

그림3-5에서 PORTD의 PD0핀에 0을 출력하면 PD0~PD3핀이 GND가 되어 폐회로가 형성되어 전류가 흐르게 됨으로써 LED9가 ON된다. 다음에 PORTD의 PD0핀에 1을 출력하면 PD0핀이 +5V가 되어 330Ω쪽의 +5V와 PD0핀의 +5V가 등 전위가 되어 폐회로가 형성되지 않아 LED는 OFF된다.

그림3-5의 스위치회로에서 PD4에 연결된 스위치(SW1)가 눌려지지 않으면 SW1 양단의 전압이 +5V가 된다. 이 전압이 PD4에 입력된다. 다음에 스위치(SW1)가 눌려지면 SW1에 의해 접지(GND)와 도통이 되어 SW1 양단의 전압이 0V가 되고, 이 전압이 PD4에 입력된다.

【실습 3-1】 그림3-5의 회로에서 PD0-PD3에 연결된 4개의 LED를 1초 동안 동시에 켜진 후 꺼지게 해보자.

- 포트D의 입출력 방향레지스터 설정하기
- 포트D에 LED 출력값을 내보내기
- 1초 간격으로 점멸은 4개의 LED가 동시에 1초 동안 켜진 후 끄기 위해서는 LED가 켜진 상태에서 1초 동안 시간 지연을 가진다. 이때 사용하는 함수가 <delay.h>에 포함되어 있는 delay_ms(시간값);을 사용한다.

```
#include <mega128.h>
#include <delay.h>
void main(void)
{
    DDRD=0x0f; // 또는 DDRD=0b00001111;로 쓰기도 한다.

    PORTD=0xf0;  // 또는 PORTD=0b11110000로 쓰기도 한다.
    delay_ms(1000); // 1000은 1000ms를 의미한다.

    PORTD=0xff;
    delay_ms(1000);
  }
```

① # : 선행처리기

선행처리기란 C언어 프로그램이 소스 파일을 컴파일하기 전에 먼저 처리하는 장치라는 뜻을 가지고 있다. 즉 소스프로그램을 컴파일하기 전에 먼저 선행처리기를 통해서 몇 가지 일을 처리하는데, 이때 여러 가지 헤더 파일을 참조하여 함수나 변수에 대해서 정보를 얻기도 하고, 상수를 변환하여 실제로 사용할 자료로 치환하기도 한다. 선행처리기는 전처리기라고 한다.

②#include : 헤더파일을 포함할 때 사용되는 명령어

이 명령은 C언어에서 가장 많이 사용하는 명령어이지 거의 필수적인 명령어입니다. include라는 말은 '포함하다'라는 뜻을 가진 낱말이다. 무엇인가를 포함시키라는 명령어인데, 바로 헤더 파일을 포함시키라는 명령어이다. 즉 컴파일하기 전에 헤더 파일을 포함시켜서 먼저 헤더 파일을 읽어 컴파일러가 헤더 파일로부터 각종 정보를 얻게 된다. 그리고 헤더 파일에서 얻은 정보를 바탕으로 컴파일을 진행시키게 된다. 사용 형식은 다음과 같다.

[사용 형식]
#include <파일이름>

③ mega128.h, delay.h : Codevision 컴파일러에 내장되어 있는 ATmega128 헤더파일 *.h로 되어있는 파일형식으로 mega128.h은 ATmega128 마이크로컴퓨터의 I/O레지스터 및 인터럽트에 관련된 정보들이 미리 정의되어 있는 헤더파일이고, delay.h는 사용자가 시간지연 함수를 프로그램 작성 시 쉽게 사용할 수 있도록 미리 만들어 제공하는 함수로 delay_us()와 delay_ms()가 있다. 만약 이 함수를 사용하지 않고 시간지연을 하기 위해서는 다음과 같이 사용자가 프로그래밍을 해야 한다.

```
void delay()
{
        int i;
        for(i=0; i<(delay 값); I++);
}
```

④ DDRD=0x0f:
DDRD(PORTD Data Direction Register)로 PORT D의 입/출력 방향설정을 위한 레지스터로 레지스터의 각 비트에 "1"을 쓰면 해당 포트 핀은 출력으로 동작하고, "0"을 쓰면 해당 포트 핀은 입력으로 동작한다.

Bit	7	6	5	4	3	2	1	0
	DDRD7	DDRD6	DDRD5	DDRD4	DDRD3	DDRD2	DDRD1	DDRD0
데이터	0	0	0	0	1	1	1	1

PORTD의 하위 4비트(0-3)은 출력 포트로 사용하고, 상위 4비트는 입력포트로 사용한다는 바향 설정을 한다. 회로실험에서 PORTD의 상위포트에는 스위치(입력)가 연결되어 있고, 하위포트에는 LED(출력)가 연결되어 있다.

⑤ PORTD=0xf0;
PORTD(PORTD Data Register)로 출력용 데이터 값을 위한 레지스터로 이 레지스터에 "1/0"을 쓰게 되면 해당 포트 핀에 "5V/0V"가 걸리게 된다.

Bit	7	6	5	4	3	2	1	0
	PORTD7	PORTD6	PORTD5	PORTD4	PORTD3	PORTD2	PORTD1	PORTD0
데이터	1	1	1	1	0	0	0	0

그림3-5에서 포트D의 PD0-PD3 핀이 0V가 되면 LED는 켜지게 된다. 따라서 LED를 켜기 위해서는 PORTD 레지스터의 하위4비트에 0을 써 넣는다.

⑥ delay_ms(1000);은 delay.h 헤더파일에 있는 delay_ms()를 이용해 시간 지연을 실행한다. delat_ms(1000)은 프로그램을 1초 동안 지연시킨 후 다음 라인의 프로그램을 수행한다.

⑦ PORTD=0xff;

Bit	7	6	5	4	3	2	1	0
	PORTD7	PORTD6	PORTD5	PORTD4	PORTD3	PORTD2	PORTD1	PORTD0
데이터	1	1	1	1	1	1	1	1

그림3-5에서 포트D의 PD0-PD3 핀이 5V가 되면 LED는 꺼진다. 따라서 LED를 끄기 위해서는 PORTD 레지스터의 하위4비트에 1을 써 넣는다.

【실험3-21】 PD1에 연결된 LED10만 On/Off하기. ON 시간은 1.5초로 한다.

```
#include <mega128.h>
#include <delay.h>
void main(void)
{
        DDRD=0x0f;

        PORTD.1=0;
        delay_ms(1500);
        PORTD.1=1;
        delay_ms(1500);
}
```

【혼자 해보기 1】 4개의 LED를 순차적으로 On/Off해보기. On 시간은 1초로 한다.

【혼자 해보기 2】 LED9→LED11→LED10→LED12로 LED On/Off해보기. On시간은 1초로 한다.

【혼자 해보기 3】 【실험 3-1】 을 for문을 사용하여 5번 반복하기.

【혼자 해보기 4】 강제로 실행을 멈출 때 까지 【실험 3-1】 을 계속 반복하기.

【실습 3-2】 포트D에 연결된 4개의 LED를 500ms 간격으로 LED9→LED10→LED11→LED12로 이동하며 한 개씩 켜기.

※ 처음 PD0에 연결된 LED9만 켜고 500ms 후에 PD1에 연결된 LED10만 켜고 이런 식으로 반복적으로 4개의 LED를 순차적으로 켠다. 이 과정을 3번 반복한다.

```
#include <mega128.h>
#include <delay.h>
void main(void)
{
     char led=0xfe, i, j;
     DDRD=0x0f;
    for(j=0; j<3; j++)
    {
        for(i=0; i<4; i++)
        {
           PORTD=led;
           delay_ms(500);
           if(led==0xf7)  led=0xfe;
           else led=(led<<1)|0x01;
        }
    }
}
```

① PORTD=led;

【실습3-2】는 변수값에 출력 데이터를 저장한 후 변수값을 PORTD에 써 넣는 방법이다. 이 방법의 장점은 출력 데이터를 쉽게 가공하여 출력할 수 있는 것이다. 산술·논리적인 연산이 프로그램에서 이루어지고 그 값이 출력되어지는 과정이라면 변수를 이용해 출력하는 방법이 유효하다 할 수 있다.

② char led=0xfe, i, j; 프로그램에 사용하는 변수 정의, 3개의 변수 led, I, j를 사용하고 특히 led 변수에는 미리 0xfe값을 초기화한다. 이는 for문을 들어가기 전에 미리 LED9를 On해 놓고 for문을 시작하기 위해서이다. char은 사용되는 변수를 부호가 있는 문자형(1바이트)으로 메모리 영역을 할애한다.

③ for(i=0; i<4; i++){ }는 동일한 명령어를 4회 실행시키면 4개의 LED를 순차적으로 On/Off하며 이동시킬수 있어 for문을 사용한다.

④ if(led==0xf7) led=0xfe; else led=(led<<1)|0x01; if구조문을 사용한 것으로 if(식)에서 (led == 0xf7)식이 참이면 현재 4번째 LED인 LED12가 On된 것을 나타낸다. 그러므로 다음 실행에는 다시 LED9가 On될 수 있도록 변수 led에 led=0xfe;를 저장한다. 만약 (led == 0xf7)식이 거짓이면led=(led<<1)|0x01;를 수행한다. led=(led<<1)|0x01;는 led변수에 들어있는 값을 왼쪽으로 한번 시프트한 후 0x01값과 비트논리합을 한 결과값을 다시 led 변수에 저장한다. led<<1는 초기에 led변수에 0xfe가 저장되어 있으므로 2진수로 표현하면 11111110으로 표현할 수 있다. 이 값을 왼쪽으로 한번 시프트하면 111111000이 된다. 이 값을 출력하면 LED9와 LED10이 On된다. 실험에서 LED는 하나씩만 On되어야하므로 LED9는 강제적으로 Off를 시켜야한다. 따라서 led<<1 결과값에 | 0x01을 하면 111111000이 00000001와 비트논리합되어 111111010이 된다. 이 값을 출력하면 두 번째 LED만 On되어 진다.

⑤ for(j=0; j<3; j++)는 ③,④ 과정을 3번 반복 수행하는 블록이다.

<LED 순차적 켜기 다른 방법>

```
for(i=0;i<4;i++)
{
    led=0x01<<i;
    PORTF=~led;
    delay_ms(1000);
}
```

【혼자 해보기 5】 포트D에 연결된 4개의 LED를 1s 간격으로 LED12→LED11→LED10→LED9로 이동하며 한 개씩 켜기.

【혼자 해보기 6】 포트D에 연결된 4개의 LED를 700ms 간격으로 LED9→LED10→LED11→LED12로 이동하며 한 개씩 켜고 PD3 해당하는 LED까지 켰으면 LED12→LED11→LED10→LED9로 이동하며 한 개씩 켜기. 이것을 5번 반복한다.

【혼자 해보기 7】 다음 프로그램은 어떤 동작을 하는 것일까? 먼저 프로그램을 이해하고 프로그램을 작성하여 실행시켜 보기.

```
#include <mega128.h>
#include <delay.h>
void main(void)
{
   unsigned char i;
   DDRD=0x0f;
   PORTD=0xff;

   for(i=0;i<16;i++)
   {
       delay_ms(1000);
       PORTD=0xFF ^ i;
   }
}
```

【실습 3-3】 포트D에 연결된 4개의 스위치의 On/Off에 대응하여 포트D의 4개의 LED가 점멸하도록 한다. (SW1→LED9,SW2→LED10,SW3→LED11,SW4→LED12) 이 동작을 무한히 반복한다.

```
#include <mega128.h>
#include <delay.h>
void main(void)
{
        unsigned char sw_data;
        DDRD=0x0f;

        while(1)
        {
            sw_data=PIND;
            sw_data=sw_data>>4;
            PORTD=sw_data;
            delay_ms(50);
        }
}
```

① DDRD=0x0f;

PORTD의 하위 4비트(0-3)은 출력 포트로 사용하고, 상위 4비트는 입력포트로 사용한다는 바향 설정을 한다. 회로실험에서 PORTD의 상위포트에는 스위치(입력)가 연결되어 있고, 하위포트에는 LED(출력)가 연결되어 있다.

② while(1)

while(1){ }은 무한루프를 의미한다. while(1)에서 (1)은 무조건 참이 되기 때문에 { }내의 프로그램은 절대로 블록을 빠져나올 수 없다. 이러한 구문을 무한루프라 하며 for(;;){ }도 사용할 수 있다.

③ sw_data=PIND;

PD0~PD7에 연결된 외부 회로의 입력값을 읽어 저장하는 I/O레지스터가 PIND이다. 이 문장은 PORTD의 입력값을 읽어 sw_data 변수에 저장한다. PIND(PORTD Input Pin Address) 입력 핀에 해당하는 레지스터로서 포트 핀 외부에서 “5V/0V"로 입력되는 값을 " 1/0 “으로 레지스터에 나타낸다. 입력스위치는 PD4~PD7에 연결되어 있으므로 스위치값이 PIND4-PIND7에 나타난다.

Bit	7	6	5	4	3	2	1	0
	PIND7	PIND6	PIND5	PIND4	PIND3	PIND2	PIND1	PIND0
데이터	1/0	1/0	1/0	1/0	X	X	X	X

④ sw_data=sw_data>>4; LED가 PD0-PD3에 연결되어 있으므로 실습내용이 (SW1→LED9,SW2→LED10,SW3→LED11,SW4→LED12) 이므로 sw_data에 저장되어 있는 스위치 값을 왼쪽으로 4번 시프트하면 상위4 비트값이 하위4비트로 이동하게 되어 스위치값과 LED 구동값이 일치하게 된다.

⑤ 만약, 변수를 사용하지 않을 경우 간단하게 PORTD=PIND>>4;하면 된다.

【혼자 해보기 8】 그림3-5회로에 사용하는 스위치가 누르고 있을 때에만 On이 되는 스위치 일 경우 스위치를 눌렀다가 뗀 후에 눌러진 스위치에 해당하는 LED가 On되는 제어해보기.

그림3-6은 8개의 LED로 구성된 보드와 MAIN보드와의 연결 상태를 나타낸다.

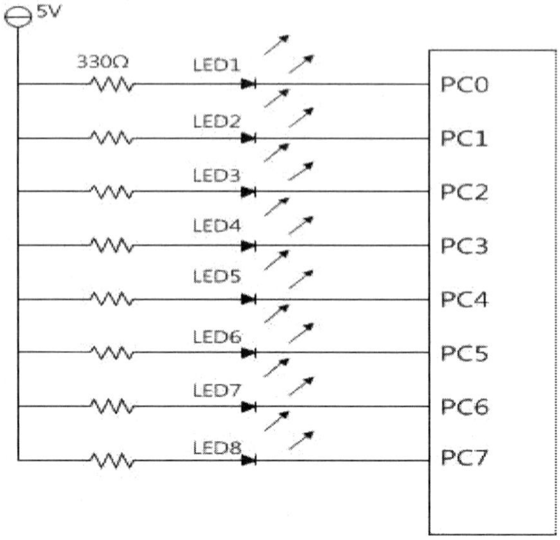

그림3-6 8개 LED 고동회로

【실습 3-4】 포트C에 연결된 8개의 LED를 stdlib.h에 있는 rand()함수를 이용하여 만들어진 값을 500ms 간격으로 점등한다. 이를 무한히 반복한다.

PORTC = (unsigned char)(rand()%256);

```
#include <mega128.h>
#include <delay.h>
#include <stdlib.h>
void main(void)
{
    while(1)
    {
        PORTC= (unsigned char)(rand() % 256);
        delay_ms(500);
    }
}
```

【혼자 해보기 9】 포트C에 연결된 8개의 LED를 500ms 간격으로 LED1→••••→LED8로 이동하며 한 개씩 켜기. 5번 반복실행하기.

【혼자 해보기 10】 포트C에 연결된 8개의 LED를 500ms 간격으로 LED1→••••→LED8로 이동하며 한 개씩 켜고,LED8이 켜진 후에는 LED8→••••→LED1로 켜기. 연속실행하기.

【실습 3-5】 포트D에 연결된 4개의 스위치의 값을 점멸 속도로 하여 포트C에 연결된 8개의 LED를 입력된 On 유지시간으로 LED1→LED2→LED3→LED4→LED5→LED6→LED7→LED8로 이동하며 켜기. 이때 각 스위치의 On 유지시간으로 SW1은 300ms, SW1은 600ms, SW1은 800ms, SW1은 1s로 한다. 이 동작을 무한히 반복한다.

```
#include <mega128.h>
#include <delay.h>

char sw_data, t=100;

void main(void)
{
        unsigned char i, led;
        DDRD=0x0f;
        DDRC=0xff;

        while(1)
        {
            sw_data=PIND&0xf0;
            if(switch!=0xf0) time_set();

            for(i=0; i<8; i++)
            {
               led=0x01<<i;
               PORTC=~led;
               delay_ms(t);
            }
      }
}

void time_set()
{
      switch(sw_data)
      {
          case 0xe0: t=300; break;
          case 0xd0; t=600; break;
          case 0xb0; t=800; break;
          case 0x70; t=1000; break;
          default :  break;
      }
}
```

① 【실습 3-5】는 main()과 time_set()의 2개의 함수가 있다. main()함수는 기본 함수이고, time_set()함수는 필요에 의해 만들어진 함수이다. time_set()함수는 if(switch!=0xf0)에 의해 4개의 스위치 중 하나라도 눌러지면 main()함수에서 time_set()함수를 불러 실행한다. 이 함수는 눌러진 스위치 위치에 따라 변수 t에 LED On유지값을 반환한다.

② char sw_data, t=100;는 전역변수로 지역변수와 달리 모든 함수에 사용할 수 있는 변수이다. 지역변수는 그 함수 내에서만 사용이 가능하지만 전역변수는 프로그램에 존재하는 모든 함수에 적용된다.

③ delay_ms(t);
일반적으로 delay_ms()에서 ()에 지연시간 숫자값을 써 넣는다. 여기에 숫자 대신 변수를 지정해도 상관없다. delay_ms(t);는 ( )에 t변수에 저장된 값이 써 진다. 즉 t=100이면 delay_ms(100)과 같다.

④ switch(sw_data)
switch(식){ }구조문이다. 식의 값에 따라 해당 case문으로 점프하여 해당되는 구문을 수행하게 된다. (식)은 명확한 값이나 문자가 되어야 한다. 예를 들면 0, 1, 2, 3,.. 'a', 'b', 'c'..등으로 판단 할 수 있는 값이어야 한다. 스위치가 PD4-PD7에 연결되어 있으므로 스위치 값을 PIND에서 읽으면 0000xxxx이다 여기서 x는 알 수 없는 값을 나타낸다. 이값이 sw_data에 저장된다. 그러면 sw_data는 switch()문에 식으로 사용하기 위해 명확한 값을 만들어야 한다. 따라서 sw_data=PIND&0xf0;에서 sw_data값을 0xf0와 비트논리곱을 하게 되면 하위4비트는 무조건 0이 된다. 따라서 스위치가 눌려진 값은 0xe0, 0xd0, 0xb0, 0x70만이 가능하다. 눌려지지 않으면 0xf0이 된다.

⑤ case 0xe0: t=200; break; switch(식)의 값에서 첫 번째 스위치가 눌려지면 sw_data값은 0xe0이 된다. 이 값이 (식)에 이 값이 들어오면 case 0xe0:으로 점프하여 해당된 구문 t=300;을 수행하게 된다. 그다음 break;문을 만나면 switc(){}문을 빠져나오게 된다.

⑥ default : break;는 0xe0, 0xd0, 0xb0, 0x70 이외의 값인 경우 수행하는 구문이다.

【혼자 해보기 11】 포트D에 연결된 4개의 스위치의 On/Off에 대응하여 다음과 같이 포트C에 연결된 8개의 LED를 네 가지 형태로 동작하기.(동작시간은 500ms간격으로 무한히 반복한다.)

· SW1 스위치가 ON되면 LED1→LED2→LED3→LED4→LED5→LED6→LED7→LED8의 순서로 동작
· SW2 스위치가 ON되면 LED8→LED7→LED6→LED5→LED4→LED3→LED2→LED1의 순서로 동작
· SW3 스위치가 ON되면 8개의 LED가 동시에 점멸
· SW4 스위치가 ON되면 LED1,LED8→LED2,LED7→LED3,LED6→LED4,LED5의 순서로 점멸

① 이 예제에는 6개의 함수가 필요하다.
- main() : 기본 함수
- switch_set(): 몇 번째 스위치가 눌려졌는지 확인하고, 눌러진 스위치 값을 저장
- SW1_op(): LED1→LED2→LED3→LED4→LED5→LED6→LED7→LED8의 순서로 동작
- SW2_op(): LED8→LED7→LED6→LED5→LED4→LED3→LED2→LED1의 순서로 동작
- SW3_op(): 8개의 LED가 동시에 점멸
- SW4_op(): LED1,LED8→LED2,LED7→LED3,LED6→LED4,LED5의 순서로 점멸

3.3 7 세그먼트 LED 구동

7-세그먼트는 그림3-7과 같이 길쭉한 모양의 7개의 LED를 붙여서 숫자, 기호 등을 표시할 수 있도록 만든 소자이다. 각 LED는 a ~ g 까지 기호가 붙어있어 순방향 전압이 걸리는 다이오드가 발광하여 숫자와 기호를 표시하도록 되어있다. 예를 들어 '4' 라는 숫자를 나타내고 싶을 때에는 그림3-7(b)과 같이 b, c, f, g핀에 순방향 전압을 걸어준다.

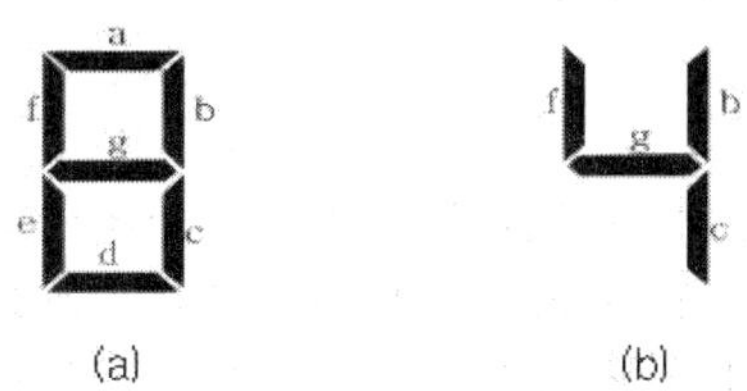

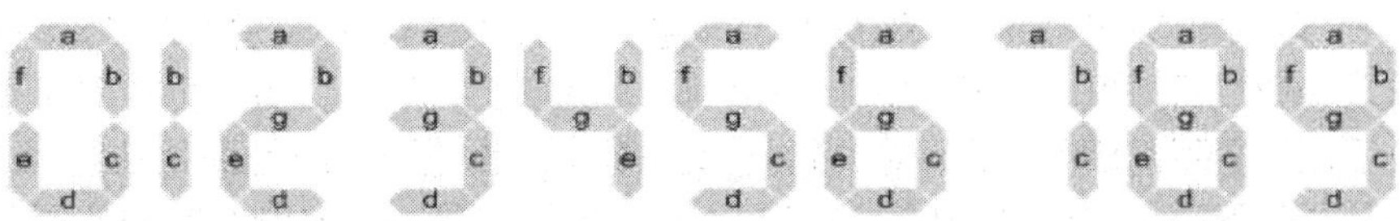

그림3-7.1 7-세그먼트 구조

7-세그먼트의 내부 구조는 그림3-8과 같으며 공통 애노드형과 공통 캐소드형의 2 종류가 있다. 두 종류 모두 디스플레이 되는 모양은 같으나 사용 시에 차이가 있다. **공통 애노드형은 a~g 핀에 논리 '0'(0V)이 입력되어야 LED가 순방향이 되어 ON이 되고, 공통 캐소드형은 반대로 논리 '1' (5V) 일 때 On이 된다는 점이다.**

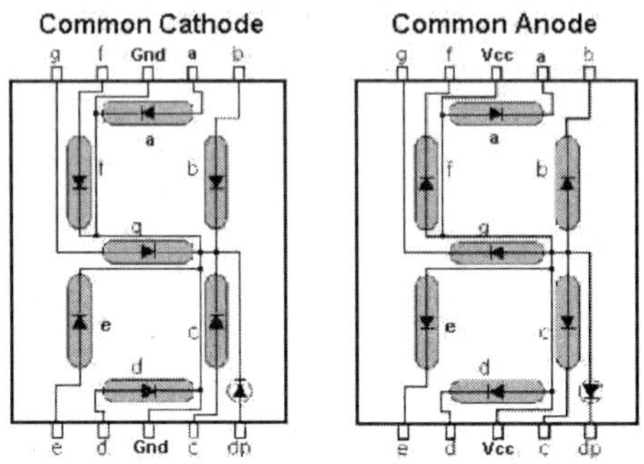

그림3-8. 2개의 7-세그먼트 종류

7세그먼트를 이용하여 0부터 F까지 표시하명 그림3-9와 같다.

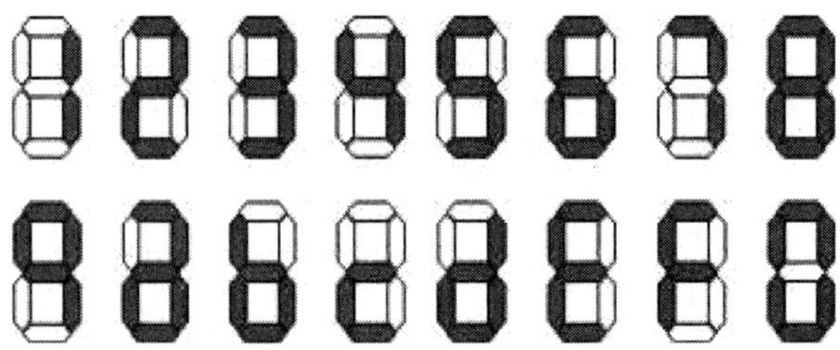

그림3-9. 7-세그먼트 표시

3.3.1 7 세그먼트 LED 구동방식

(1) Static Display 방식

Static Display 방식은 그림3-10(a)와 같이 각 자리의 7 세그먼트 LED에 표시할 데이터를 출력하면 이를 래치회로에서 기억시켜두고 래치 및 드라이버 회로의 출력 데이터에 의하여 LED의 점등이 안정되게 지속되는 방식이다 이 래치에 디코더 및 드라이브 기능을 가진 논리소자(MC14511)를 사용하면 각 표시문자에 대응하는 입력 데이터가 4비트로 보다 간단하게 처리된다. 이 표시방식은 마이크로컨트롤러가 각 자리의 7세그먼트 LED에 표시할 데이터를 출력하면 동작이 완료되므로 소프트웨어적인 부담이 적다. 그러나 자리수마다 7세그먼트 구동 드라이버를 사용해야 하므로 표시 자리수가 많아지면 회로의 복잡성이 크게 증가하는 단점이 있다.

(2) Dynamic Display 방식

Dynamic Display 방식은 그림3-10(b)와 같이 각 자리의 7세그먼트 LED에 표시할 데이터를 반복적으로 출력하면서 한 번에 한 자리씩 점등하는 방식이다. 첫 번째 디지트1에 표시할 데이터와 디지트1 선택 신호를 출력하고 나서 일정시간 시간지연을 준 후 디지트2에 데이터와 디지트 선택신호를 출력하는 방식이다. 이 방식은 LED 소자의 잔상시간과 사람 눈의 잔상효과에 의하여 모든 자리수의 문자들이 동시에 보이는 효과를 얻을 수 있다. 그러나 LED의 깜박거림 현상을 없도록 하려면 LED 표시는 적어도 1초에 20회 이상으로 표시 동작이 반복되어야 한다. 이 방식은 하드웨어적인 부담은 적지만 각 자리의 7세그먼트 표시 동작을 계속적으로 반복하고 있어야 하므로 소프트웨어적인 부담이 있다.

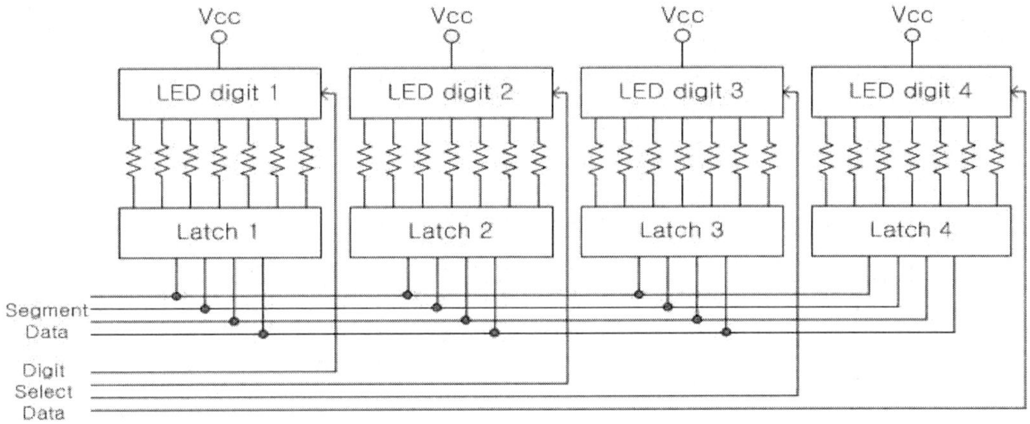

(a) Static Display 방식

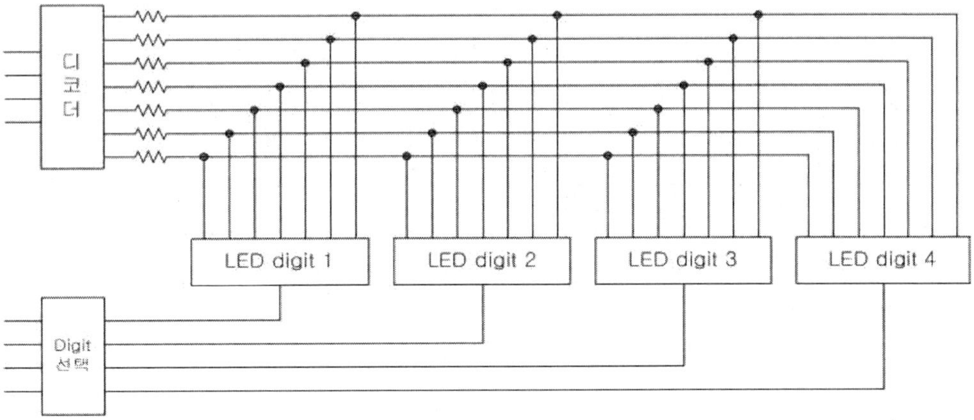

(b) Dynamic Display 방식

그림3-10 7세그먼트 모듈 구동방식

3.3.2 래치 내장형 7세그먼트 구동 IC

일반적으로 Static Display 방식에 사용되는 IC로는 MC14511을 많이 사용한다. 이 IC는 BCD-to-7Segment 디코더와 래치형 드라이버를 가지고 있다. 그림3-11은 MC14511의 진리치표를 나타낸 것이다. **MC14511은 로직 '1' 일 때 LED가 점등되도록 되어 있다. 따라서 <u>7세그먼트는 공통 접지형을 사용해야 한다.</u>**

TRUTH TABLE

Inputs							Outputs							
LE	$\overline{BI}$	$\overline{LT}$	D	C	B	A	a	b	c	d	e	f	g	Display
X	X	0	X	X	X	X	1	1	1	1	1	1	1	8
X	0	1	X	X	X	X	0	0	0	0	0	0	0	Blank
0	1	1	0	0	0	0	1	1	1	1	1	1	0	0
0	1	1	0	0	0	1	0	1	1	0	0	0	0	1
0	1	1	0	0	1	0	1	1	0	1	1	0	1	2
0	1	1	0	0	1	1	1	1	1	1	0	0	1	3
0	1	1	0	1	0	0	0	1	1	0	0	1	1	4
0	1	1	0	1	0	1	1	0	1	1	0	1	1	5
0	1	1	0	1	1	0	0	0	1	1	1	1	1	6
0	1	1	0	1	1	1	1	1	1	0	0	0	0	7
0	1	1	1	0	0	0	1	1	1	1	1	1	1	8
0	1	1	1	0	0	1	1	1	1	0	0	1	1	9
0	1	1	1	0	1	0	0	0	0	0	0	0	0	Blank
0	1	1	1	0	1	1	0	0	0	0	0	0	0	Blank
0	1	1	1	1	0	0	0	0	0	0	0	0	0	Blank
0	1	1	1	1	0	1	0	0	0	0	0	0	0	Blank
0	1	1	1	1	1	0	0	0	0	0	0	0	0	Blank
0	1	1	1	1	1	1	0	0	0	0	0	0	0	Blank
1	1	1	X	X	X	X				*				*

X = Don't Care

*Depends upon the BCD code previously applied when LE = 0

그림3-11. MC14511 진리치표

그림3-12는 마이크로컨트롤러와 7세그먼트 모듈의 인터페이스 회로를 나타낸 것이다

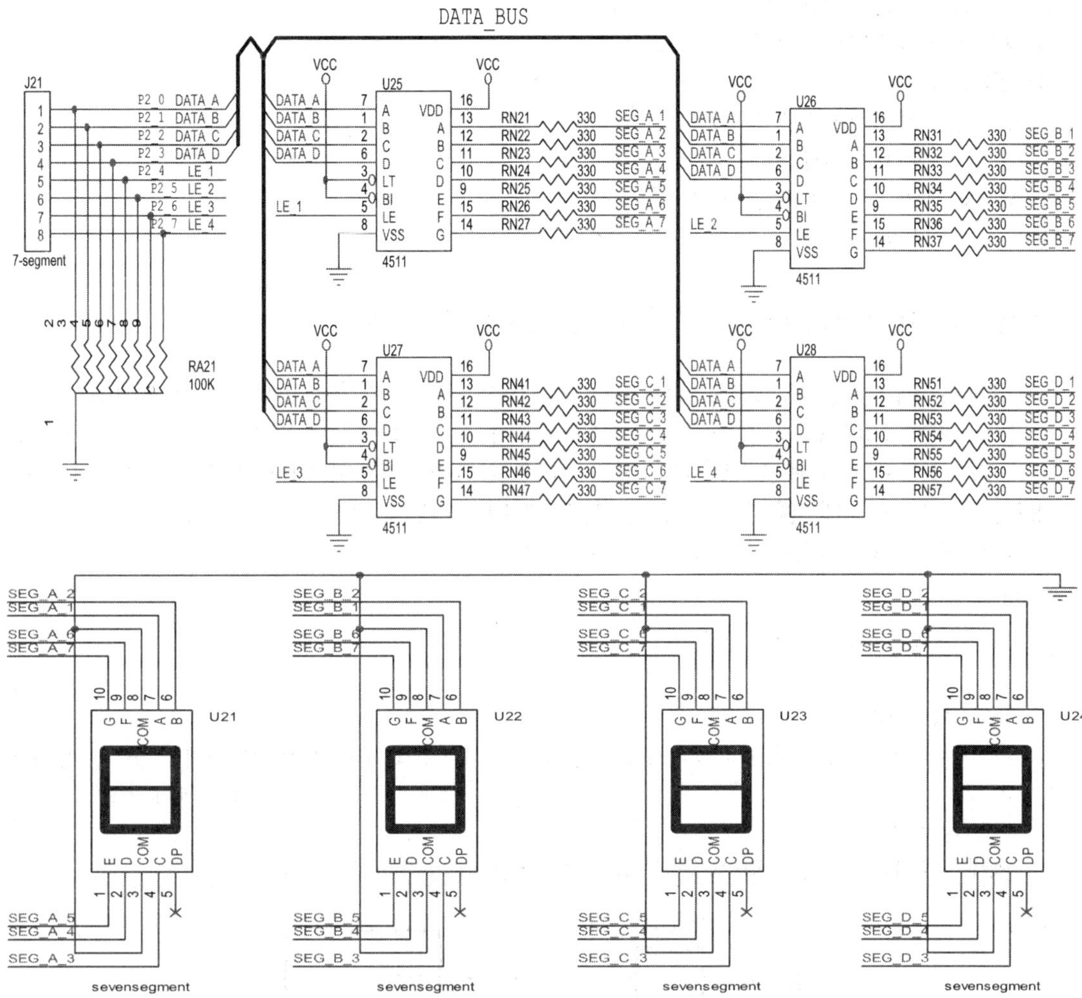

그림3-12. 7세그먼트 인터페이스

3.3.3 7세그먼트 모듈 동작

그림3-11을 보면 MC14511은 0-9까지 숫자 만을 표시하는 드라이버라는 것을 알 수 있다. 우선 숫자를 표시할 때 $\overline{LT}, \overline{BI}$핀은 '1' 상태를 입력한다. 따라서 회로에서는 강제적으로 $\overline{LT}, \overline{BI}$핀에 +5V를 연결시킨다. **LE핀**은 래치핀으로 '1' 일 경우에는 Don't care 상태로 있다가 '0' 이 되면 데이터값을 래치시킨다. 결과적으로 **래치신호는 'H'→'L'→'H'가 된다.** 이때 'L' 유지시간은 매우 짧다. 동작방법은

① MC14511의 DATA_A-DATA_D에 출력값 쓰기.
② LE1에 래치신호(H'→'L'→'H') 출력하기.
③ MC14511의 DATA_A-DATA_D에 출력값 쓰기.
④ LE2에 래치신호(H'→'L'→'H') 출력하기.
⑤ MC14511의 DATA_A-DATA_D에 출력값 쓰기.
⑥ LE3에 래치신호(H'→'L'→'H') 출력하기.
⑦ MC14511의 DATA_A-DATA_D에 출력값 쓰기.
⑧ LE4에 래치신호(H'→'L'→'H') 출력하기.

※ MC14511을 이용한 7세그먼트 동작 기본 C 프로그래밍

7세그먼트 데이터는 포트C의 하위4비트를 사용하고, 각 세그먼트의 래치신호는 포트 C의 상위 4비트를 사용한다. 데이터는 0~9 값을 출력하면 된다. 주의할 점은 래치신호는 H'→'L'→'H'를 지켜야 한다. 따라서 **데이터값이 바뀌지 않는 세그먼트의 래치핀은 항상 'H' 를 유지하고 있어야 한다.** 하나의 변수를 지정하여 변수에 출력할 데이터값을 저장한 후 포트C로 출력한다.

```
char seg_data; //세그먼트 출력값 저장 변수

seg_data=5;
PORTC=seg_data | 0xf0; // seg_data|0xf0는 포트C의 하위 4비트에 데이터 출력, 상위 4비트는 강제적으로 'H' 를 출력하기 위함.
PORTC.4=0;
PORTC.4=1; // 첫 번째 세그먼트의 래치신호를 'L'→'H'하는 동작
```

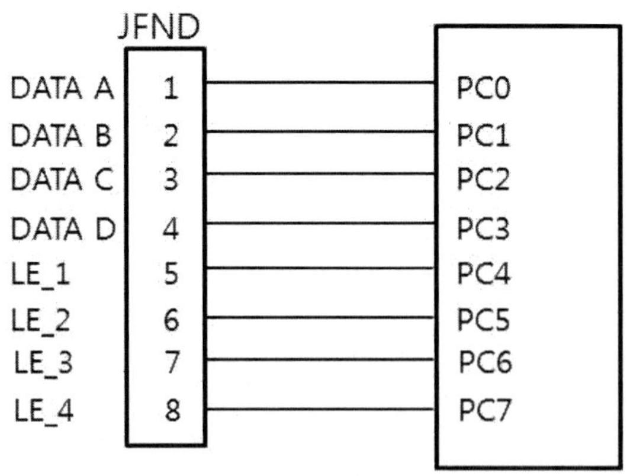

그림3-13. 7세그먼트 보드와 ATmega128연결도

【혼자 해보기 12】 그림3-14와 같이 연결된 7세그먼트에 숫자 '3' 을 표시하기.

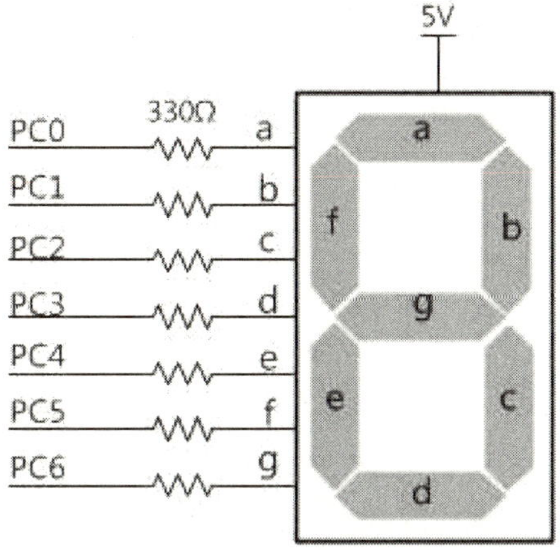

그림3-14. 7세그먼트 동작회로

※ 7세그먼트 구동 IC를 사용하지 않고 마이크로컨트롤러가 직접 구동하는 방식으로 각 숫자에 해당하는 세그먼트 출력값을 배열로 만들어 놓은 후 해당되는 숫자의 배열 값을 포트로 출력하는 것이다.

숫자 '0'

*	g	f	e	d	c	b	a
1	0	1	1	1	1	1	1

0xbf

숫자 '1'

*	g	f	e	d	c	b	a
1	0	0	0	0	1	1	0

0x86

숫자 '2'

*	g	f	e	d	c	b	a

0x

숫자 '3'

*	g	f	e	d	c	b	a

0x

숫자 '4'

*	g	f	e	d	c	b	a

0x

숫자 '5'

*	g	f	e	d	c	b	a

0x

숫자 '6'

*	g	f	e	d	c	b	a

0x____

숫자 '7'

*	g	f	e	d	c	b	a

0x____

숫자 '8'

*	g	f	e	d	c	b	a

0x____

숫자 '9'

*	g	f	e	d	c	b	a

0x____

0~9 숫자 출력값을 배열로 나타내면

```
seg_data[10]={0xbf, 0x86,     ,     ,     ,     ,     ,     ,     ,     };

PORTC = seg_data[3]; // '3' 출력
```

【실습 3-6】 4개의 7세그먼트에 숫자 '7429' 를 표시하기.

```
#include <mega128.h>
#include <delay.h>
unsigned char dt1=7, dt2=4, dt3=2, dt4=9;
unsigned char seg_data;
void main(void)
{
        DDRC=0xff;
        seg_data=dt1;
        PORTC=0xf0|seg_data;
        PORTC.4=0;
        PORTC.4=1;
        seg_data=dt2;
        PORTC=0xf0|seg_data;
        PORTC.5=0;
        PORTC.5=1;
        seg_data=dt3;
        PORTC=0xf0|seg_data;
        PORTC.6=0;
        PORTC.6=1;
        seg_data=dt4;
        PORTC=0xf0|seg_data;
        PORTC.7=0;
        PORTC.7=1;
}
```

① seg_data=dt1;
7-segment에 표시할 데이터를 seg_data변수에 써 넣는다.

② PORTD=0xf0|seg_data;
seg_data값과 0xf0를 논리합시킨다. 이것은 PORTD 상위4비트의 값은 변하지 않고 하위 4비트의 데이터값 만 출력하기 위함이다. 논리합시킨 결과값을 PORTD로 출력한다.

③ PORTD.4=0;, PORTD.4=1;

첫 번째 7세그먼트에 데이터라인에 입력된 숫자를 표시하기 위해서 래치신호를 인가한다. 래치신호는 Low('0')→High('1)을 인가하면 된다. 4개의 7세그먼트에 표시하기 위해서는 각 각의 세그먼트 구동 IC의 래치에 신호를 따로 인가시켜 준다.

【실습 3-7】 0부터 100까지 숫자를 500ms 마다 1씩 증가시켜 7세그먼트에 표시하기. 4개의 7세그먼트 중 멘 오른쪽 세그먼트부터 시작한다.

```
#include <mega128.h>
#include <delay.h>
unsigned char i;
unsigned char dt1=0x0a, dt2=0, dt3=0, dt4=0; // 0x0a는 7세그먼트가 off상태
void main(void)
{
   DDRC=0xff;
   seg_disp();
   delay_ms(1000);
    for(i=0; i<101; i++)
    {
          dt4=i;
          if(dt4==10)
          {
               dt4=0;
               dt3++;
          }
          if(dt3==10)
          {
               dt3=0;
               dt2++;
          }
          seg_disp();
           delay_ms(500);
    }
}
```

```
void seg_disp()
{
        seg_data=dt1;
        PORTC=0xf0|seg_data;
        PORTC.4=0;
        PORTC.4=1;
        seg_data=dt2;
        PORTC=0xf0|seg_data;
        PORTC.5=0;
        PORTC.5=1;
        seg_data=dt3;
        PORTC=0xf0|seg_data;
        PORTC.6=0;
        PORTC.6=1;
        seg_data=dt4;
        PORTC=0xf0|seg_data;
        PORTC.7=0;
        PORTC.7=1;
}
```

※ 다른 예

```
unsigned char I, j;
unsigned char dt1=0x0a, dt2=0, dt3=0, dt4=0;
void main(void)
{
   DDRC=0xff;
   seg_disp();
   delay_ms(1000);
    while(i<101)
    {
          i++;
          dt2=i/100;
          i%=100;
          dt3=i/10;
          i%=10;
          dt4=i;
          seg_disp();
           delay_ms(500);
    }
}
```

【혼자해보기 13】 4개의 7세그먼트를 이용해 초와 분을 표시하는 시계를 만들어 보자. 1초는 delay_ms(1000);함수를 이용해 만든다.

【설명】 ① 시계의 초(sec) 값과 분(min) 값을 저장할 변수를 정한다.

② delay_ms(1000); 마다 초 변수를 1씩 증가시킨다.

③ 초 변수값이 60이 되면 초 변수는 0으로 초기화되고 분 변수를 1씩 증가시킨다.

④ 분 변수값이 60이 되면 분 변수는 0으로 초기화되고 시 변수를 1씩 증가시킨다.

⑤ 시 변수값은 24가 되면 시 변수를 0으로 초기화시킨다.

⑥ 초 변수값은 두 자리 숫자이다. 이 두자리 숫자를 7세그먼트에 표시하기 위해서는 한자리씩 나누어 세그먼트 표시 변수(dt1, dt2, dt3, dt4)에 나누어 저장해야 한다. 초는 dt3, dt4 분은 dt1과 dt2에 저장한다.

【혼자해보기 14】 74HC47을 이용한 7세그먼트 동작 시켜보기.

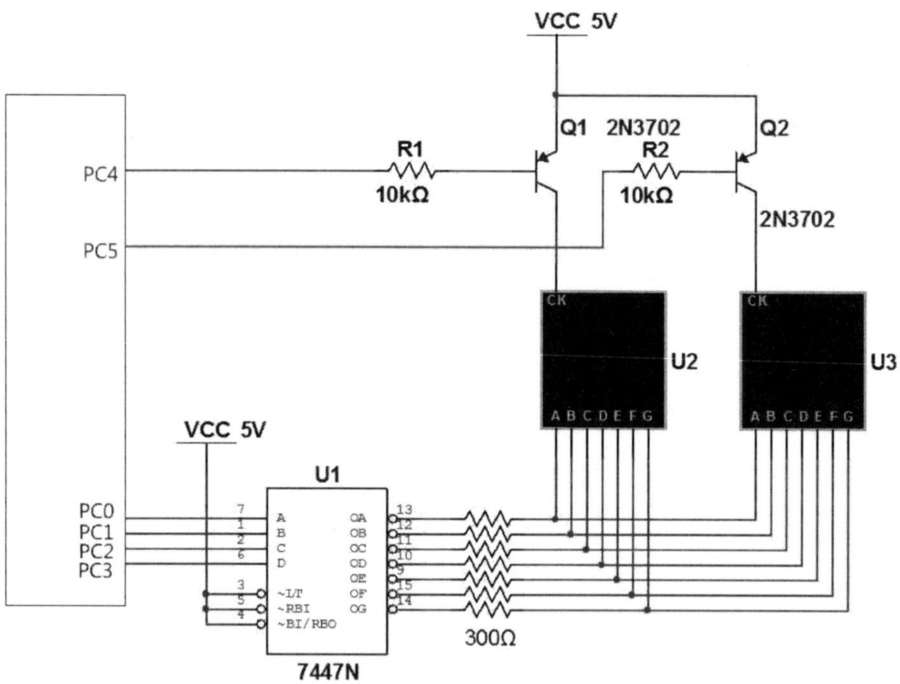

Inputs							Outputs							
D	C	B	A	$\overline{BI}$/RBO	$\overline{RBI}$	$\overline{LT}$	$\overline{a}$	$\overline{b}$	$\overline{c}$	$\overline{d}$	$\overline{e}$	$\overline{f}$	$\overline{g}$	Display
0	0	0	0	1	1	1	0	0	0	0	0	0	1	
0	0	0	1	1	1	1	1	0	0	1	1	1	1	
0	0	1	0	1	1	1	0	0	1	0	0	1	0	
0	0	1	1	1	1	1	0	0	0	0	1	1	0	
0	1	0	0	1	1	1	1	0	0	1	1	0	0	
0	1	0	1	1	1	1	0	1	0	0	1	0	0	
0	1	1	0	1	1	1	1	1	0	0	0	0	0	
0	1	1	1	1	1	1	0	0	0	1	1	1	1	
1	0	0	0	1	1	1	0	0	0	0	0	0	0	
1	0	0	1	1	1	1	0	0	0	1	1	0	0	
1	0	1	0	1	1	1	1	1	1	0	0	1	0	
1	0	1	1	1	1	1	1	1	0	0	1	1	0	
1	1	0	0	1	1	1	1	0	1	1	1	0	0	
1	1	0	1	1	1	1	0	1	1	0	1	0	0	
1	1	1	0	1	1	1	1	1	1	0	0	0	0	
1	1	1	1	1	1	1	1	1	1	1	1	1	1	

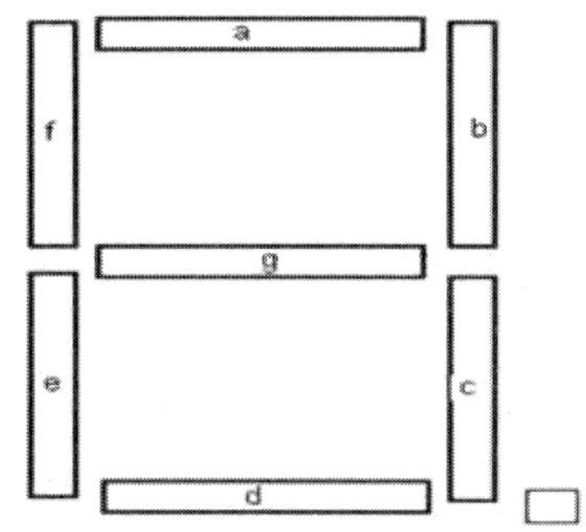

그림3-15. 74HC47을 이용한 7세그먼트 동작회로

3.4 4x4 키패드 입력 받기

키패드는 그림3-16과 같이 푸시 버튼을 행렬로 배열한 것이다. 그림3-16은 키패드의 회로를 보여준다. 여기서는 포트 F의 하위4비트가 열을 따라 푸시 버튼과 연결되었고, 행을 따라 풀업을 하여 포트 F의 상위4비트와 연결하였다. 그림3-16와 같이 <u>PF0~PF3은 **출력포트**</u>이고 <u>PF4~PF7은 **입력포트**</u>로 설정된다.

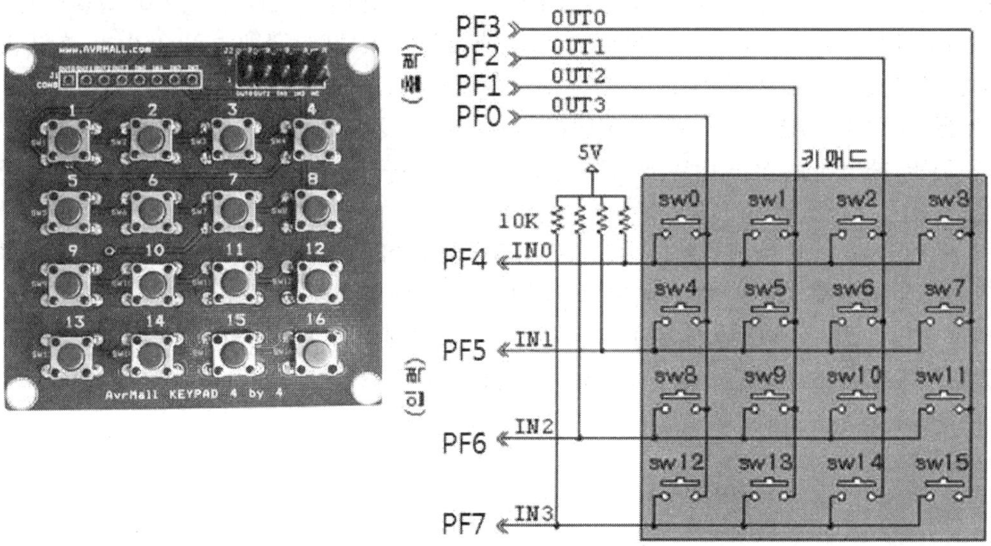

그림 3-16 키패드 외관 및 회로도

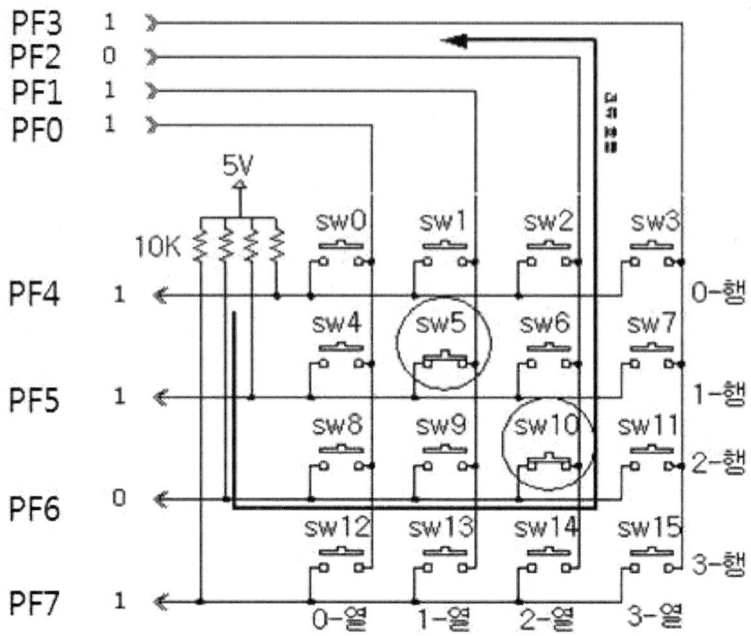

그림3-17.출력과 Key의 상태에 따른 입력값

그림 3-17과 같이 출력 포트 F에 0b11111011을 출력하여 보자. 그림3-17에서 SW5과 SW10이 눌러진 상태이다. 이 때 전류 경로는 그림의 굵은 선을 따라 형성되어 입력 포트 PF6에는 0이 읽히고 나머지 입력포트는 1이 읽힌다. 그림을 다시 살펴보면 0이 출력되지 않은 열에 위치한 버튼(예: SW1, sw5)은 개폐에 관계없이 입력 측의 데이터에는 영향을 미치지 못한다. 그러나 0이 출력되는 열에 위치한 버튼은 SW10과 같이 누른 상태가 되면 해당 행에 해당하는 입력비트가 0이 되고 SW6과 같이 떨어진 상태가 되면 해당하는 입력비트에 1이 읽힌다. 즉 PF2에 0을 출력함으로써 PF2와 연결된 열의 버튼 상태를 감시할 수 있다.

출력 포트에서 0을 출력하는 핀을 PF0->PF1->PF2->PF3로 순환하면서 그 때의 입력을 읽으면 각 열에서 어느 행의 버튼이 눌렸는지 판단할 수 있다. 순환하면서 키를 검사하는 것을 키 스캔(Key Scan)이라 한다. 출력데이터 PF3:0와 입력데이터 PF7:4를 조합하면 전체 16개 버튼 중 어느 것이 눌렸는지 판단할 수 있다.

【실습 3-8】 4x4 키패드와 4개의 LED를 사용하여 Key스위치값에 해당하는 LED을 켜기. 4x4 키패드는 포트 F에 연결하고, LED는 포트의 하위4비트에 연결한다.

SW1	SW2	SW3	SW4	SW5	SW6	SW7	SW8	SW9	SW10	SW11	SW12	SW13	SW14	SW15	SW16
1	2	3	+	4	5	6	-	7	8	9	/	#	0	*	.

* B :Blink 깜박거림.

※ 실험보드와 ATmega128포트와의 핀 연결

실험보드	KEY_IN1	KEY_IN2	KEY_IN3	KEY_IN4	KEY_OUT1	KEY_OUT1	KEY_OUT1	KEY_OUT1
포트 F	PF4	PF5	PF6	PF7	PF0	PF1	PF2	PF3

```
#include <mega128.h>
#include <delay.h>

#define  SW1    '1'    //key 값 정의
#define  SW2    '2'
#define  SW3    '3'
#define  SW4    '+'
#define  SW5    '4'
#define  SW6    '5'
#define  SW7    '6'
#define  SW8    '-'
#define  SW9    '7'
#define  SW10    '8'
#define  SW11    '9'
#define  SW12    '/'
#define  SW13    '#'
#define  SW14    '0'
#define  SW15    '*'
#define  SW16    '.'
```

```
unsigned char key_data;
void main(void)
{
        DDRF=0x0f;    //키 스위치 스캔에 사용
        PORTF=0xff;
        DDRD=0xff;    // LED 출력 동작에 사용

        while(1)
        {
             PORTF=0b11111110;          //첫번째 라인 스캔
             delay_ms(50);
             if(PINF.4==0)
             {
                key_data=SW1;
             }
             if(PINF.5==0)
             {
                key_data=SW2;
             }
             if(PINF.6==0)
             {
                key_data=SW3;
             }
             if(PINF.7==0)
             {
                key_data=SW4;
             }

             PORTF=0b11111101;          //두번째 라인 스캔
             delay_ms(50);
             if(PINF.4==0)
             {
                key_data=SW5;
             }
             if(PINF.5==0)
             {
                 key_data=SW6;
             }
             if(PINF.6==0)
             {
                key_data=SW7;
             }
```

```
            if(PINF.7==0)
            {
               key_data=SW8;
            }
            PORTF=0b11111011;          //세번째 라인 스캔
            delay_ms(50);
            if(PINF.4==0)
            {
               key_data=SW9;
            }
            if(PINF.5==0)
            {
               key_data=SW10;
            }
            if(PINF.6==0)
            {
              key_data=SW11;
            }
            if(PINF.7==0)
            {
               key_data=SW12;
            }
            PORTF=0b11110111;          //네번째 라인 스캔
            delay_ms(50);
            if(PINF.4==0)
            {
               key_data=SW13;
            }
            if(PINF.5==0)
            {
               key_data=SW14;
            }
            if(PINF.6==0)
            {
               key_data=SW15;
            }
            if(PINF.7==0)
            {
               key_data=SW16;
            }
            led_disp(); // LED 출력 함수 실행
        }
}
```

```
void  led_disp()
{
      switch(key_data)
      {
           case  '1' : PORTD=0b11111110; break;
           case  '2' : PORTD=0b11111101; break;
           case  '3' : PORTD=0b11111100; break;
           case  '4' : PORTD=0b11111011; break;
           case  '5' : PORTD=0b11111010; break;
           case  '6' : PORTD=0b11111001; break;
           case  '7' : PORTD=0b11111000; break;
           case  '8' : PORTD=0b11110111; break;
           case  '9' : PORTD=0b11110110; break;
           case  '+' : PORTD=0b11110101; break;
           case  '-' : PORTD=0b11110100; break;
           case  '/' : PORTD=0b11110011; break;
           case  '#' : PORTD=0b11110010; break;
           case  '0' : PORTD=0b11110001; break;
           case  '*' : PORTD=0b11110000; break;
           case  '.' :
                {
                     PORTD=0b11110000; delay_ms(400);
                     PORTD=0b11111111; delay_ms(400);
                } break;
           default : PORTD=0b11111111; break;
}
```

3.5 LCD 표시장치 제어

마이크로컨트롤러를 사용하는 많은 기기에서 여러 가지 상태를 표시하기 위한 장치로서 LCD 표시장치를 사용하고 있다. LCD 모듈은 디스플레이 드라이버와 디스플레이를 합한 것을 말한다. 마이크로컨트롤러는 드라이버에 데이터를 전달함으로써 LCD 화면에 정보를 표시할 수 있다. LCD 표시장치는 크게 문자형과 그래픽형 두 가지로 분류된다. 문자형은 드라이버 내에 글꼴을 가지고 있어 영문자나 숫자를 쉽게 표시할 수 있다. 그래픽 형은 문자형에 폰트가 없는 한글 또는 그래픽을 표시할 수 있으나 문자형보다는 사용하기 어렵다.

3.5.1 LCD 모듈의 구조

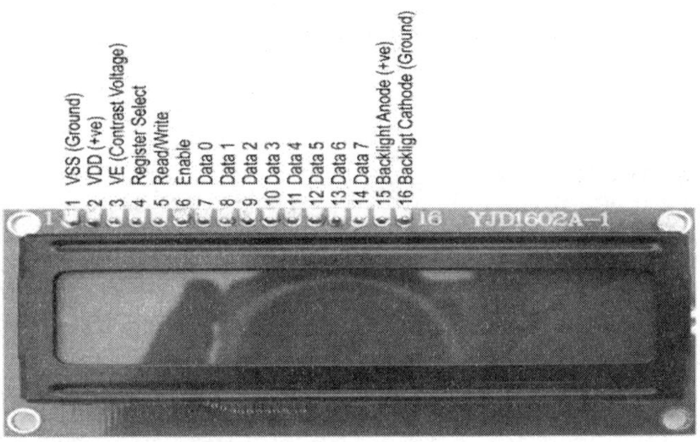

그림3-18 LCD 모듈의 외관

그림3-19는 LCD모듈의 내부구조를 나타낸 것이다. LCD모듈은 LCD제어기(HD44780)와 LCD에 문자를 표시하기 위해 열, 행을 구동하는 LCD 드라이버 HD44100으로 구성되어 있다.

① 4비트, 8비트의 마이크로컨트롤러와 인터페이스 가능
② 5X8도트, 5X10도트의 디스플레이 가능
③ 80X8비트의 디스플레이 RAM(D.D RAM: 최대 80글자까지)
④ 240 문자폰트를 위한 문자 발생기 ROM(C.G ROM)
⑤ 64X8비트 문자 발생기 RAM(C.G RAM)
⑥ +5V 단일전원 사용

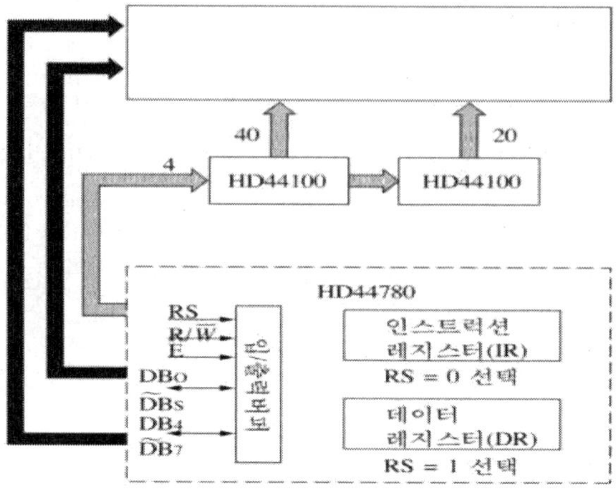

그림3-19. LCD 모듈의 내부구조

(1) LCD 모듈의 단자기능

핀 번호	이름	상태	I/O	기능
1	Vss	-	-	Power Supply (GND)
2	Vcc	-	-	Power Supply (+5V)
3	Vo	-	-	LCD 밝기 조절
4	RS	0/1	I	0 = 명령어 입력 1 = 데이터 입력
5	R/W	0/1	I	0 = Write to LCD module 1 = Read from LCD module
6	E	1	I	Enable signal
7	DB0	0/1	I/O	데이터 버스 D0 (LSB)
8	DB1	0/1	I/O	데이터 버스 D1
9	DB2	0/1	I/O	데이터 버스 D2
10	DB3	0/1	I/O	데이터 버스 D3
11	DB4	0/1	I/O	데이터 버스 D4
12	DB5	0/1	I/O	데이터 버스 D5
13	DB6	0/1	I/O	데이터 버스 D6
14	DB7	0/1	I/O	데이터 버스 D7 (MSB)
15	A			Back Light LED 전원(+)
16	K			Back Light LED 전원(-)

(나) LCD 제어기의 기능

그림3-20은 LCD모듈의 LCD 제어기로 사용하는 HD44780의 내부 구조를 나타낸 것이다. HD44780은 입출력버퍼, 인스트럭션 레지스터(IR), 데이터 레지스터(DR), CG RAM, DD-RAM으로 구성되어 있다.

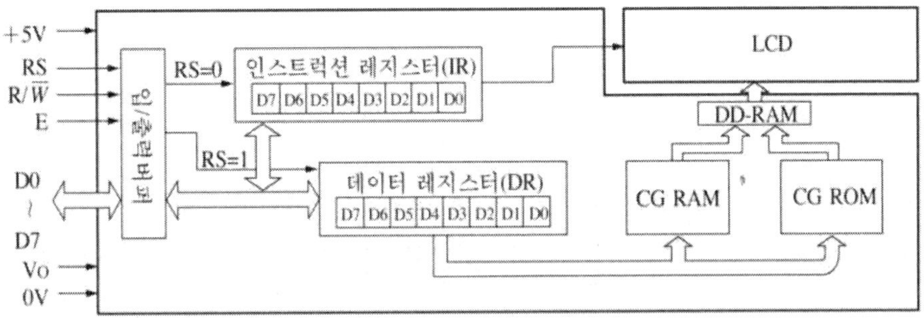

그림3-20 LCD 제어기의 내부구조

LCD 제어기에는 2개의 8비트 레지스터가 존재한다. 명령 레지스터(IR)과 데이터 레지스터(DR). 이들은 RS신호와 R/W신호에 의해 선택되어 진다.

① IR(명령 레지스터)

LCD표시에 관련된 제어명령을 쓰거나 LCD모듈의 제어상태를 확인하는 용도로 사용

- LCD화면 클리어, 커서 시프트, 글자 ON/OFF등 LCD의 제어명령 정보만 저장
- 표시데이터 DD RAM과 글자 발생기 CG RAM의 표시를 위한 어드fp스 정보 저장

② DR(데이터 레지스터)

DD RAM 혹은 CG RAM에 써 넣기 위한 데이터를 저장하거나 DD RAM혹은 CG RAM으로부터 읽어진 데이터가 일시적으로 저장되는 레지스터. CPU로부터 데이터 레지스터에 써 넣은 데이터는 LCD의 내부적인 동작에 의해서 DD RAM 또는 CG RAM에 자동적으로 써 넣어진다. LCD로부터 데이터를 읽기 위해서 어드레스 정보를 명령 레지스터에 써 넣으면 DD RAM 또는 CG RAM으로부터 데이터레지스터에 내부적인 동작에 의해서 자동 저장되고 데이터 레지스터에 저장된 데이터가 CPU로 읽어지게 된다.

③ 비지 플래그(Busy Flag : BF)

비지 플래그는 연속적으로 LCD 모듈에 제어명령이 입력될 때 LCD 모듈이 처리할 수 있는가를 나타내는 상태표시 플래그이다.

- BF=0 : 다음 명령을 써 넣을 수 있다.
  (RS=0, R/W=1 일때 BF값은 D7에 출력된다)

■ BF=1 : HD44780U는 내부 동작 모드로서 다음 제어명령이 받아들여지지 않는다.

④ 어드레스카운터(Address Counter : AC)

어드레스 카운터는 DD RAM과 CG RAM에 어드레스를 할당한다. 한 명령의 어드레스가 명령레지스터에 써 질때, 이 어드레스 정보는 명령레지스터에서 AC로 전송된다. 이때 DD RAM혹은 CG RAM의 선택은 명령에 의해 동시에 결정된다.

RS	R/W	동작기능
0	0	IR선택하여 제어명령 쓰기
0	1	DR7으로부터 비지 플래그를 읽기/어드레스 카운터를 DB0-DB6으로부터 읽기
1	0	DR 선택하여 데이터값을 쓰기 (DR에서 DD RAM혹은 CG RAM으로)
1	1	DR선택하여 데이터값을 읽어오기 (DD RAM혹은 CG RAM에서 DR로)

⑤ 표시 데이터(Display Data RAM : DD RAM)

DD RAM은 8비트 문자코드에 상응하는 디스플레이 데이터를 저장한다. 용량은 80X8비트 혹은 80문자이다. 본 교재에 사용하는 LCD는 20문자X2라인을 사용하고 있으며, DD RAM의 주소는 다음과 같다.

0	1	2	3	4	5	6	7	8	9	10	11	12	13	14	15	16	17	18	19	문자위치
00	01	02	03	04	05	06	07	08	09	0A	0B	0C	0D	0E	0F	10	11	12	13	1열 DDRAM
40	41	42	43	44	45	46	47	48	49	4A	4B	4C	4D	4E	4F	50	5A	52	53	2열 DDRAM

⑥ 문 자 발 생 기 ROM (Character Generator ROM : C.G.ROM)

문자 발생기 ROM은 8비트 문자 코드로부터 208개의 5×8도트 혹은 32개의 5×10도트의 문자 패턴을 발생한다. 사용자 정의 패턴은 마스크 프로그램 되어 있는 ROM에 의해서 사용될 수 있다.

⑦ 문 자 발 생 기 RAM (Character Generator RAM : CG RAM)

문자 발생기 RAM은 사용자가 프로그램에 의해서 원하는 문자패턴을 만들고자 할 때 사용하는 RAM영역이다. 5×8도트의 문자패턴을 만들 경우에는 최대 8종류의 패턴을 만들수 있고, 5×10도트의 경우는 4종류의 문자 패턴을 만들 수 있다.
문자를 새롭게 만들기 위해서는 CG RAM에 들어갈 비트 패턴을 설계한다. 설계된 비트 패턴은 CG RAM 주소로 지정되어 저장되는데 CG RAM 주소는 그림 11.8에서 나타나 있듯이 6비트를 사용하고 있고, 5×8도트인 경우에 한 문자 당 8바이트를 사용하고 있으므로 전체 문자의 개수는 8개로 제한된다. 이렇게 CG RAM에 새롭게 설계되어 저장된 문자는 문자 코드 비트 4- 7이 0일 때 선택된다. 그리고 3번 비트는 무효 비트이다. 예로 그림 9.5에 설계된 CG 패턴상의 R은 문자 코드 0x00 또는 0x08에 의해 선택된다.

그림3-21 문자발생기 ROM에 내장되어 있는 문자

(3) HD44780 내부 명령어

명령	코드										실행 시간
	RS	R/W	DB7	DB6	DB5	DB4	DB3	DB2	DB1	DB0	
화면 지움	0	0	0	0	0	0	0	0	0	1	1.52ms
커서 홈	0	0	0	0	0	0	0	0	1	*	1.52ms
엔트리모드 세트	0	0	0	0	0	0	0	1	I/D	S	37ms
화면 ON/OFF 제어	0	0	0	0	0	0	1	D	C	B	37ms
커서/화면 이동	0	0	0	0	0	1	S/C	R/L	*	*	37ms
펑션 세트	0	0	0	0	1	DL	N	F	*	*	37ms
CGRAM 주소 설정	0	0	0	1	CGRAM 주소						37ms
DDRAM 주소 설정	0	0	1	DDRAM 주소							37ms
비지플래그와 어드레스카운터읽기	0	1	BF	CGRAM/DDRAM 주소							0ms
CGRAM 또는 DDRAM에 데이터 쓰기	1	0	출력 데이터								37ms
CGRAM 또는 DDRAM의 데이터 읽기	1	1	입력 데이터								37ms

비트설정

I/D : 0 - 커서 위치 감소, 1 - 커서 위치 증가
S : 0 - 화면 이동 없음, 1 - 화면 전체 이동
D : 0 - 화면 끔, 1 - 화면 켬
C : 0 - 커서 끔, 1 - 커서 켬
B : 0 - 커서 블링크 끔, 1 - 커서 블링크 켬
S/C : 0 - 커서 이동, 1 - 화면 이동
R/L : 0 - 왼쪽으로 이동, 1 - 오른쪽으로 이동
DL : 0 - 4비트 인터페이스, 1 - 8비트 인터페이스
N : 0 - 1-라인 디스플레이, 1 - 2-라인 디스플레이
F : 0 - 5x7 도트 문자, 1 - 5x10 도트 문자
BF : 0 - 명령수행 가능, 1 - 명령수행 불가능

① Clear Display

전체 화면을 지운다. 동시에 커서를 Home(첫줄의 첫 번째 칸)으로 옮기고 I/D=1로 설정한다.

RS	R/W	DB7	DB6	DB5	DB4	DB3	DB2	DB1	DB0
0	0	0	0	0	0	0	0	0	1

② Return Home

화면의 내용은 그대로 두고 커서만 Home으로 옮긴다.

RS	R/W	DB7	DB6	DB5	DB4	DB3	DB2	DB1	DB0
0	0	0	0	0	0	0	0	1	-

③ Entry Mode Set

커서의 이동 방향과 디스플레이의 쉬프트 여부를 결정한다.

RS	R/W	DB7	DB6	DB5	DB4	DB3	DB2	DB1	DB0
0	0	0	0	0	0	0	1	I/D	S

- I/D = 1 : DDRAM, CGRAM에 한 문자를 읽거나 쓸 때 주소를 1 증가시킨다. 따라서 LCD에 문자를 쓰면 커서는 오른쪽으로 쉬프트 된다.
- I/D = 0 : DDRAM, CGRAM에 한 문자를 읽거나 쓸 때 주소를 1 감소시킨다. 따라서 LCD에 문자를 쓰면 커서는 왼쪽으로 쉬프트 된다.
- S = 1 : DDRAM에 1 문자를 쓰면 커서와 디스플레이가 동시에 쉬프트 된다. DDRAM에서 읽을 때나 CGRAM에는 아무 영향이 없다.

④ Display On/Off Control

화면의 On/Off 설정(D), 커서의 On/Off 설정(C), 커서위치 문자의 깜박임 여부(B)를 설정한다.

RS	R/W	DB7	DB6	DB5	DB4	DB3	DB2	DB1	DB0
0	0	0	0	0	0	1	D	C	B

- D = 1 : 화면 On.
  D = 0 : 화면 Off. 화면의 내용은 지워지지 않고 DDRAM에 그대로 유지되므로
D = 1 로 설정하면 화면의 내용은 다시 디스플레이 된다.
- C = 1 : 커서를 보인다.
  C = 0 : 커서를 보이지 않게 한다.
- B = 1 : 커서가 있는 곳의 문자를 깜박인다.
  B = 0 : 커서가 있는 곳의 문자를 깜박이지 않는다.

⑤ Cursor or Display Shift

커서나 디스플레이를 이동시킨다. Entry Mode Set의 경우와 다른 점은 문자를 읽거나 쓰지 않고 이동시킨다는 점이다.

RS	R/W	DB7	DB6	DB5	DB4	DB3	DB2	DB1	DB0
0	0	0	0	0	1	S/C	R/L	*	*

- S/C = 1 : 화면 전체를 1 칸 이동시킨다.
  S/C = 0 : 커서를 1 칸 이동시킨다.
- R/L = 1 : 오른쪽으로 이동시킨다.
  R/L = 0 : 왼쪽으로 이동시킨다.

예를 들어 커서를 왼쪽으로 한 칸 이동하고 싶을 경우에는 S/C=0, R/L=0으로 설정한다.

⑥ Function Set

인터페이스의 크기, 사용하는 LCD의 크기, 글꼴의 크기 등을 설정한다.

RS	R/W	DB7	DB6	DB5	DB4	DB3	DB2	DB1	DB0
0	0	0	0	1	DL	N	F	*	*

- DL = 1 : 8 비트 인터페이스. 즉, 8 비트 단위로 프로세서와 데이터를 주고 받는다.
  DL = 0 : 4 비트 인터페이스. 즉, 4 비트 단위로 프로세서와 데이터를 주고 받는다. 이 경우 데이터는 2번 전송되어야 한다.

- N = 1 : 2 줄 LCD를 사용할 경우.
  N = 0 : 1 줄 LCD를 사용할 경우.
- F = 1 : 5×10 크기의 폰트 사용
  F = 0 : 5×8 크기의 폰트 사용

⑦ Set CGRAM Address

read/write 하고자 하는 CGRAM의 주소를 설정한다.

RS	R/W	DB7	DB6	DB5	DB4	DB3	DB2	DB1	DB0
0	0	0	1	CGRAM의 주소					

⑧ Set DDRAM Address

read/write 하고자 하는 DDRAM의 주소를 설정한다. DD RAM의 어드레스를 설정하는데 이용된다. 어드레스의 설정 후 DD RAM의 데이터를 받거나 전송할 수 있다. DD RAM의 어드레스는 DB7~DB0 7비트까지 설정가능하며 이 번지가 설정되면 디스플레이 라인은 설정하는 N의 값에 따라서 번지가 결정된다. (즉, N = 0

:ADD는 0x00 ~ 0x4F, N =1 : ADD는 0x00~0x27(첫 번째 라인) , 0x40 ~ 0x67 (두 번째 라인)의 번지 값을 갖는다.) AAAAAAA의 2진수로 표시되는 DD RAM의 어드레스가 AC로 설정되고, 이후 MPU에서 읽기/ 쓰기 데이터는 DD RAM에 관한 것이 된다.

RS	R/W	DB7	DB6	DB5	DB4	DB3	DB2	DB1	DB0
0	0	1	DDRAM의 주소						

⑨ Read BF(Busy Flag) and AC

BF와 AC의 값을 프로세서가 읽을 수 있도록 출력한다. BF는 BD7으로 AC는 DB6 ~DB0으로 출력된다.

RS	R/W	DB7	DB6	DB5	DB4	DB3	DB2	DB1	DB0
0	1	BF	AC의 값						

⑩ Write Data to CG or DDRAM

CGRAM이나 DDRAM의 AC가 가리키는 주소에 data를 써 넣는다.

RS	R/W	DB7	DB6	DB5	DB4	DB3	DB2	DB1	DB0
1	0	Write data							

⑪ Read Data from CG or DDRAM

CGRAM이나 DDRAM의 AC가 가리키는 주소에서 data를 읽어낸다.

RS	R/W	DB7	DB6	DB5	DB4	DB3	DB2	DB1	DB0
1	1	Read data							

(4) LCD모듈 4비트 인터페이스 초기화 방법

※ LCD모듈을 4비트 구동하는 것의 장점은 8비트를 가지고 화면에 출력할 수 있기 때문이다. **데이터라인은 DB4-DB7만 이용**한다, LCD 모듈로 들어가는 신호를 입력, LCD모듈로 부터 나오는 신호를 출력이라 한다.

① 전원 온

② Vdd가 4.5V 이상 된 후 15msec 지연

③ **LCD모듈 기능설정** : 0b001***** , **비트4가 0이면 4비트 동작**이고 **1이면 8비트 동작, 비트3이 0이면 1라인**이고 **1이면 2라인** 동작, **비트2가 0이면 5*7도트**이고 **1이면 5*10도트**로 동작

RS	R/W	DB7	DB6	DB5	DB4	DB3	DB2	DB1	DB0
0	0	0	0	1	0	1	0	0	0

- 2회 연속 입력
- 5msec 지연

④ **LCD 모듈 디스플레이 ON/OFF** : 0b00001***, **비트3이 0이면 화면 Off**이고 **1이면 화면 On**, 비트2가 0이면 커서 Off이고 1이면 커서 On, 비트0이 0이면 커서위치에 해당하는 문자 점멸 Off이고 1이면 문자 점멸 On

RS	R/W	DB7	DB6	DB5	DB4	DB3	DB2	DB1	DB0
0	0	0	0	0	0	1	1	0	0

- 100usec 지연

⑤ **LCD 모듈 디스플레이 표시 클리어** : **0b00000001**

RS	R/W	DB7	DB6	DB5	DB4	DB3	DB2	DB1	DB0
0	0	0	0	0	0	0	0	0	1

- 100usec 지연

⑥ **LCD 모듈 엔트리모드 설정** : 0b000001**, 비트1이 0이면 DD RAM의 주소를 1씩 감소시키고 1이면 1씩 증가, 비트0이 0이면 디스플레이 시프트 Off이고 1이면 디스플레이 시프트 On

RS	R/W	DB7	DB6	DB5	DB4	DB3	DB2	DB1	DB0
0	0	0	0	0	0	0	1	1	0

- 100usec 지연

⑦ **커서를 홈 번지로 이동시킨다.** 0b00000010 표시가 시프트되어 있던 경우 원래위치로 돌아간다. DD RAM의 내용은 변하지 않는다.

RS	R/W	DB7	DB6	DB5	DB4	DB3	DB2	DB1	DB0
0	0	0	0	0	0	0	0	1	0

- 100usec 지연

그림3-22는 ATmega128 포트C와 LCD 모듈의 인터페이스 연결도이다.

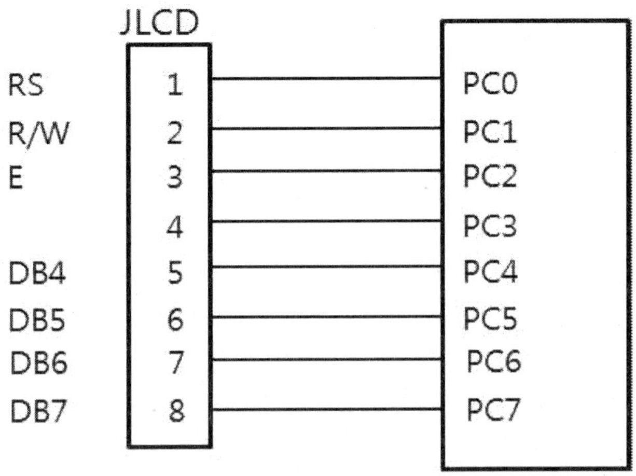

그림3-22 LCD 모듈과 ATmega128연결도

【실습 3-9】 LCD 모듈에 "ATmega128 LCD Test"라는 문자열을 출력해보자.

	c	a	f	e	.	n	a	v	e	r	.	c	o	m					

① 16x2 LCD 모듈에 문자를 표시하는 방법에는 4비트 데이터 전송방법과 8비트 데이터 전송 방법이 있다. 본 실습은 4비트 데이터 전송 방법을 사용한다.
② LCD 모듈을 제어하는 핀은 3개(RS, R/W, E)의 제어핀과 4개(DB4-DB7)의 데이터핀이다.
③ 본 실습은 LCD모듈로부터 데이터는 받지 않으므로 R/W핀은 항상 0으로 세트되어진다. RS핀은 LCD모듈로 보낸 DB4-DB7 값이 명령어인지 데이터인지를 구분하는 명령어 신호이다. 즉 RS=0이면 DB4-DB7 값이 명령어를 의미하며, RS=1이면 DB4-DB7 값이 LCD 모듈에 표시될 데이터 값을 의미한다.
④ 데이터 전송이 4비트 전송이므로 2번에 나누어 데이터를 LCD모듈에 써 넣는다. 방법은 1 바이트의 데이터를 우선 상위4바이트를 DB4-DB7에 먼저 보내고 다음에 하위 4비트를 DB4-DB7에 보낸다.

⑥ 'cafe.naver.com' 을 출력하는 메인 함수

- #include를 사용한 프로그램에 사용되는 헤더파일(*.h) 삽입
- #define을 사용한 LCD 구동 포트 정의
- main()함수에 사용되는 서브함수 정의
- LCD에 출력할 문자배열 정의

```
#include <mega128.h>
#include <delay.h>

#define lcd_RS  PORTC.0
#define lcd_RW  PORTC.1
#define lcd_E   PORTC.2
#define LCD_out PORTC   // PORTA.4~7 4bits

void LCD_init(void);
void LCD_data(char d);
void LCD_cmd(char c);
void LCD_gotoxy(char x, char y);
void LCD_puts(char *str);

flash char str1[]= " cafe.naver.com ";

void main(void)
{
    char i;

    DDRC=0xff;
    lcd_RW=0;

    LCD_init();

    while(1){
        LCD_gotoxy(0,0); LCD_puts(str1);
        LCD_gotoxy(0,1); LCD_puts(" circuits manual ");
        delay_ms(1000);
    }
}
```

① LCD모듈의 초기화 함수

- LCD모듈 기능설정 (0x28): 0b001***** , 비트4가 0이면 4비트 동작이고 1이면 8비트 동작, 비트3이 0이면 1라인이고 1이면 2라인 동작, 비트2가 0이면 5*7도트이고 1이면 5*10도트로 동작. 2번 연속 보낸다.
- LCD 모듈 디스플레이 ON/OFF (0x0c): 0b00001***, 비트3이 0이면 화면 Off이고 1이면 화면 On, 비트2가 0이면 커서 Off이고 1이면 커서 On, 비트0이 0이면 커서 위치에 해당하는 문자 점멸 Off이고 1이면 문자 점멸 On
- LCD 모듈 엔트리모드 설정(0x06): 0b000001**, 비트1이 0이면 DD RAM의 주소를 1씩 감소시키고 1이면 1씩 증가, 비트0이 0이면 디스플레이 시프트 Off이고 1이면 디스플레이 시프트 On
- LCD 모듈 디스플레이 표시 클리어 (0x01): 0b00000001
- 커서를 홈 번지로 이동시킨다. (0x02) : 표시가 시프트되어 있던 경우 원래위치로 돌아간다. DD RAM의 내용은 변하지 않는다.

```
void LCD_init(void)
{
    delay_ms(50); DDRC=0xFF; // lcd port output
    LCD_cmd(0x28); LCD_cmd(0x28); LCD_cmd(0x28);
    LCD_cmd(0x0C); delay_us(10); LCD_cmd(0x06); delay_us(10);
    LCD_cmd(0x01); delay_us(10); LCD_cmd(0x02); delay_ms(30);
}
```

② LCD 모듈에 표시 데이터 출력 함수

- RS=1로 설정, 데이터는 상위 니블(4비트)를 먼저 출력하고, 나중에 하위니블을 출력한다.
- R/W=0, 4비트 데이터를 출력한 후 E(인에이블)핀을 0→1을 해준다.

```
void LCD_data(char d)
{
    lcd1_RS=1;
    LCD_out=(d&0xf0)|1; lcd_E=1; lcd_E=0; delay_us(2);
    LCD_out=(d<<4)|1;   lcd_E=1; lcd_E=0; delay_us(50);
}
```

③ LCD 모듈에 명령어 출력 함수

- RS=0으로 설정, 데이터는 상위 니블(4비트)를 먼저 출력하고, 나중에 하위니블을 출력한다.
- R/W=0, 4비트 데이터를 출력한 후 E(인에이블)핀을 0→1을 해준다.

```
void LCD_cmd(char c)
{
    lcd_RS=0;
    LCD_out=c & 0xF0; lcd_E=1; lcd_E=0; delay_us(1);
    LCD_out=c<<4;    lcd_E=1; lcd_E=0; delay_ms(50);
}
```

④ LCD 모듈의 좌표 입력 함수로 글자의 쓸 위치를 지정된 위치(x, y)로 이동시킨다.

• x값은 열의 값, y값은 행의 값을 나타낸다. y=0의 시작주소는 0x80번지가 되며 y=1의 시작주소는 0xC0가 된다.

```
void LCD_gotoxy(char x, char y)
{
    if      (y==0)LCD_cmd(0x80+x);
    else if(y==1)LCD_cmd(0xC0+x);
}
```

⑤ LCD모듈의 현재 위치에 문자열을 출력시키는 함수

```
void LCD_puts(char *str)
{
    {
        LCD_data(*str);          // 문자 *str을 화면에 출력
        str++;                   // str이 다음 문자를 가리킴
    }
}
```

【혼자 해보기 18】 ① 1행에 "Elec. & Contr."가 한자씩 출력되고 ② 일정시간 지연 후 "2 year"가 출력된 후 ③ 2행에 "Fighting !!!"이 역시 한자씩 출력된다. ④ 문자열 전체가 3번 깜빡거리고 ⑤ 전체가 모두 왼쪽으로 이동하여 없어진다. 그리고 다시 ⑥ 1행에 "Elec. & Contr. 2 year" 2행에 "Fighting !!!"가 계속 깜빡거리게 하기.

3.5.2 한글 문자 표시

본래 HD44780에는 CGROM에 한글 코드가 내장되어 있지 않기 때문에 "김치 " 라는 한글을 LCD에 표시하기 위해서는 CGROM에 없는 문자를 만들어 LCD에 표시해야 한다. 내부 CGROM에 없는 문자를 만들어 표시하기 위해서는 CGRAM을 이용하여야 한다. CGRAM에 문자를 만들어 저장하는 방법은 그림3-21과 같이 한다.

문자코드								CGRAM 어드레스						문자패턴 데이터							
7	6	5	4	3	2	1	0	5	4	3	2	1	0	7	6	5	4	3	2	1	0
											0	0	0	*	*	*	1	1	1	0	1
											0	0	1	*	*	*	0	0	1	0	1
											0	1	0	*	*	*	0	0	1	0	1
0	0	0	0	*	0	0	0	0	0	0	0	1	1	*	*	*	1	1	0	0	1
											1	0	0	*	*	*	0	0	0	0	0
											1	0	1	*	*	*	1	1	1	1	1
											1	1	0	*	*	*	1	0	0	0	1
											1	1	1	*	*	*	1	1	1	1	1
											0	0	0	*	*	*	0	0	0	0	1
											0	0	1	*	*	*	0	1	0	0	1
											0	1	0	*	*	*	1	1	1	0	1
0	0	0	0	*	0	0	1	0	0	1	0	1	1	*	*	*	0	1	0	0	1
											1	0	0	*	*	*	1	0	1	0	1
											1	0	1	*	*	*	1	0	1	0	1
											1	1	0	*	*	*	1	0	1	0	1
											1	1	1	*	*	*	1	0	1	0	1

그림3-21 설계된 문자패턴과 CGRAM 사용법

그림3-21에서 CGRAM의 주소 비트 0- 2 비트는 문자 패턴의 라인 위치를 나타낸다. 문자는 5x7을 사용하므로 8번째 라인은 커서 위치를 나타낸다. 커서를 사용하지 않을 경우에는 5x8 비트 패턴을 사용한다. 문자 패턴의 열 위치는 CGRAM 데이터 비트 0-4 비트에 해당한다. CGRAM 문자 패턴은 문자 코드 비트 4- 7이 0일 때 선택된다. "김" 이라는 문자는 문자 코드 0에 해당되고, "치" 라는 문자는 문자코드 1에 해당한다.

주어진 문자를 CGRAM에 설계하여 써 넣는 함수이다.

```
void CG_RAM_set(void)
{
        //CGRAM에 그림3-21 방법을 사용해 한글을 생성해 배열 데이터로 만든다.
        char kim[]={ 0x1d, 0x05, 0x05, 0x00, 0x1f, 0x11, 0x1f };
        char chi[]={ 0x01, 0x09, 0x1d, 0x09, 0x15, 0x15, 0x01 };

         int i;

        // 한글 코드를 저장할 위치 명령을 저장한다. 저장위치는 CGRAM
       // 어드레스로 0x40부터 시작한다. CG RAM에 한글 1개를 저장할 때 주소값 전송.
        // 글자 한 개에 대해 8개(8바이트)의 데이터가 필요하므로 한 글자가 저장하는데
        // 필요한 주소는 0x40~0x47이된다. 최대 8개 한글 설정가능.
        // 따라서 두 번째 글자의 시작 주소는 LCD_cmd(0x48);이 된다. 만약
        // 세 번째 글자가 있다면 시작 주소는 LCD_cmd(0x50);이 된다.

        LCD_cmd(0x40);
        delay_ms(1);
        for(i=0; i<8; i++)
        {
            LCD_char(kim[i]);
        }

        LCD_cmd(0x48);
        delay_ms(1);
        for(i=0; i<8; i++)
        {
            LCD_char(chi[i]);
        }
}
```

【실습 3-9】 LCD 모듈에 "김치"라는 문자열을 출력해보자.

```
#include <mega128.h>
#include <delay.h>

#define lcd_RS  PORTC.0
#define lcd_RW  PORTC.1
#define lcd_E   PORTC.2
#define LCD_out PORTC   // PORTA.4~7 4bits
void LCD_init(void);                        // LCD 초기화
void LCD_cmd(char d);                      // LCD 명령어
void LCD_data(char d);                    // LCD 데이터 출력
void LCD_puts(char *str);                 // 문자열 출력
void LCD_gotoxy(char x, char y);          // LCD 포지션 설정
void CG_RAM_set(void);

void main(void)
{

    DDRC=0xff;
    lcd_RW=0;
    LCD_init();
    CG_RAM_set();
    cursorxy(4,0);
    LCD_string("Hangule Test");
    LCD_gotoxy(2,1);
    LCD_data(0x00);
    delay_ms(5);
    LCD_data(0x01);
    delay_ms(5);
}

void LCD_cmd(char c){
    lcd_RS=0;
    LCD_out=c & 0xF0; lcd_E=1; lcd_E=0; delay_us(1);
    LCD_out=c<<4;    lcd_E=1; lcd_E=0; delay_ms(50);
}
void LCD_data(char d){
    lcd1_RS=1;
    LCD_out=(d&0xF0)|1; lcd_E=1; lcd_E=0; delay_us(1);
    LCD_out=(d<<4)|1;   lcd_E=1; lcd_E=0; delay_us(50);
}
```

```
void LCD_init(void){
    delay_ms(50); DDRA=0xFF; // lcd port output
    LCD_cmd(0x28); LCD_cmd(0x28); LCD_cmd(0x28);
    LCD_cmd(0x0C); delay_us(10); LCD_cmd(0x06); delay_us(10);
    LCD_cmd(0x01); delay_us(10); LCD_cmd(0x02); delay_ms(30);
}
void LCD_gotoxy(char x, char y){
    if      (y==0)LCD_cmd(0x80+x);
    else if(y==1)LCD_cmd(0xC0+x);
}
void LCD_puts(char *str)
{
    {
        LCD_data(*str);  // 문자 *str을 화면에 출력
        str++;                    // str이 다음 문자를 가리킴
    }
}
```

【혼자 해보기 20】 LCD 모듈에 시계를 만들어 보자. 1초는 delay_ms(1000);을 이용한다.

			2	0	1	4	.	0	9	.	2	0							
		■	■	시		■	■	분		■	■	초							

```
void  time_set()
{
           delay_ms(1000);
           sec++;
          if(sec==60)
          {
                   sec=0;
                   min++;
          }
          if(min==60)
          {
                   min=0;
                   hr++;
          }
          if(hr==24) hr=0;
          sec_1=sec&0x0f;
          sec_2=(sec&0xf0)>>4;
          min_1=min&0x0f;
          min_2=(min&0xf0)>>4;
          hr_1=hr&0x0f;
          hr_2=(hr&0xf0)>>4;
}
```

3.6 드라이버 내장형 도트 매트릭스 LED의 제어

도트 매트릭스 LED는 여러 개가 종속 접속 형태로 연결되어 있어 대형 표시 장치로 구현하기에는 스캔시간에 문제가 있고, 또한 표시가 흐려지는 문제가 있다. 이를 개선하기 위해 시프트 레지스터와 도트 매트릭스 LED를 내장하여 모듈화한 표시장치가 출시되고 있다. 대표적인 드라이버 내장형 도트 매트릭스 LED로는 KLM-162CAN을 들 수 있다.

- LED를 가로, 세로 16개씩 256개를 배열하고, 드라이버 IC를 내장한 형태로 구성
- LED 내부에 2색(적색, 녹색)을 가지고 있어 2색을 모두 켜면 오렌지색이 되어 3가지 색상 표현
- 도트 매트릭스 1모듈당(적색+녹색=오렌지색) 최대 소모 전력은 1A (단색 표시에서는 모듈 당 전력소모는 0.5A이하)
- 모듈 내부에서 LED는 공통 캐소드로 되어 있어 High("1")을 입력하면 점등
- R(Red)-data 단자에 적색 데이터 16개를 입력
- G(Green)-data 단자에 녹색 데이터 16개를 입력
- R(Red)-data, G(Green)-data 단자에 데이터를 입력하면, 오렌지색 점등
- 데이터는 직렬로 연결되어 1bit씩 밀려 들어감(FIFO)
- A0~A3은 어드레스 16개를 선택하고, 각각의 어드레스는 가로로 있는 LED 16개씩 선택
- /Enable 단자는 데이터가 전송되고 있는 동안 Low("0") 유지
- /Latch 단자는 데이터 전송이 완료되면 Low("0")로 인에이블
- Clock 단자는 각각의 번지에 16개의 클록을 데이터와 함께 입력

3.6.1 KLM-162CAN의 내부구조 및 핀 구조

KLM-162CAN은 16×16 도트 매트릭스로서 내부에 디코더 회로를 내장하고 있어 4개의 어드레스 라인을 가지고 0-15까지 16개 라인을 지정할 수 있다. 데이터의 송신은 동기식 직렬 통신방식으로 이루어진다. 내부에는 직렬로 입력된 데이터를 표현하기 위하여 적색과 녹색 각각 시프트 레지스터/드라이버가 두 개 존재한다. 데이터의 출력은 시프트 레지스터/드라이버를 제어하는 래치(latch), 인에이블(enable), 클록(clock), 신호를 제어하여 디스플레이 한다. KLM-162CAN은 디스플레이 드라이버를 내장하고 있기 때문에 한 개의 프로세서로 여러 개의 모듈을 구동해도 깜박이는 현상 없이 디스플레이 할 수 있다는 장점이 있다. KLM-162CAN의 내부 구성을 그림10.5에 나타내었으며, 핀 기능을 표3.2에 나타내었다.

표3.2 KLM-162CAN 핀 기능

핀 번호	이름	기타 기능
1	OE	표시 On/Off 제어 ('H' 표시 Off, 'L' 표시 On)
2	Latch	데이터 래치(Rising edge)
3, 5, 7	GND	Signal Groung
4	CLK	Data input과 표시를 위한 클록신호
6	GD	녹색 표시 데이터 입력
8	RD	적색 표시 데이터 입력
9,10,11,12	A0 ~ A3	라인 어드레스

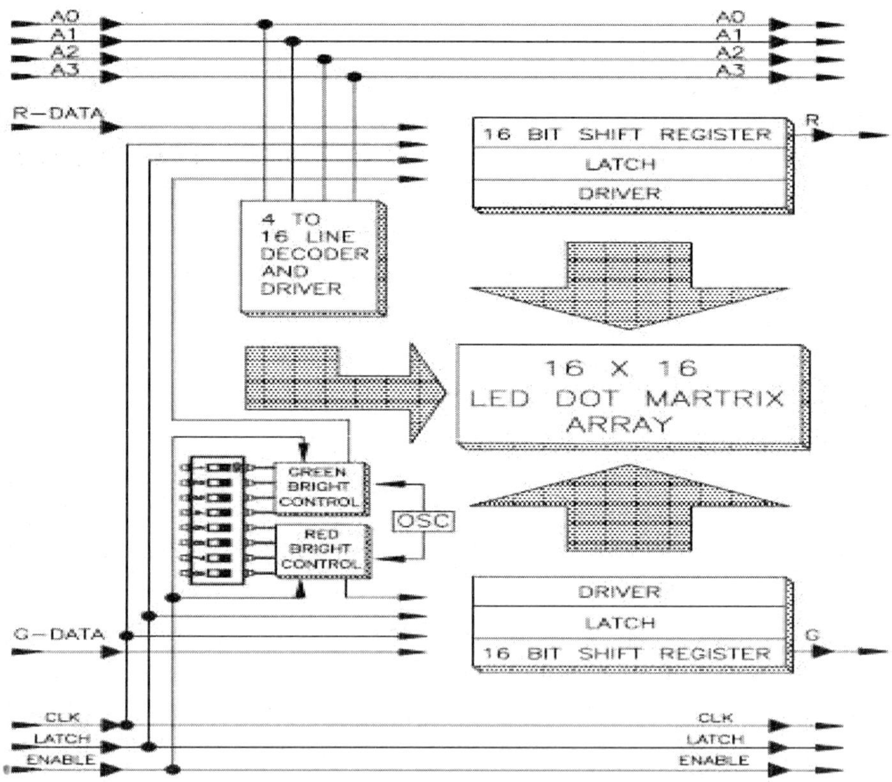

그림3-21 KLM-162CAN 내부 구성도

그림3-22은 KLM-162CAN의 PIN connection을 나타낸 것이다.

1) C.N-1 (DATA INPUT)

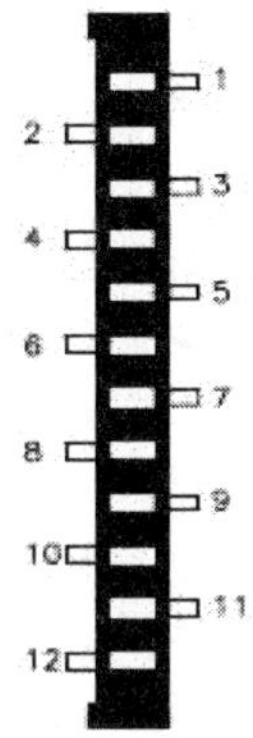

PIN NO.	NAME
1	OUT ENABLE
2	LATCH
3	GND
4	CLK
5	GND
6	G-DATA
7	GND
8	R-DATA
9	A0
10	A1
11	A2
12	A3

2) C.N-2 (DATA OUTPUT)

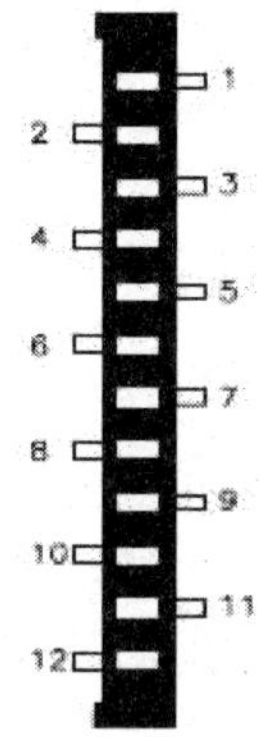

PIN NO.	NAME
1	OUT ENABLE
2	LATCH
3	GND
4	CLK
5	GND
6	G-DATA
7	GND
8	R-DATA
9	A0
10	A1
11	A2
12	A3

그림3-22 KLM-162CAN의 PIN connection

3.6.2 KLM-162CAN의 동작 및 회로 구성

KLM-162CAN의 내부에 시프트 레지스터를 포함하고 있어 직렬로 인터페이스 되도록 구성되어 있다. 그림3-23에 KLM-162CAN을 인터페이스하기 위한 타이밍도를 나타내었다. KLM-162CAN의 하나의 라인에 데이터를 써 넣기 위한 동작은 외부에 공급하는 클록에 동기를 맞추어 라인 어드레스와 이 라인에 해당하는 16개의 데이터를 직렬로 입력하는 것이다.

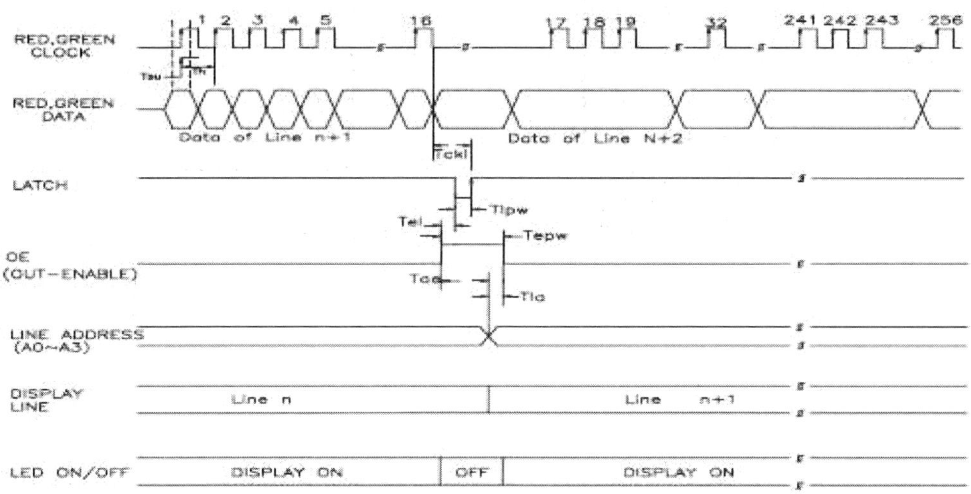

그림3-23 KLM-162CAN 동작 타이밍도

3.6.3 KLM-162CAN의 프로그램 순서

① 본 프로그램에 들어가기전에 모든 제어 신호를 금지(disable)시켜야 하므로 LATCH에 'H'신호를 인가하고, OE신호에 'L'를 입력한다.
② 라인 어드레스를 출력한다. 먼저 첫 번째 라인은 라인 어드레스에 0x00값을 주면 첫 번째 라인이 된다.
③ 16×16에서 첫 행에 들어갈 16비트의 데이터를 클록과 함께 출력한다. 하나의 데이터에 하나의 클록이 입력되어야 한다. 예를 들어 하나의 비트 출력 후에 클록이 입력되어야 신호가 제대로 들어간다. 이때 클록은 Rising edge에서 동작한다.
④ 1 라인 2바이트를 출력한 후에 OE에 'H'신호를 인가한다.
⑤ LATCH 신호('L')를 인가하여 래치 된 데이터를 출력한다. 이렇게 하면 도트 1 라인에 원하는 데이터를 출력하게 된다.
⑥ OE에 'H'신호를 인가한다.
⑦라인이 16개이므로 라인 어드레스를 하나 증가시킨 후에 ②번부터 반복한다. 그리고 1111인 경우에는 다시 라인 어드레스를 0000으로 한 후에 ②번을 반복한다.

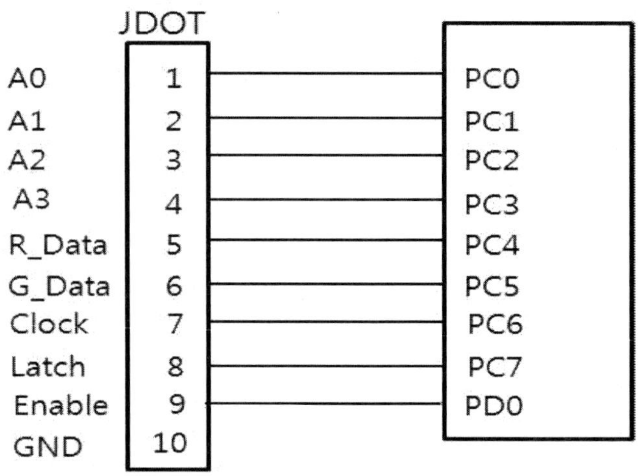

그림3-14 DOT Matrix 모듈과 ATmega128연결도

【실습 15】 DOT Matrix 모듈에 문자를 표시해보자.

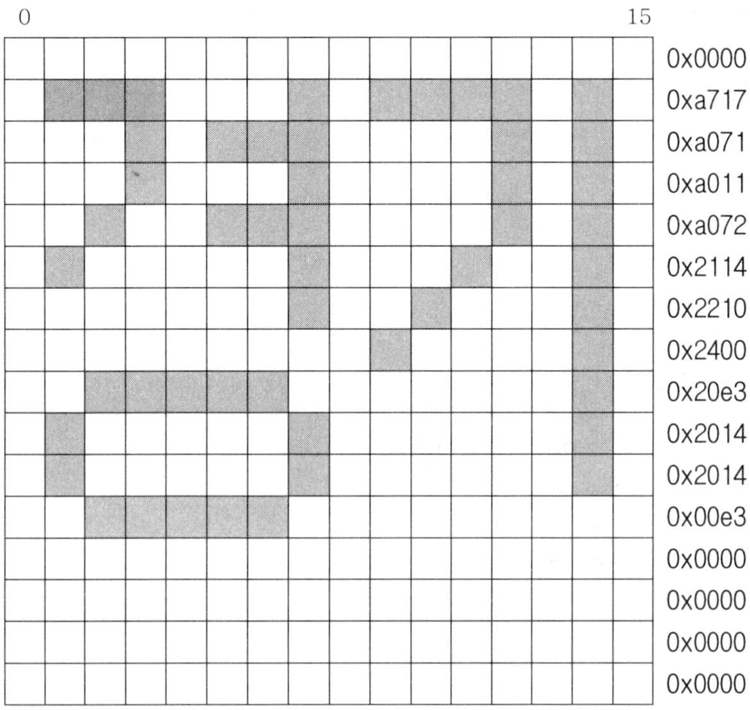


```
#include <mega128.h>
#include <delay.h>
#define dot_data PORTC
#define R_Data PORTC.4
#define G_Data PORTC.5
#define Clock PORTC.6
#define Latch PORTC.7
#define Enable PORTD.0
unsigned long dot[16]={ 0x0000, 0xa717, 0xa071, 0x0xa011, 0x0xa072,
0x0x2114, 0x2210, 0x2400, 0x20e3, 0x2014, 0x2014, 0x00e3, 0x0000, 0x0000,
0x0000, 0x0000 };
unsigned int temp1;
unsigned char i, j;
void main(void)
{
        DDRC=0xff;
        PORTC=0x00;
        DDRD=0xff;
        PORTD=0x00;
```

```
        Enable=0;
        R_Data=0;
        G_Data=0;
        Clock=0;
        Latch=1;
        while(1)
        {
            for(i=0; i<16; i++)
            {
                temp1=dot[i];

               for(j=0; j<16; j++)
                {
                    if(temp1 & 0x8000) G_Data=1;
                    else G_Data=0;

                    Clock=1;
                    delay_us(10);
                    Clock=0;
                    temp1=temp1<<1;
                }
                Enable=1;
                Latch=0;
                delay_us(5);
                Latch=1;
                Enable=0;
                PORTC=(PORTC&0xf0)|i;
                delay_us(200);

            }
        }
}
```

【혼자 해보기 21】 "전기" 를 주황색으로 DOT Matrix 모듈에 표시해보자.
【혼자 해보기 22】 임의의 문자나 그림을 DOT Matrix 모듈에 표시해보자.
【혼자 해보기 23】 "0~5 숫자를 DOT Matrix 모듈에 순차적으로 표시해보자.

3.7 모터 제어

3.7.1 DC 모터

DC 모터란, 고정자로 영구자석을 사용하고, 회전자(전기자)로 코일을 사용하여 구성한 것으로, 전기자에 흐르는 전류의 방향을 전환함으로써 자력의 반발, 흡인력으로 회전력을 생성시키는 모터이다.

(1) DC 모터의 특성

DC 모터는 다음과 같은 특징이 있다.

① 기동 토크가 크다
② 인가전압에 대하여 회전특성이 직선적으로 비례한다.
③ 입력전류에 대하여 출력 토크가 직선적으로 비례하며, 또한 출력 효율이 양호하다
④ 가격이 저렴하다
⑤ 구조상 브러시(brush)와 정류자(commutator)에 의한 기계식 접점이 있다.
- 이것에 의한 영향은 전류(轉流)시의 전기불꽃(spark), 회전 소음, 수명이라는 형태로 나타난다. 일반적으로 마이크로컴퓨터 제어를 하려는 경우는 "노이즈"가 발생하게 된다. 이 노이즈 대책을 위해서는 각 단자와 케이스 사이에 0.01μF～0.1μF 정도의 세라믹 콘덴서를 직접 부착한다. 이것으로 정류자에서 발생하는 전기불꽃을 흡수하여 노이즈를 억제할 수 있다.

(2) DC 모터 제어의 기본회로

DC 모터를 마이크로컨트롤러로 제어할 때의 기본은 On/Off 제어이다. 즉, 모터의 기동, 정지에 대해서만 제어한다. 모터를 On/Off 제어할 때의 기본회로에는 몇 가지 있다.

(가) 트랜지스터 구동(이미터 부하)

그림3-24(a)의 회로에 의해 트랜지스터를 On/Off함으로써 모터를 On/Off한다. 그러나 이 회로는 트랜지스터가 완전히 포화되는 On 상태로는 할 수 없고, Vce가 크기 때문에 전압손실이 크다. 동작에 의해 자동적으로 부귀환이 동작하기 때문에 동작은 안정적이다. 따라서 간단한 속도제어를 하기 위해 그림3-24(b)와 같이 OP 앰프를 추가한 회로가 사용된다. 이 경우, 트랜지스터에서의 전력손실이 그대로 열로 되기 때문에 트랜지스터의 열 대책은 충분히 고려할 필요가 있다. 좀 더 전

압손실을 줄이기 위해 PNP 트랜지스터를 사용하는 편이 좋을 수 있다.

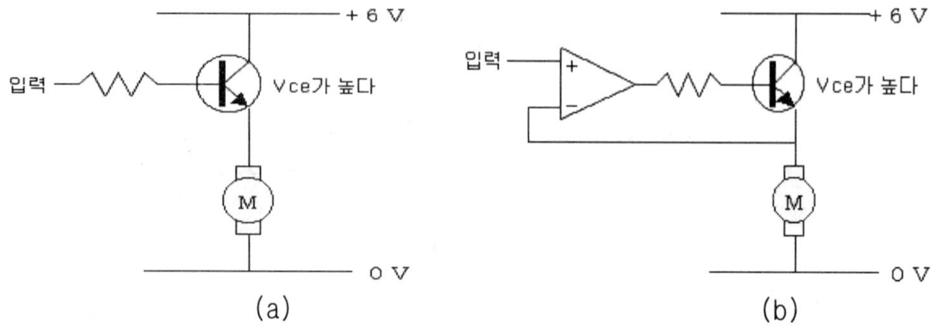

그림3-24 이미터 부하 트랜지스터 구동

(나) 트랜지스터 구동(컬렉터 부하)

모터를 트랜지스터 컬렉터의 부하로 이용한 것으로, 트랜지스터가 완전히 포화된 On 상태로 구동할 수 있기 때문에 드라이브 능력이 크고 전압손실도 적게 할 수 있다. 따라서 일반적으로는 이 회로가 많이 사용되고 있다.

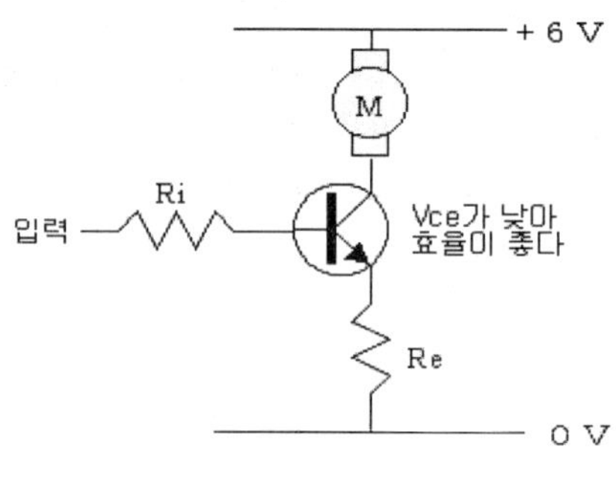

그림3-25 컬렉터 부하 트랜지스터 구동

(다) 역기전력의 처리

트랜지스터가 On으로 되어 모터가 회전하고 있는 동안에는 모터의 코일에 에너지가 축적되어 있다. 그리고 트랜지스터가 Off로 되면 그 에너지를 방출하려고 하기 때문에, 모터 코일의 양단에는 플러스, 마이너스가 역방향의 기전력이 발생한다. 이 전압은 매우 크기 때문에 트랜지스터가 파괴되어 버리는 경우도 있다. 그래서 대책으로, 코일을 단락시켜 남아 있는 에너지를 순간적으로 전류로서 흘려버리는 방법으로 역기전력을 억제시킨다. 이 기능을 하는 것이 그림13.3의 다이오드이며, 역방향의 기전력만 단락시키고, 통상적인 전압에 대해서는 고저항으로 되어 전류가 흐르지 않도록 하는 것이다.

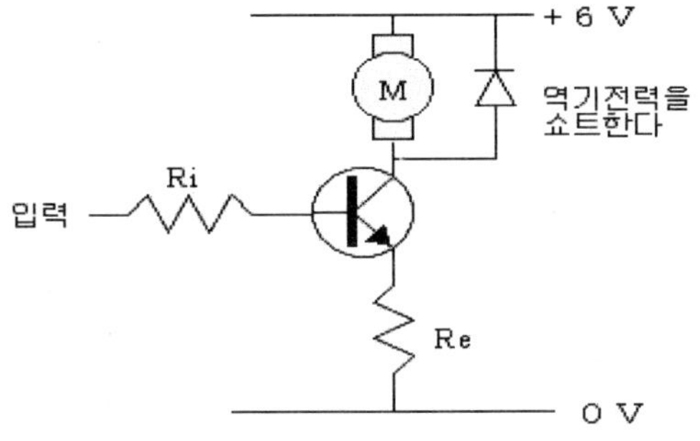

그림3-26 역기전력 해결

(라) H 브리지 제어회로

모터의 On/Off 제어는 그림3-24, 그림3-25의 회로를 사용해도 문제없이 할 수 있다. 그러나 회전의 방향을 바꾸고자 할 경우 모터에 가하는 전압의 플러스, 마이너스를 반대로 하면 모터는 역회전한다. 그러나 위의 회로에서는 그것이 곤란하다.

그래서 단일전원으로 모터에 가하는 전압의 방향을 바꿀 수 있는 회로로 고안된 것이 "**H 브리지 회로**"이다. 기본 구성은 그림3-26과 같이 되어 있으며, H형으로 되어 있으므로 이렇게 부르고 있다. 기본동작은 Q1과 Q4의 트랜지스터만 동시에 On으로 하면 ①과 같이 전류가 흐르고, 모터는 정회전한다. 반대로 Q2와 Q3만 On으로 하면 ②와 같이 전류가 흐르고, 모터는 역회전하게 된다. 그리고 Q3과 Q4만 동시에 On으로 하면 모터에 브레이크를 거는 동작이 되어 모터는 정지한다.

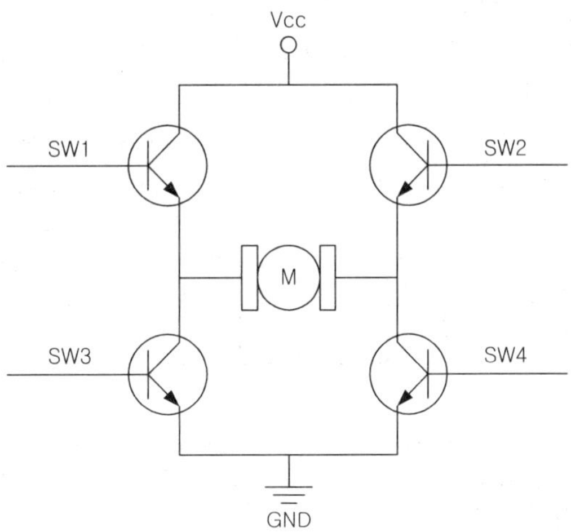

그림3-26 H 브리지 제어회로

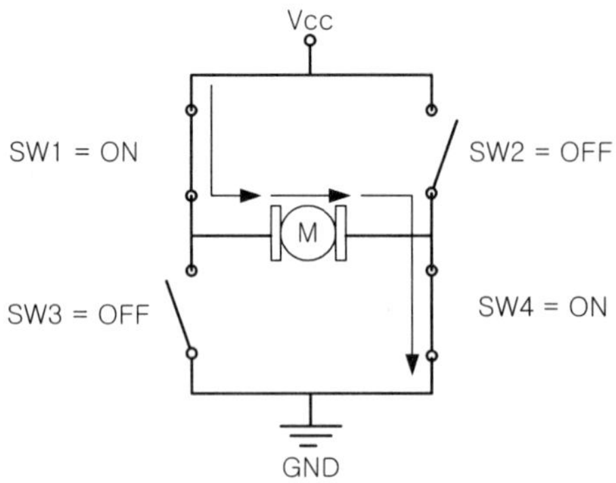

그림 4.7 정방향 회전

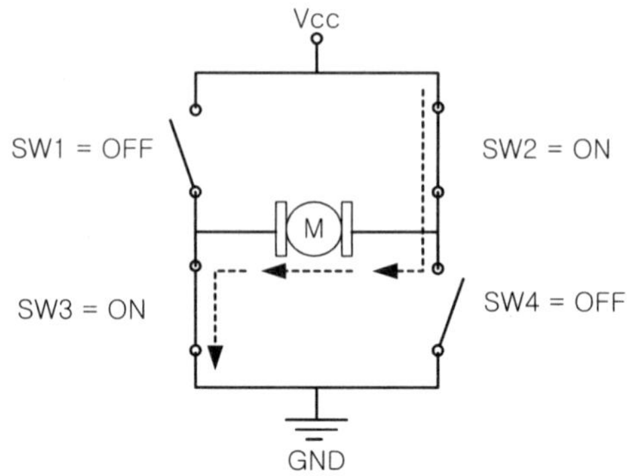

그림 4.8 역방향 회전

(3) DC 모터의 가변속 제어

DC 모터의 속도를 연속적으로 바꾸려는 경우에는 기본적으로는 DC 모터에 가하는 전압을 바꾸면 속도는 변화한다. 단순히 모터의 코일에 흐르는 전류와 속도가 정비례하기 때문에 모터의 구동전압을 변화시키면 속도를 가변으로 할 수 있는 것이다. 여기서는 많이 사용하는 펄스폭 변조방식을 설명한다.

■ **펄스폭 변조(PWM) 방식**

PWM 방식은 DC 모터가 빠른 주파수의 변화에는 기계 반응을 하지 않는다는 것을 이용하고 있다. PWM 방식은 모터의 구동전압을 바꾸고 있는 것과 같은 효과를 내지만, 그 방법이 펄스폭에 따르고 있으므로 펄스폭 변조(PWM: Pulse Width Modulation)라 부르고 있다. 모터 구동전원을 일정 주기로 On/Off 하는 펄스 형상으로 하고, 그 펄스의 duty비(On 시간과 Off 시간의 비)를 바꿈으로써 가능하다.

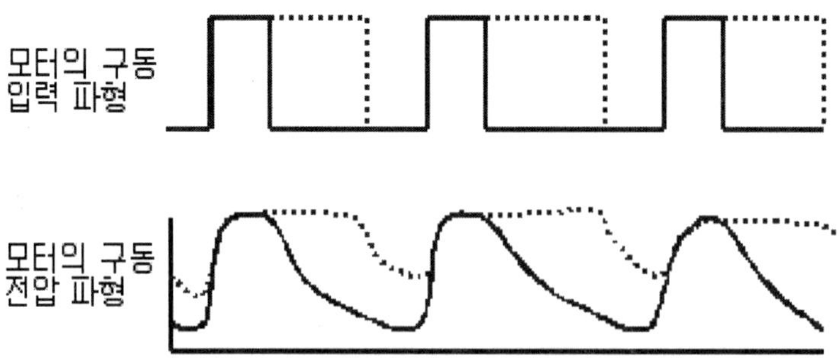

그림3-27 PWN 방식의 입력과 출력파형

기본회로는 트랜지스터를 일정시간 간격으로 On/off하면 구동전원이 On/Off 되는 것이다. 이 펄스 형상의 전압으로 DC 모터를 구동했을 때의 실제 모터에 가해지는 전압 파형은 그림3-27와 같이 되며, 평균전력, 전압을 생각하면 외관상, 구동전압이 변화하고 있는 것이다.

(4) DC 모터 인터페이스

DC모터를 간단히 제어하기 위해 일반적으로 L298을 사용한다. L298은 DC모터를 제어하기 위한 회로가 내부에 2개 있으며, 1개 당 2A까지 전류를 흘릴 수 있다. 또한 L298은 L297과 함께 스테핑 모터 드라이버로 사용되기도 한다.
그림13.6은 L298의 핀 배치도와 내부 블록도를 나타내고, 표13.1은 L298의 핀 기능을 나타낸다.

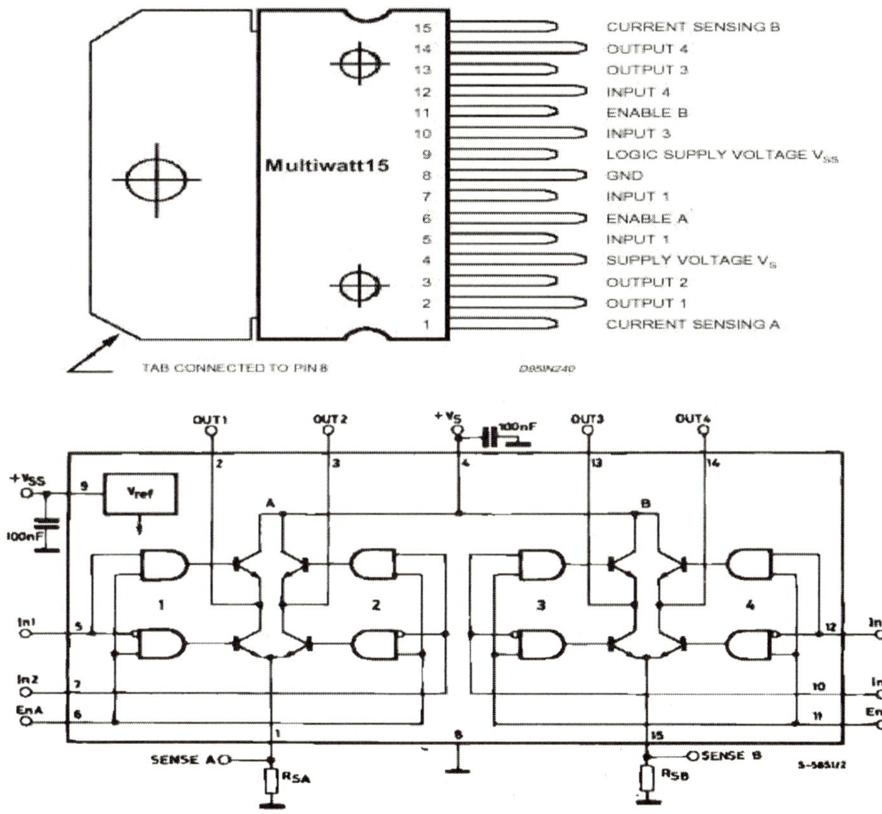

그림3-28 L298의 핀 배치도와 내부 블록도

표3.3 L298의 핀 기능

A조	B조	기능
input1(5), input2(7)	input3(10), input4(12)	모터의 방향을 결정한다.
output1(2), output2(3)	output3(13), utput4(14)	모터의 양 단자에 연결한다.
ENABLE A(6)	ENABLE B(11)	모터의 On/Off를 제어한다.

그림3-29에 DC 모터 구동회로를 나타낸다. 그림3-30은 DC모터 구동모듈과 ATmega128 연결도이다.

PC0은 L298의 동작 상태를 결정하는 Enable 신호로 PC0에 'L'을 출력하면 L298이 동작하고 ' H' 를 출력하면 멈춘다. PC1은 모터의 회전방향을 결정해 주는 포트로 L'을 출력하면 정회전하고 ' H' 를 출력하면 역회전한다. PC2는 모터의 속도를 제어하는 포트로 이 포트에 PWM신호를 인가하면 모터의 속도가 제어된다. 간단한 제어로는 'H' 를 출력하면 모터가 100% 힘으로 회전하고, 'L' 을 출력하면 멈춘다.

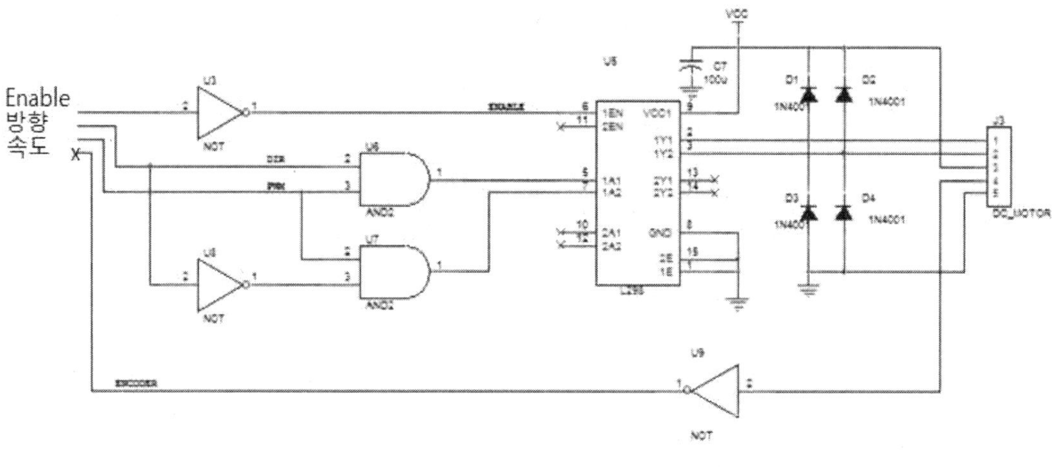

그림3-29 DC 모터 구동회로

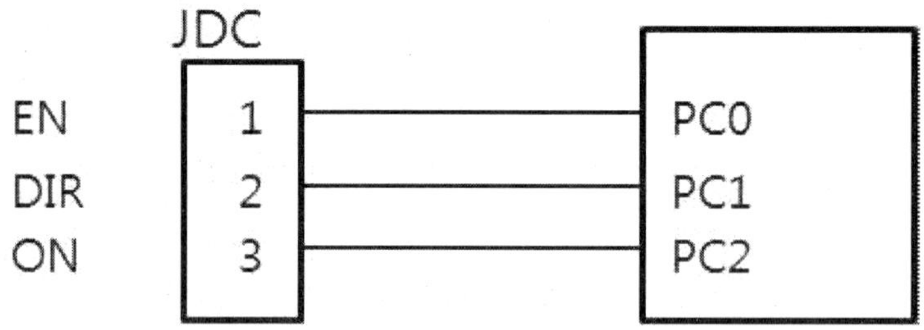

그림3-30 DC Motor와 ATmega128연결도

【실습 3-10】 DC 모터를 On/Off 구동하는 프로그램 작성하기.

```
#include <mega128.h>
#include <delay.h>

#define en        PORTC.0
#define dir       PORTC.1
#define on        PORTC.2

void main(void)
{
        DDRC=0xff;
        en=1;       // 동작 상태 결정, Enable신호 -> Low 일 때 동작
        on=1;
        dir=0;
        while(1);
}
```

【혼자 해보기 25】 모터를 시계방향으로 20% duty로 회전시키기.
【혼자 해보기 26】 모터를 반시계방향으로 40% duty로 회전시키기.
【혼자 해보기 27】 모터를 시계방향으로 70% duty로 3초 회전시키고, 반시계방향으로 40% duty로 2초 회전시키는 것을 10회 하기.

3.7.2 서보모터 제어

(1) 서보모터

소형 로봇 컨트롤러에서 주로 사용되는 RC 서보 모터(RC Servo Motor)의 가장 큰 특징은 별도의 부가회로 없이 바로 연결해서 사용할 수 있다는 것이다. 0° ~ 180°(동작범위 180°)의 범위 내에서 원하는 각도로 제어가 가능하며 작은 부피에 비하여 큰 토크를 가지고 있어 제품의 무게와 부피를 최소한으로 줄일 수 있다. 또한 내부에 모터 드라이버가 포함되어 있어 별도의 드라이버를 필요치 않는다. 표13.1은 서보 모터에 대한 간단한 기계적 규격을 나타낸다. 그림13.8은 HS-311 서보모터 외형도를 나타낸다.

표3.3 HS-311 STANDARD SERVO 모터 규격

ITEM	VAULE
OPERATING VOLTAGERANGE	4.8V TO 6.0V
OPERATING SPEED	0.15sec/60° (AT NO LOAD)
STALL TORQUE	3.5kg.cm
IDLE CURRENT	7.7mA (AT STOPPED)
RUNNING CURRENT	180mA/60 (AT NO LOAD)
STALL CURRENT	800mA
DIMENSIONS	40x20x36.5mm

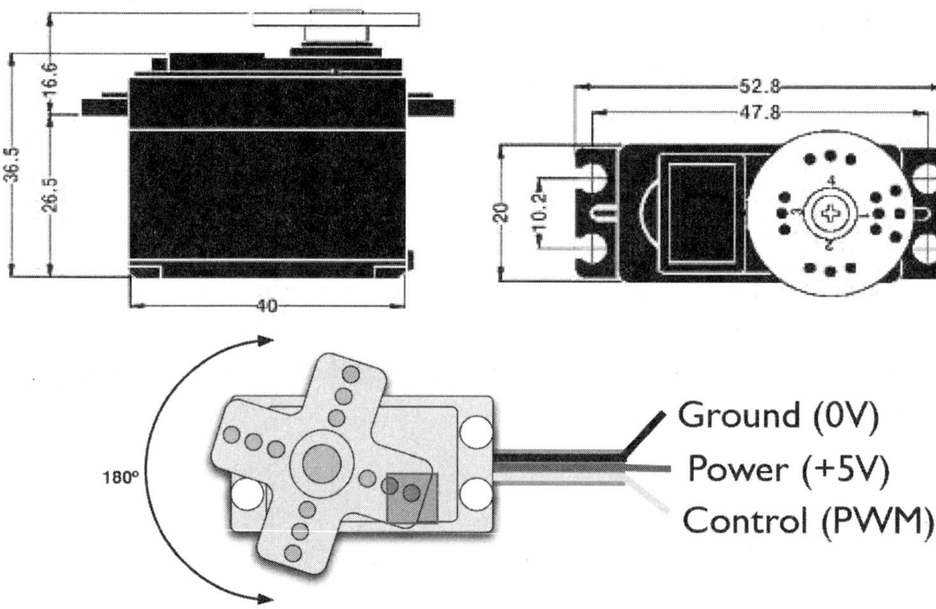

그림3-30 HS-311 STANDARD SERVO 모터 외형도

(2) 서보모터 동작 원리

RC 서보 모터의 동작원리는 DC 서보 모터와는 크게 다르다. RC 서보 모터는 내부에 구동 드라이버가 포함되어 있어 별도의 드라이버가 필요치 않으며 동작을 위한 PWM 신호만으로 제어할 수 있다. RC 서보 모터에 사용되는 PWM 펄스는 일반적인 펄스 신호와는 매우 다른 형태를 가지고 있다. 그림13.9는 RC 서보 모터의 구동시간과 위치를 나타낸다. 또한 그림13.10은 RC 서보 모터에 사용되는 PWM 신호를 나타낸다. 제어 신호는 주기적으로 0.7~2.3msec 펄스로 공급해야 하며 펄스를 인가하면 공급되는 펄스가 'H' 가 되는 시간(P_on)에 따라서 서보가 정해진 각도로 움직여 정지된다.

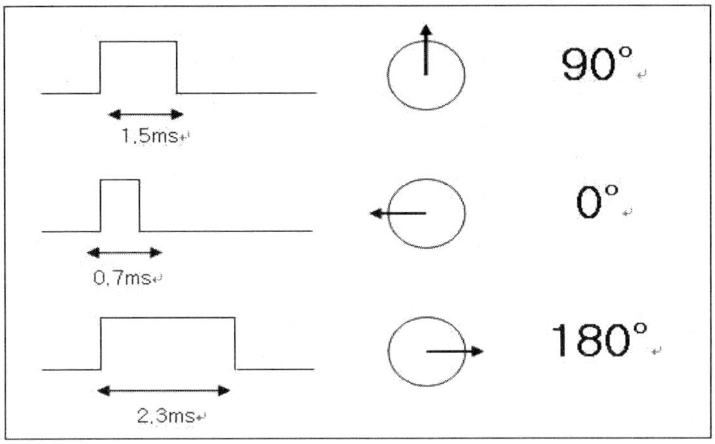

그림3-31 RC 서보모터 구동시간과 위치

- P_on = 0.7ms : 0 degree
- P_on = 1.5ms : 90 degree
- P_on = 2.3ms : 180 degree

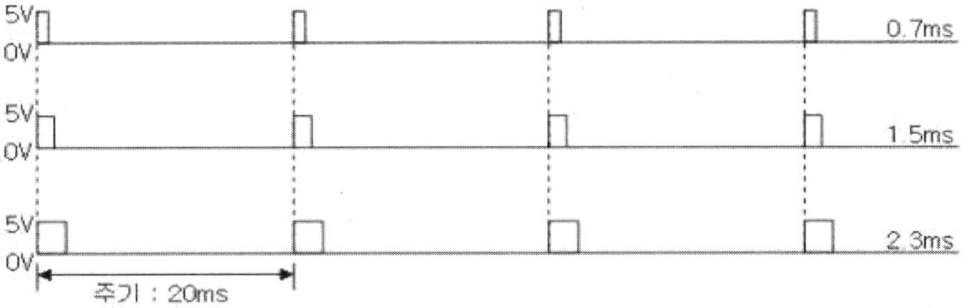

그림3-32 RC 서보모터 PWM 신호

RC 서보모터의 제어신호는 PWM으로 공급해야 한다. 펄스 폭 0.7msec에서 2.3msec까지 약 100usec 의 펄스를 만들 수 있는 회로나 프로그램으로서 위 그림과 같이 펄스를 인가하면 공급되는 펄스 폭에 따라서 서보가 정해진 각도로 움직여 정지된다.
단일펄스를 공급하는 회로의 경우는 최소한 **20msec이내의 주기**로 **50회 정도**를 인가해야 원하는 위치로 각도를 변경할 수 있다. 이때는 각도 변경된 후 신호가 소멸되면 외부의 힘에 의하여 서보 각도가 변경될 수 있는 단점은 있다.

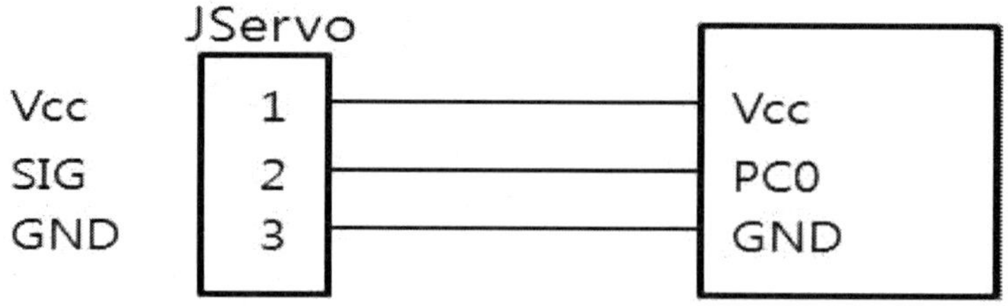

Servo Motor와 ATmega128연결도

【실습 17】 서보 모터를 구동하는 프로그램 작성하기.

```
#include <mega128.h>
#include <delay.h>
#define servo    PORTC.0
void main(void)
{
    int i=0, j=0, servo_angle;
    DDRC=0xff;
    while(1)
    {
        for(j=0; j<50; j++)
        {
            servo_angle=180;  //각도 180도
            servo=1;
            for(i=0; i<servo_angle; i++)
            {
                delay_us(13);
            }
            servo=0;
            delay_ms(16);
        }
        delay_ms(2000);

        for(j=0; j<50; j++)
        {
            servo_angle=90;  //각도 90도
            servo=1;
            for(i=0; i<servo_angle; i++)
            {
                delay_us(15);
            }
            servo=0;
            delay_ms(18);
        }
        delay_ms(2000);
```

```
        for(j=0; j<50; j++)
        {
            servo_angle=50;  //각도 0도
            servo=1;
            for(i=0; i<servo_angle; i++)
            {
                delay_us(13);
            }
            servo=0;
            delay_ms(19);
        }
        delay_ms(2000);

}
```

【혼자 해보기 25】 서보모터를 20° . 50° ,120° 회전시키기.

3.7.3 스테핑 모터 제어

(1) 스테핑 모터의 개요

최근에 스테핑모터가 가지는 독특한 특성과 정확한 위치 제어 때문에 가정용, 산업용 등에 많이 사용되고 있다. 스테핑모터는 AC 서보, DC 서보모터에 비하여 값이 싸고 정확한 각도 제어에 유리하다. 일반적으로 기계적인 이동양을 정밀하게 제어하는 일에 DC 서보모터나 스테핑모터가 많이 사용되고 있으며, 특히 스테핑모터는 펄스에 의해 digital적으로 제어하는 것이 가능하므로 마이크로컨트롤러에서 사용하기에 적합한 모터이다. 스테핑모터가 DC 모터나 AC 모터와 크게 다른 점은 모터의 샤프트의 위치를 검출하기 위한 피드백 없이, 정해진 각도를 회전하고, 상당히 높은 정확도로 정지할 수 있는 것이다. 또한 다른 모터에 비해 정지 시 매우 큰 유지 토크(정지 토크)가 있기 때문에 전자 브레이크 등의 유지 기구를 필요로 하지 않는다. 스테핑 모터의 특징을 장점과 단점으로 구분하여보면,

(가) 장점

① 디지털 신호로 직접 오픈 루프 제어를 할 수 있고, 시스템 전체가 간단하다.

② 펄스신호의 주파수에 비례한 회전속도를 얻을 수 있으므로 속도제어가 광범위하다.

③ 기동, 정지, 정-역회전, 변속이 용이하며 응답특성도 좋다.

④ 모터의 회전각이 입력 pulse수에 비례하고, 모터의 속도가 1초간의 입력 pulse 수에 비례한다.

⑤ 1step당 각도오차가 +5% 이내이며 회전각의 오차가 step마다 누적되지 않는다.

⑥ 정지 시에 높은 유지토크로 위치를 유지할 수 있다.

⑦ 기동 및 정지 응답성이 양호하므로 servo motor로서 사용이 가능하다.

⑧ 초 저속으로 높은 토크(torque) 운전을 할 수 있다.

⑨ 모터 축에 직결하기 때문에 동기회전이 가능하다.

⑩ 브러시가 없고 모터자체의 부품수가 적기 때문에 신뢰성이 높다.

⑪ 회전각의 검출을 위한 feedback이 불필요하여 제어계가 간단하며, 가격이 상대적으로 저렴하다.

(나) 단점

① 고속운전 시 탈조하기 쉽다.

② 어느 주파수에서는 진동, 공진 현상이 발생하기 쉽고, 관성이 있는 부하에 약하다.

③ 보통의 driver도 구동 시에는 권선의 인덕턴스 영향으로 인하여 권선에 충분한 전류를 흘리게 할 수 없으므로 pluse 비가 상승함에 따라 torque가 저하하며 DC 모터에 비해 효율이 떨어진다.

(2) 스테핑 모터의 구동 방식

스테핑 모터의 구동 시스템에는 Open-Loop 방식과 Closed-Loop 방식이 있는데, 본 장에서는 오픈 루프 시스템에 대하여 설명한다. 그림3-33은 4상 스테핑 모터의 가장 간단한 구동 시스템을 나타내고 있다. 그림3-33(a)는 로직 분배회로에서 모터까지의 시스템을 나타내고 있다. 스텝 명령이 분배회로에 주어지면, 명령 방향에 따라 모터가 회전하도록 여자 회로를 제어한다. +1 동작으로 모터는 1스텝 진행한다. 그림3-33(b)는 마이크로컨트롤러를 이용하여 모터를 가속, 정속, 감속하는 펄스열을 발생하도록 되어있다. 이 로직 회로를 입력 제어 회로라 한다. 이 경우, + 동작으로 2스텝이상의 진행이 가능하다.

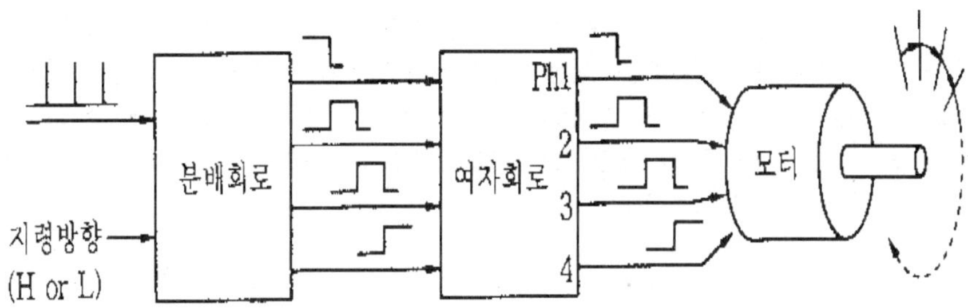

(a) 분배회로에서 스테핑 모터까지

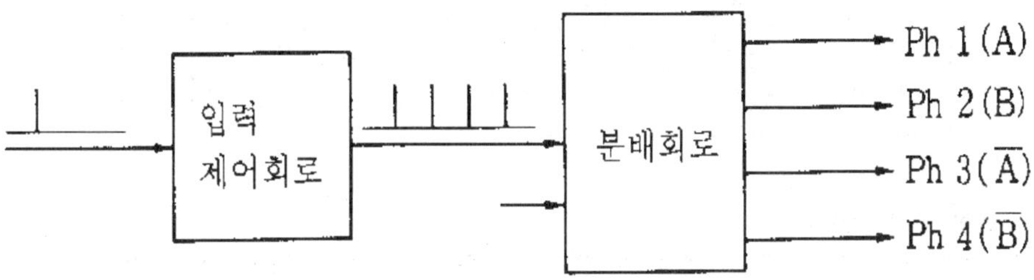

(b) 입력 제어 회로

그림3-33 스테핑 모터의 구동 시스템

스테핑 모터의 구동은 제어회로에 따라 유니폴러(Unipolar)와 바이폴러(Bipolar) 방식으로 구분되며 회로의 여자회로방식에는 세가지(1상 여자,2상 여자,1-2상 여자)로 나누어진다.

(가) 유니폴라(Unipolar) 구동방식

유니폴라 방식은 전류를 흘리는데 한쪽방향으로 흘리는 방식이다. 일반적으로 권선에 센터 탭이 설치되어있는 스테핑 모터에 사용된다. 유니폴라 구동방식은 저속 영역에서 큰 토크를 기대할 수 없다. 또한 모터는 코일과 같은 성질을 가지고 있는데 그래서 모터가 회전할 때 순간적으로 모터에 저장되는 에너지를 그라운드로 흘려버리게 되므로 에너지 효율이 나빠지게 된다. 그러나 모터회로가 간단하고 전류의 출입이 정확하여 고속에서 탈조 될 위험이 적어 고속회전에 용이하다는 장점이 있다.

유니폴라 방법은 에너지 효율이 나쁘다는 단점이 있음에도 불구하고 순간적으로 빠른 속도를 필요로 하는 마이크로 로봇에 많이 쓰인다. 코일의 중간 탭을 내어 이곳으로 계속 전류를 흘려주는 방향만이 가능하고 단극성(Unipolar) 구동 방식과 쌍극성(Bipolar) 구동 방식(코일의 중간 탭에 연결된 두 선은 사용하지 않음)을 모두 사용할 수 있는 스테핑 모터는 6가닥의 외부 권선을 가진다. 각각의 코일에 1개의 트랜지스터가 접속되고 트랜지스터를 ON하는 것으로서 각 코일에 전류를 흐르게 한다. 이 방식은 코일에는 동일 시간에 A상, A'상, B상, B'상의 한쪽밖에 전류를 흘리고 있지 않으므로 저속 영역에서는 토크(torque)를 크게 취할 수 없다는 결점이 있다. 그러나 모터의 전원 회로를 포함시켜 회로 구성을 간단히 할 수 있다는 점에서 널리 이용되고 있다.

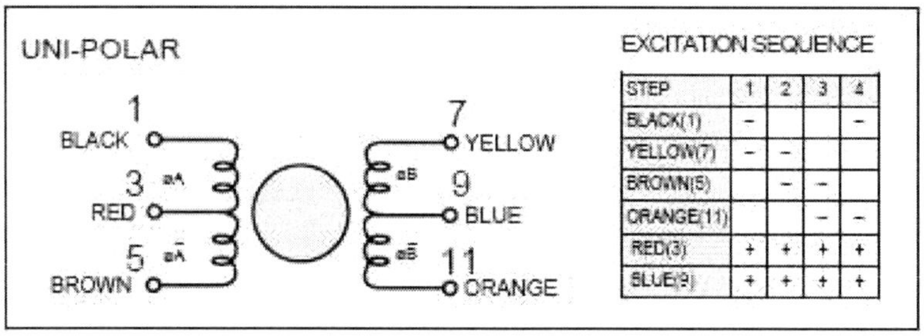

■ **1-2상 여자 방식**

1상 여자와 2상 여자의 조합에 의한 여자 방식을 1-2상 여자 혹은 Half-Step 여자 방식이라고도 하며, 로직 분배는 표13.5, 표13.6과 같다.

표3.8 VR형 3상 스테핑 모터

Clock	R	1	2	3	4	5	6	7	8	9	10
1상											
2상											
3상											

표3.9 VR형 4상 및 하이브리드 2상 스테핑 모터

Clock	R	1	2	3	4	5	6	7	8	9	10	11	12	13
1상	■	■						■	■	■				
2상		■	■	■						■	■	■		
3상				■	■	■						■	■	■
4상						■	■	■						■

이 방식은 스테핑 모터의 스텝 각을 1/2로 줄이며, 이에 따른 스테핑 모터의 smooth한 운전을 가능하게 한다.

(나) 바이폴라(Bioplar)구동방식

권선으로 흐르는 전류를 교대로 바꾸어주는 방식이다. 유니폴라 구동과 비교해서 각도의 정밀도가 좋고, 저속에서 토크가 좋으며 모터의 구동 중 코일에 저장된 에너지가 플라이 휘일 다이오드에 의해 다시 전원으로 돌아가게 되므로 에너지 효율도 유니폴라 방법보다 좋게 된다. 반면 회로가 복잡하고 고속에서 토크가 떨어지는 결점이 있다. 바이폴라의 기본회로는 하나의 권선 코일에 전류의 방향을 바꿀 수 있다. 바이폴라 구동방식은 각도의 정밀도와 저속에서 토크가 좋기 때문에 로봇의 제어에 많이 쓰인다. 이 방식은 회로는 복잡해지지만 저속 영역에서의 토크를 개선할 수 있다. 유니폴라 구동과 비교하여 트랜지스터가 2배 필요하다. 바이폴라 구동 방식은 코일 2개가 직렬로 연결되므로, 유니폴라 구동에 비해 2배의 전원 전압을 필요로 한다. 그러므로 같은 모터라도 바이폴라로 구동하려면 유니폴라 구동 때의 2배의 전압을 걸어 주어야 한다. 그림3-34는 바이폴러 구동회로를 나타낸다.

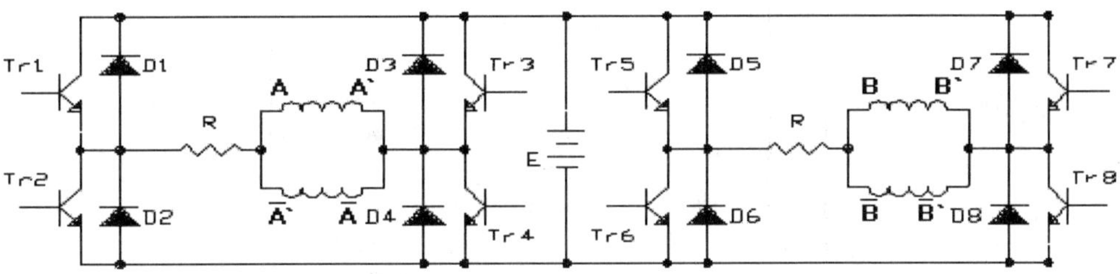

그림3-34 바이폴러 구동회로

(3) Step Motor의 분배 회로

분배 회로는 스텝 명령 펄스에 응답하여 권선의 여자를 순차적으로 제어하는 논리회로이다.

표13.7은 2상 하이브리드 혹은 4상 VR형 스테핑 모터의 2상 여자식 분배 회로의 여자 시퀀서를 나타낸다.

표3.10 2상 하이브리드형(혹은 4상 VR형)모터의 2상 여자식 여자 시퀀서

	R	1	2	3	4	5	6	…
A	0	1	1	0	0	1	1	…
B	0	0	1	1	0	0	1	…
$\overline{A}$	1	0	0	1	1	0	0	…
$\overline{B}$	1	1	0	0	1	1	0	…

(a) CW(시계 방향 운전)

	R	1	2	3	4	5	6	…
A	0	0	1	1	0	0	1	…
B	0	1	1	0	0	1	1	…
$\overline{A}$	1	1	0	0	1	1	0	…
$\overline{B}$	1	0	0	1	1	0	0	…

(b) CCW(반시계 방향 운전)

(4). Step Motor의 구동 회로

(가) 로직 시퀀서와 구동 회로와의 접속

로직 시퀀서의 출력 신호는 여자 회로의 입력 단자로 보내져서 모터의 권선 전류를 ON/OFF제어 한다. 여자 회로는 흔히, “모터 드라이버” 혹은 “드라이버”라고 불리운다. 그림3-35는 분배 회로와 여자 회로의 인터페이스 방법들을 나타내고 있다.

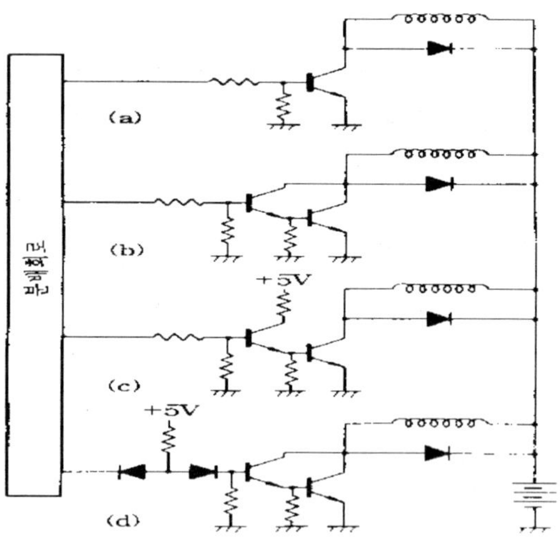

그림3-35 분배 회로와 여자 회로의 인터페이스 회로

(나) 브리지 구동 회로

효과적인 토오크를 발생하기 위하여는 권선이 항상 여자될 때 모터의 효율이 높아진다. 2상 하이브리드형 모터의 바이폴러 구동은 항상 4개의 권선이 여자되며, 유니폴러 구동과 비교하여 20~35%의 토오크가 개선된다. 브리지 구동에서는 2개의 트랜지스터의 스위칭 에러에 의한 파손을 방지하여야 한다. 즉, 한 쪽 트랜지스터가 ON되는 시간보다도 다른 쪽 트랜지스터가 OFF되는 시간이 충분히 짧아야 된다. 그림3-36은 바이폴러 운전용 여자 회로와 전류의 흐름을 나타낸다. 트랜지스터의 병렬로 접속된 다이오드는 트랜지스터가 OFF될 때 발생하는 급격한 전류 상승을 억제한다. 실선은 T_r1과 T_r4이 도통되었을 경우의 전류의 흐름이며, 점선은 T_r1, T_r4가 OFF, T_r2, T_r3이 ON한 직후의 환류 전류의 흐름으로서 다이오드 D2와 D3 및 전원 E를 통하여 환류한다. 이 경우 자기 에너지는 전원으로 들어가며, 유니폴러 구동의 경우, 자기 에너지는 권선, 다이오드, 외부 저항에서 소비되어 버리므로 브리지 구동에서의 바이폴러 구동은 이 점에서 유리하다.

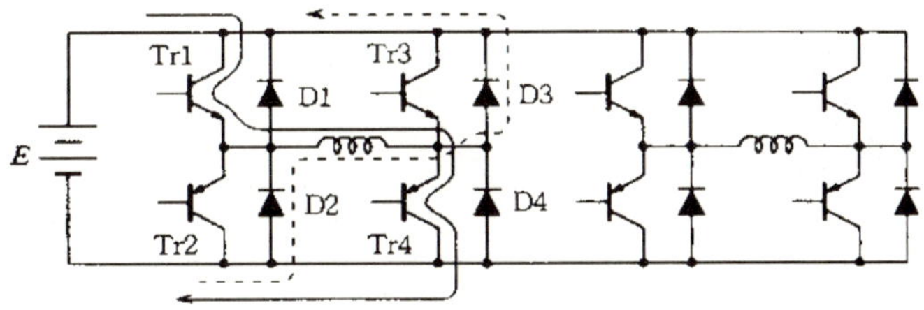

그림3-36 바이폴러 운전용 여자 회로와 전류의 흐름

(5) 스테핑 모터 인터페이스

그림3-37는 일반적으로 사용하는 스테핑 모터의 블록도이다. L297은 정전류 구동을 위한 상발생, 쵸퍼구동 회로를 포함한 컨트롤러이며, SLA7026은 바이폴러 구동을 위한 두 개의 브리지 드라이버가 내장되어 있다. 그림3-38는 L297과 SLA7026 모터구동 전용 IC를 이용한 바이폴러 스테핑모터 구동회로를 나타낸 것이다.

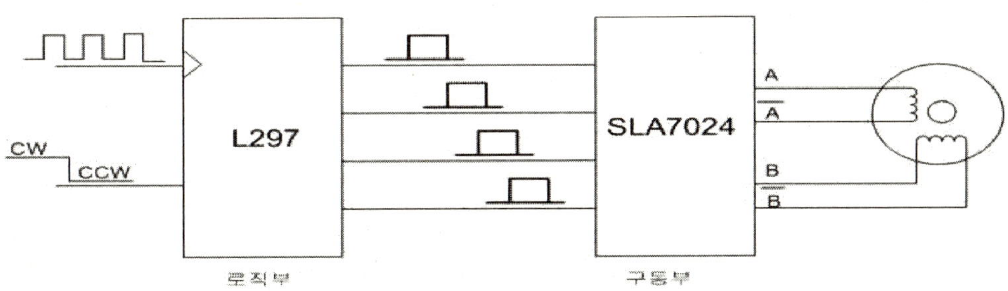

그림3-36 스테핑 모터 인터페이스

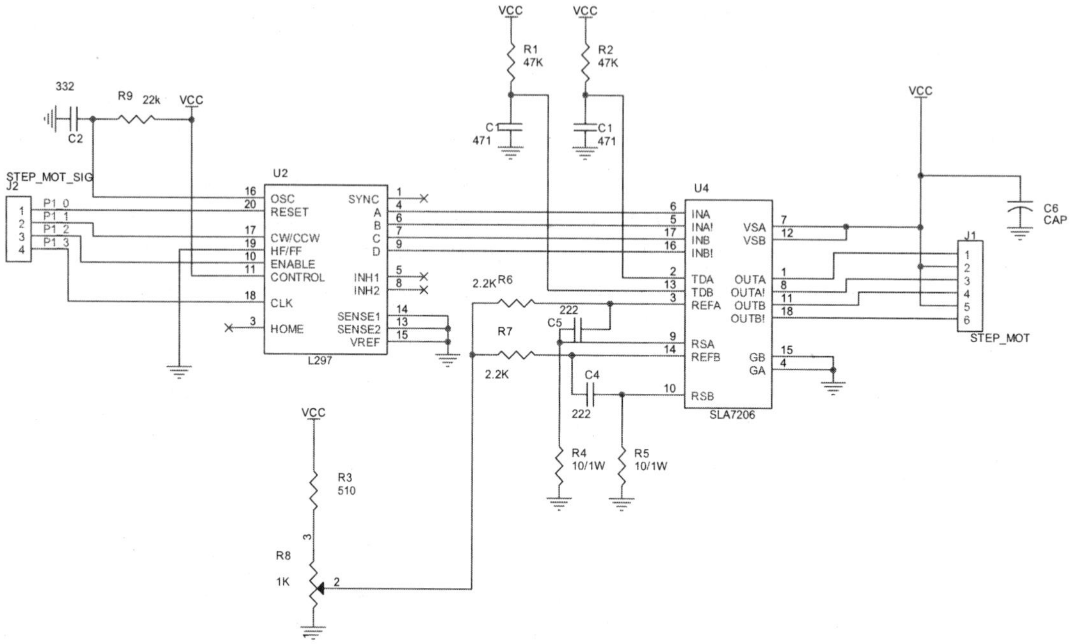

그림3-37 스테핑 모터 구동 회로도

(가) L297 (Stepper Motor Controller)

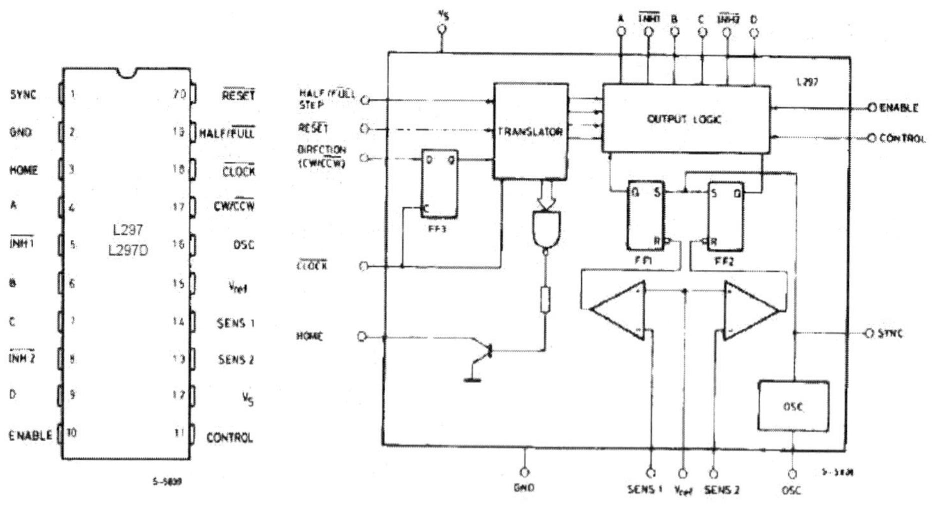

그림3-38 L297 핀 배치도와 내구 블록도

L297은 스텝 모터를 컨트롤하는 IC이고 4가지의 phase driver 신호를 두 가지 phase의 바이폴라 구동에서 만들어낸다. phase에는 half step, normal, wave drive mode, PWM이 있다. L297은 step clock과 방향, 그리고 모드를 외부로부터 받아 출력 핀 A, B, C, D를 통해 제어신호를 발생시킨다. 3개의 motor phase sequence와 dual PWM chopper circuit을 만들어낼 수 있다. 3개의 phase는 HALF/FULL 단자의 의해서 결정된다. phase의 종류로는 normal, wave drive, half-step이 있다. Inhibit signal은 SLA7026의 enable에 연결되며 A, B 신호의 OR이 발생된다. 그림3-38에 L297 핀 배치도와 내구 블록도를 나타낸다. 먼저 ENABLE 단자를 LOW로 해 놓으면 상여자 신호 A,B,C,D가 LOW로 되면서 모터의 토크가 OFF된다. 모터를 돌리기 위해서는 파워 ON 후 L297을 RESET시켜 내부 플립플롭을 리셋 시킨 후 ENABLE(P1.2)에 H를 가하고 HALF 스텝으로 구동할 것인지 FULL 스텝으로 구동할 것인지 정해준 다음 P1.1에 방향을 지정해주고 CLK(P1.3)에 구동펄스를 가해주면 아주 쉽게 모터를 돌려볼 수 있다. 이때 VREF 단자에는 1.2V 보다 낮은 전압이 가해져야 된다고 데이터 쉬트에 나와 있는데 VR1을 조정해서 모터가 탈조 및 공진 등의 현상 없이 부드럽게 돌아가도록 조정해 주면 된다.

여러 개를 함께 사용하여 동기 시킬 때는 SYNC 단자를 서로 연결하여 주고 한 OSC에 저항과 커패시터를 달아주어 쵸퍼 레이트를 정해주며 나머지는 그라운드 시키면 된다. 그리고 CONTROL 단자는 쵸핑 방법을 지정해주는 단자인데 고속 구동을 위해서는 그라운드 시켜주고 VSM 에는 모터 정격전압의 3-5배의 전압을 인가해주도록 한다. 전류가 화살표와 같이 양방향으로 들어가고 나올 수가 있는 것이다. 쌍극성(Bipolar) 구동 방식은 양극성 이라고도 하고 이는 전류의 방향이 양쪽으로 모두 흐른다는 의미이다. 위의 그림에서 쌍극성 방식의 경우는 전류의 방향을 1-2-3-4의 순서로 바꾸어 구동하게 되며 쌍극성에 사용할 수 있는 모터는 4가닥의 외부전선을 갖는다. 또한 표13.8에 L297 각 핀의 기능을 요약해 나타낸다.

표3.11 L297 핀 기능요약

Pin	Name	Function
1	SYNC	이 핀은 만일 여러 개의 L297을 사용하게 될 때 서로 동기시키기 위하여 사용된다.
3	HOME	Open Collector 타입의 출력을 내며 L297이이 초기상태(ABCD가가 0101)에 있음을 나타낸다.
4,5,6,9	A,B,C,D	2상 모터에 쓰이는 그 모터의 A상 신호, B상 신호, C상 신호, D상 신호
5	INH1	A상 신호와 B상 신호를 OR
8	INH2	C상상 신호와 D상 신호를 OR
10	Enable	칩 활성화(Chip enable) 입력 신호이다. 이 신호가 Low이면 INH1, INH2, A, B, C, D가가 모두 Low가가 된다. 즉 동작하지 않게 된다.
11	Controll	모터의 드라이브 방법을 결정해주는 입력 핀이다. 이 입력이 Low 일 때 Chopper는 INH1, INH2에서 동작하며 High일일 때는 Chopper가가 A, B, C, D의의 phase line에서 동작한다.
12	Vs	Voltage supply, 5V DC를 넣어준다.
13	SENS1	A, B 상상의의 모터의 전원으로부터 Load 전류감지 전압을 입력시킨다.
16	OSC	이 입력에 연결된 RC 공진회로가 L297 내부의 chopper rate를 결정해준다. 여러 개를 함께 사용할 때는 하나만 제외한 모든 OSC를 접지한다. 일반적으로 Chopper rate는 5-20KHz 정도로 스위칭 해주며 주파수 f = 1 / (0.69 x R x C) 로 결정된다. 단 이때 저항 값은 10KOhm 보다 큰 저항을 사용한다.
17	CW/ CCW	Clock Wise/ Counter Clock Wise는 모터의 회전방향을 제어할 수 있는 입력 핀이다.
18	CLK	Clock은은 모터의 속도를 제어할 수 있는 입력 핀이다.
19	HALF/FULL	L297의의 Translator 라는 블록에서 Half Step과 Full Step을 위한 알맞은 순서를 발생시킨다. half step이란 CLK으로 들어오는 펄스를 반만 이용한다는 의미이다. 즉 펄스 두 개가 들어와야 모터의 한 스텝이 돌아간다.

(나)SLA7024 스테핑 모터 드라이브

Step motor는 구동하기 위해서는 펄스 열이 필요하다. 만약 step모터의 상이 많다면 그만큼 펄스를 더 많이 만들어주어야 하는데 그것은 상당히 돌리기 복잡하게 된다. 그래서 TR(transistor)에 의한 스탭 모터 구동도 있지만 그보다는 control이 쉬운 칩을 이용하는 방법이 많이 사용된다. 일반적으로 많이 사용되는 step motor구동회로는 SLA7024칩을 이용하는 방법과 L297, L298을 복합으로 사용하는 방법이 가장 쉬운 방법이다. SLA7024는 주변 부품수(콘덴서 등)가 많이 들어가지만 칩 하나로 step motor 하나를 구동한다. 또 다른 칩으로 L298이 있다. 그림3-39에 SLA7024 핀 배치도와 내부 블럭도를 나타낸다.

SLA7024M and SLA7026M

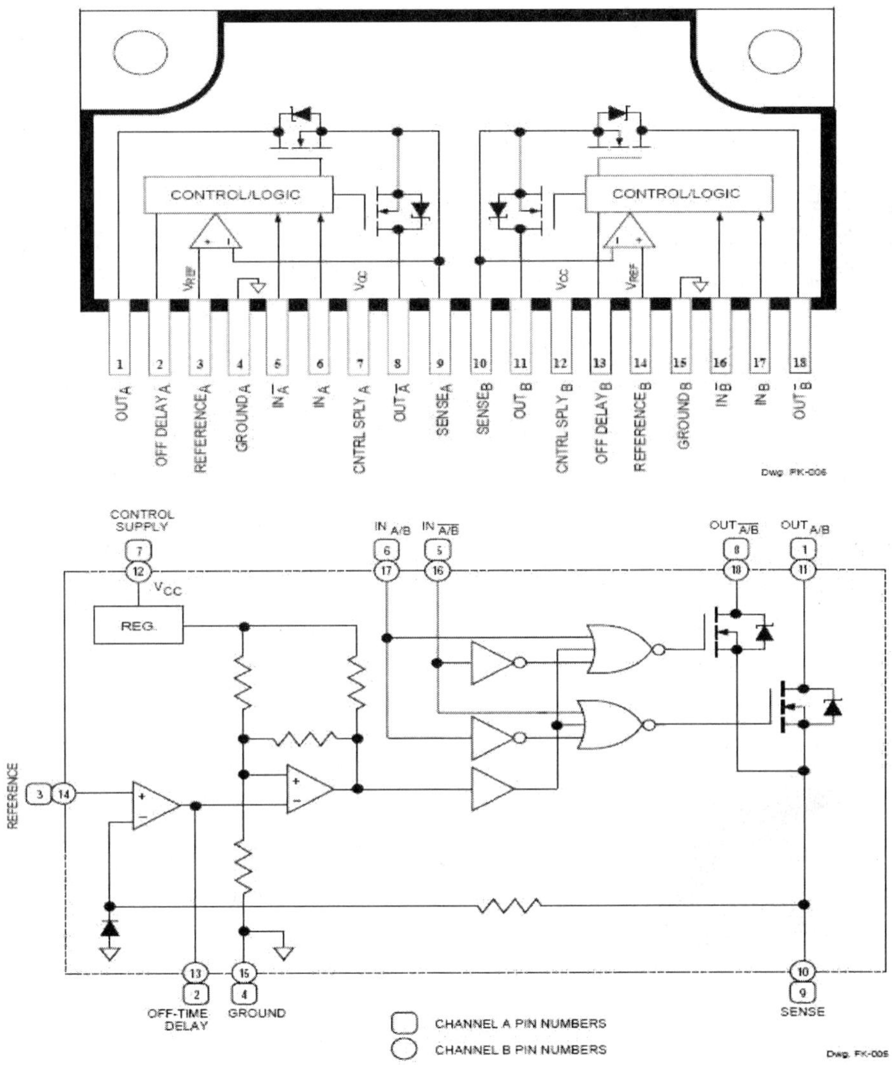

그림3-39 SLA7024 핀 배치도와 내부 블록도

표3.12 Wave drive mode(Full step : 1상 여자)

Sequence	0	1	2	3	0
Input A	H	L	L	L	H
Input $\overline{A}$	L	L	H	L	L
Input B	L	H	L	L	L
Input $\overline{B}$	L	L	L	H	L
Output ON	A	B	$\overline{A}$	$\overline{B}$	A

표3.13 2 phase mode(Full step : 2상 여자)

Sequence	0	1	2	3	0
Input A	H	L	L	H	H
Input $\overline{A}$	L	H	H	L	L
Input B	H	H	L	L	H
Input $\overline{B}$	L	L	H	H	L
Outputs ON	AB	$\overline{A}$B	$\overline{AB}$	A$\overline{B}$	AB

표3.14 Half step mode (1-2상 여자)

Sequence	0	1	2	3	4	5	6	7	0
Input A	H	H	L	L	L	L	L	H	H
Input $\overline{A}$ or t_{dA}*	L	L	L	H	H	H	L	L	L
Input B	L	H	H	H	L	L	L	L	L
Input $\overline{B}$ or t_{dB}*	L	L	L	L	L	H	H	H	L
Output(s) ON	A	AB	B	$\overline{A}$B	$\overline{A}$	$\overline{AB}$	$\overline{B}$	A$\overline{B}$	A

NK-243-01은 하이브리드 형태로 Unipolar 구동방식으로 쉽게 제어가 가능하다. 그림3-40은 NK-243-01의 외형도를 나타낸 것이다.

3-40NK-243-01의 외형도

그림3-41은 NK-243-01의 사양표 및 회로 다이어그램을 나타낸다.

■ Specification

Voltage (V)	Current (A)	Resistance (Ω)	Inductance (mH)	Holding Torque (Kg•cm)	Detent Torque (g•cm)	Rotor Inertio (g•cm²)	Weight (g)
4	0.95	4.2±10%	2.5±20%	1.6	120	38	200

■ Circuit Diagram

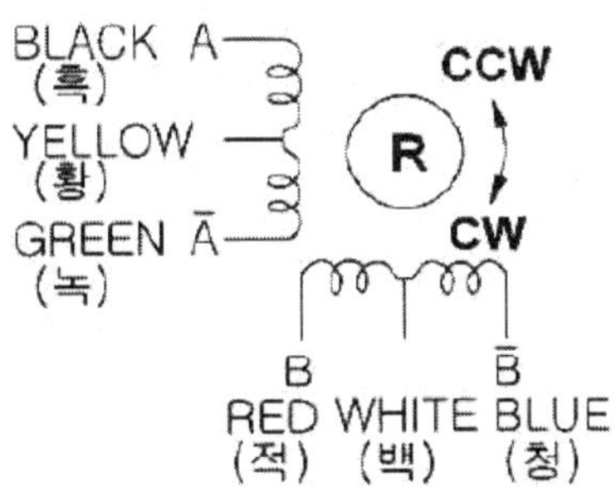

▶ **Pin connection**

1	2	3	4	5	6
Black (A)	Yellow (Com)	Green (/A)	Red (B)	White (Com)	Blue (/B)

그림3-41 NK-243-01의 사양표 및 회로 다이어그램

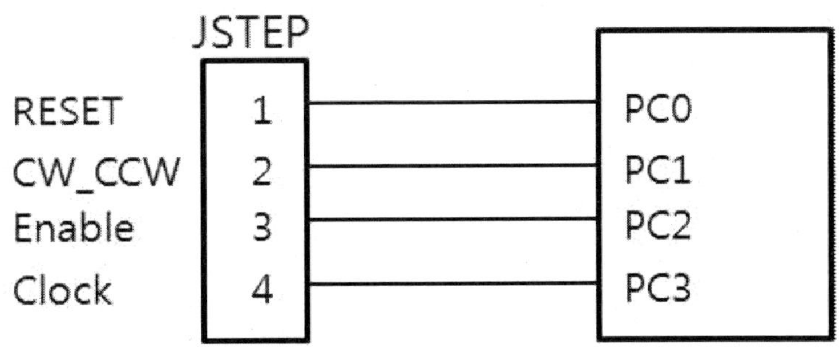

STEP Motor와 ATmega128연결도

【실습 18】 스텝 모터를 구동하는 프로그램 작성하기.

```
#include <mega128.h>
#include <delay.h>

#define reset   PORTC.0
#define cw_ccw  PORTC.1
#define enable  PORTC.2
#define clock   PORTC.3

void main(void)
{
        DDRC=0xff;
        reset=1;
        cw_ccw=0;
        enable=1;
        clock=1;

        while(1)
        {
                clock=0;
                delay_ms(5);
                clock=1;
                delay_ms(5);
        }

}
```

※ CodeVision Wizard를 이용한 프로그램 편집, 컴파일과 실행

①  를 실행한다.

② [File] 의 New에서 [Project]를 선택합니다.

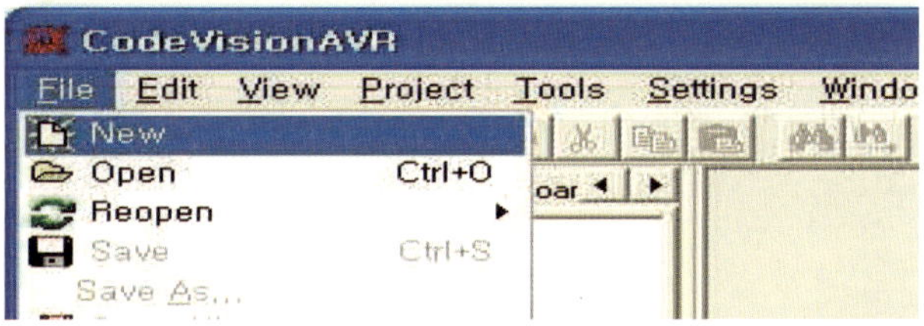

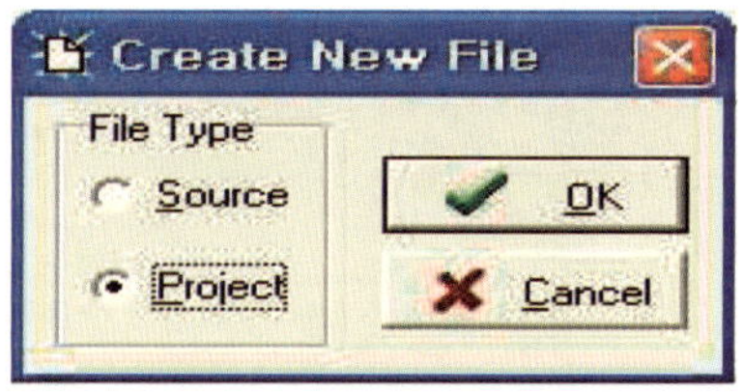

③ CodeWizard 사용에서 [Yes]를 선택하고, 사용하는 Chip, 오실레이터값, 클록분주비, SFR 설정 등을 Wizard화면에서 실시한다.

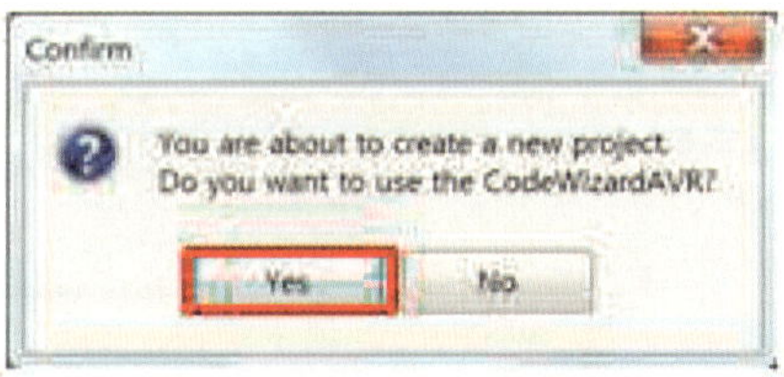

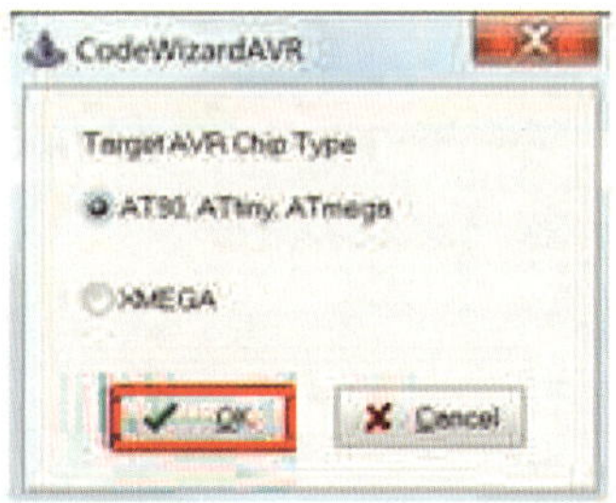

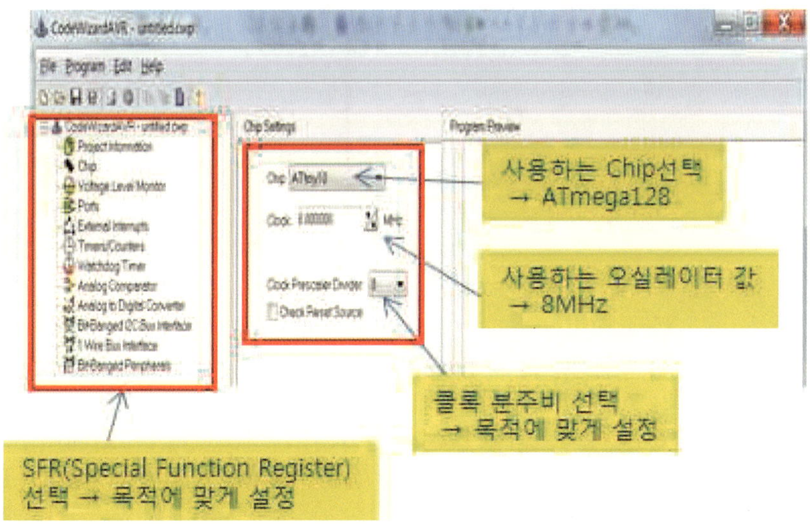

④ 포트D에 연결된 상위(PD4~PD7)4개의 스위치의 On/Off에 대응하여 포트D의 하위(PD0~PD3) 4개의 LED가 점멸하도록 하는 프로그램을 실행할 경우 아래의 그림과 같이 설정하면 된다.

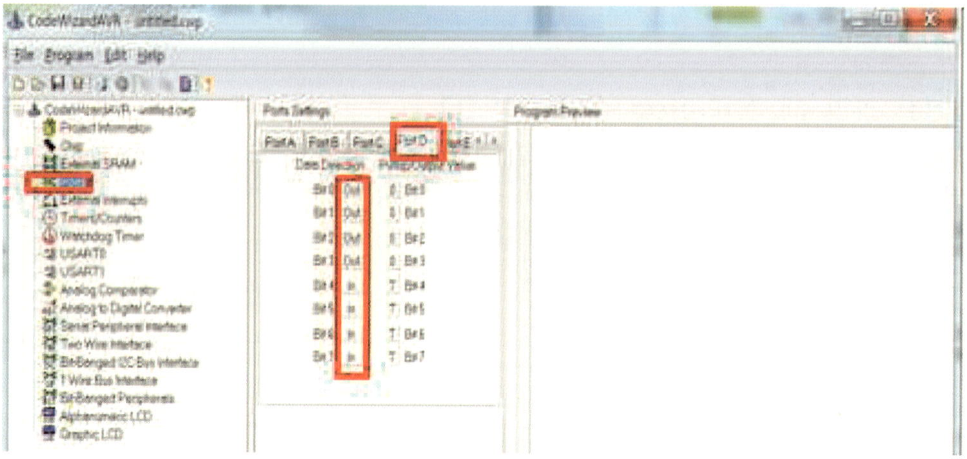

⑤ [Program]에서 [Generate]를 선택하면 Program Preview창에 프로그램이 생성된다.

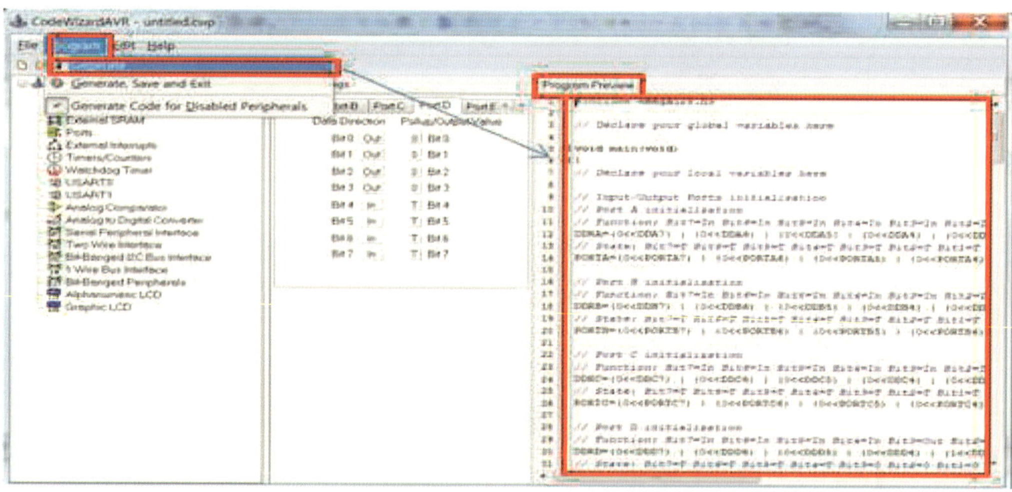

⑥ [Program]의 창에서 [Generate Save and Exit]를 선택하면 *.c와 *.pjt를 저장하라는 창이 나타나고 사용자는 이곳에 *.c와 *.pjt 파일명을 적고 저장하면 CodeVision 메인 화면에 c 소스파일이 생성된다. 다. [C Compiler]에서는 소스 코드의 Device 및 Clock 등의 값을 설정합니다. [After Make]는 Make 이후의 기능 설정으로 그림과 같이 설정한다.

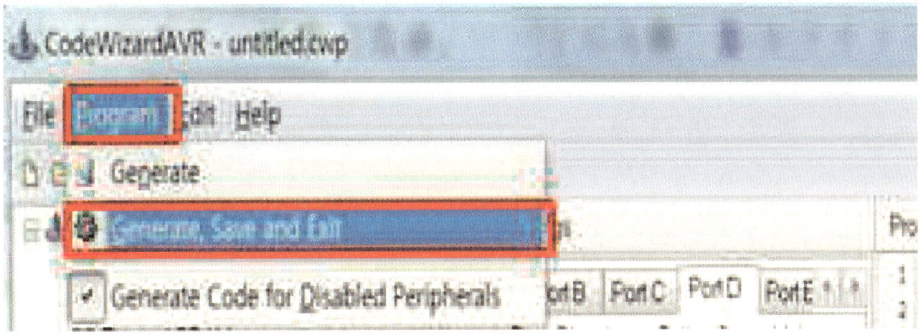

⑦ Program Preview창에 아래와 같이 내용을 추가한다.

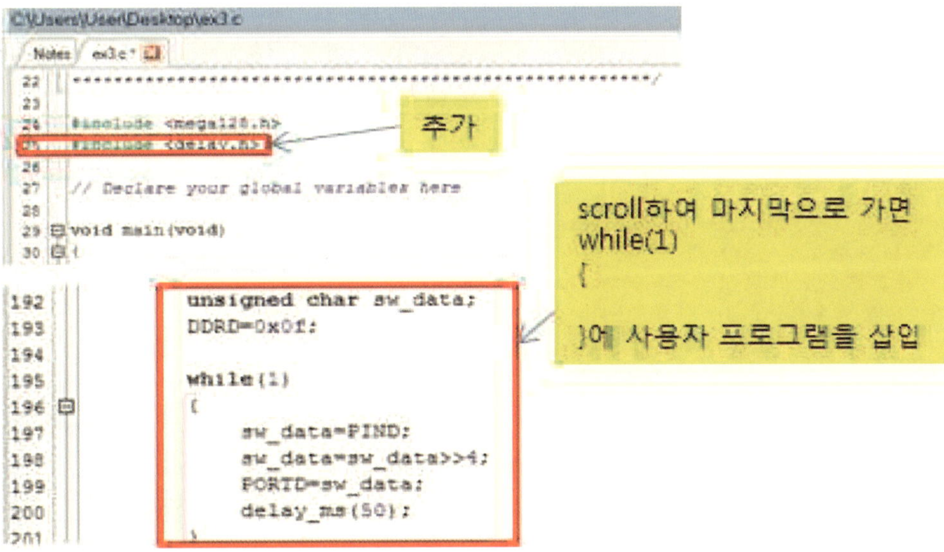

⑧ 타겟보드와 PC사이에 USB-ISP장치를 연결한다.

장치가 연결되면 PC에서 장치드라이버(CP210x USB to UART Bridge)을 찾는다. 이재 PC 내에 CP210x USB to UART Bridge 드라이버가 없으면 인터넷에서 드라이버를 찾아 설치한다. 설치가 완료되면 PC의 장치드라이버에 다음과 같이 나타난다.

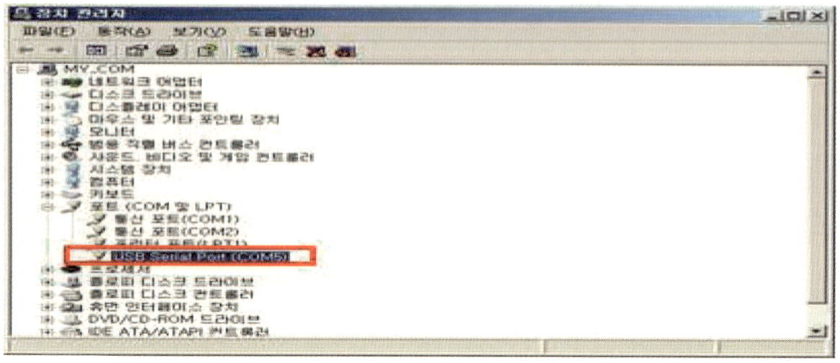

⑨ CodeVision AVR에서 Chip 프로그래머와 통신포트를 설정해 준다.

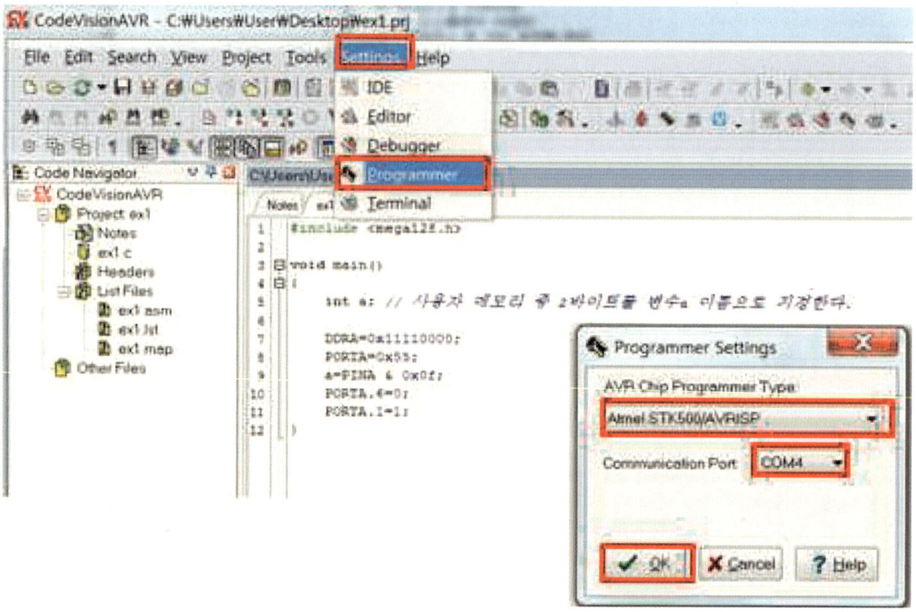

⑩ [Project]의 창에서 [Build]를 선택 해 에디터한 프로그램을 컴파일 한다. 컴파일을 실행한 후 작성한 프로그램에 에러가 없을 경우에는 바로 실행파일(*.HEX)을 다운로더하면 되지만, 에러가 있을 경우 에디터 창에서 에러를 찾아 바르게 고쳐 다시 컴

파일을 실행한다. 이 과정을 에러가 없을 때까지 반복한다.

⑩-1

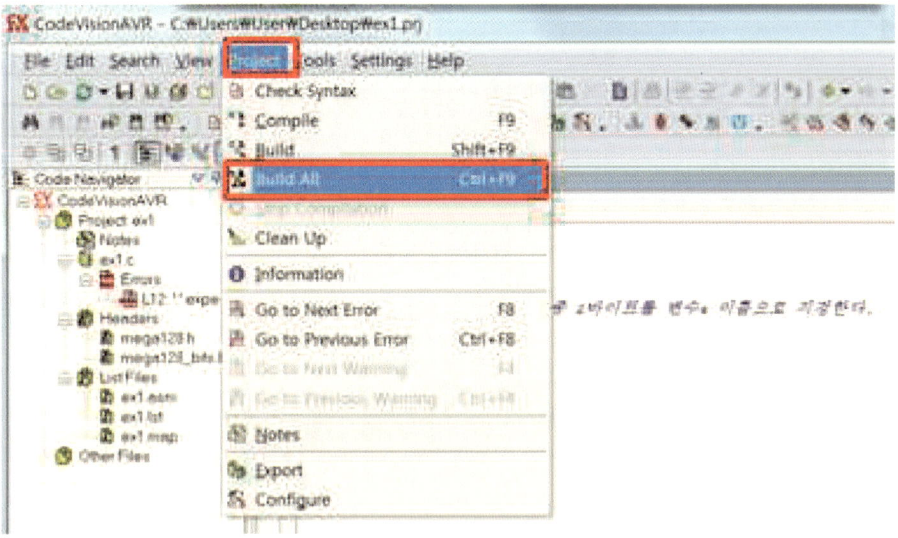

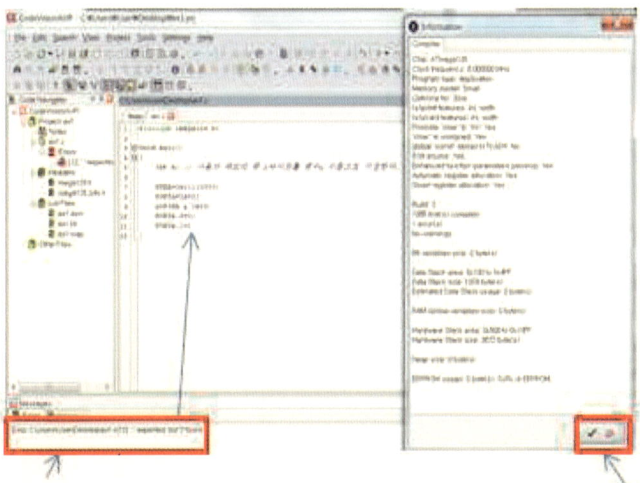

⑩-2 에러 문구를 클릭하면 에러 위치 알려줌.
에러내용은 문장 마지막에 ';'가 없음.

클릭 후 에디터 창에서
에러 수정 후 다시 Build All한다.

⑩-3

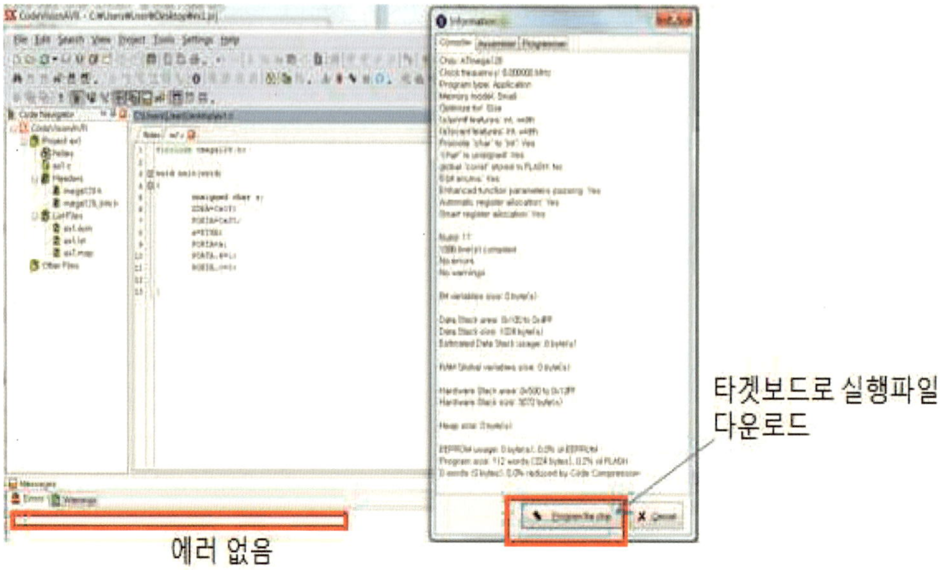

⑪ 프로그램이 실행되는 것을 확인한다.

제4장
A/D 변환기

제4장 A/D 변환기

4.1 A/D변환(ADC)의 정의

마이크로프로세서를 포함한 많은 디지털 소자들은 불연속적이며 2진 형태로 데이터를 처리하기 때문에 아날로그 형태의 데이터는 처리 할 수가 없다. 때문에 아날로그 형태의 데이터를 디지털 소자들이 처리하기 위해서는 아날로그 신호를 디지털 형태로 변환 할 필요가 있으며 이러한 경우에 사용되는 소자가 바로 A/D 컨버터 (Analog-to-Digital Converter) 이다. A/D 컨버터를 줄여서 흔히 ADC 라고 부른다.

ADC는 기계공학 및 물리학과 전자공학, 수학에 걸쳐 전기적 물리적 신호를 분석하는 곳에 많이 사용된다. 전압, 전류, 온도, 습도, 압력, 유량, 속도, 가속도 등과 같은 아날로그 물리량을 측정하여 제어 또는 분석하려면 ADC는 필수적으로 사용된다. ADC와 반대 기능을 하는 DAC (D/A 컨버터: Digital-to-Analog Converter)도 있다.

ADC는 아날로그 데이터를 디지털 데이터로 변환하기 위해서 매우 복잡한 회로를 필요로 하므로 보통 전용의 단일 IC 소자로 구성 된 경우가 대부분이다. ADC를 사용 할 때 반드시 알아야 할 것은 아래의 두 가지 이다.

1) 분해능(Resolution)

말 그대로 분해 능력이다. 연속적인 데이터인 아날로그와는 달리 디지털 방식은 2진 형태를 사용하므로 구조적으로 데이터의 손실이 생길 수 밖에 없다. 분해능이 높으면 더 잘게 데이터를 나눌 수 있으므로 데이터의 손실을 줄일 수 있을 뿐 아니라, 더 자세하게 표현 할 수 있다. 예를 들어 분해능이 8비트 ADC의 경우 입력으로 들어오는 아날로그 데이터를 256단계로 나누어 낼 수 있다. ($2^8 = 256$ 이므로) 하지만 분해능이 10비트인 ADC의 경우 입력으로 들어오는 아날로그 데이터를 1024단계로 나누어 낼 수 있다. ($2^{10} = 1024$ 이므로) 결국 분해능은 ADC의 성능과 직결된다.

2) 변환시간(Conversion Time)

ADC는 입력으로 들어오는 아날로그 데이터를 디지털 데이터로 변환하기 위해서 변환시간이 필요하다. 변환시간 역시 ADC의 성능과 직결된다. 보통 변환시간은 초당 샘플링 속도(Sampling rate)로 나타낸다. ADC는 변환시간에 따라서 가격이 크게 달라지므로 응용목적에 따라서 적절한 변환시간을 갖는 모델을 선정하면 된다. 예를 들어 디지털로 음성이나 영상 신호처리를 실시간으로 해야 하는 분야는 고속 형이 사용되고, 온도나 수위 등을 측정하는 분야에서는 변환시간이 늦은 모델을 사용해도 무방하다.

4.2 ATMega128의 ADC

4.2.1 ATMega128의 내장 ADC 개요

ATMega128은 8채널 10비트 분해능의 축차 비교형 A/D 컨버터를 내장하고 있다. 8채널이라는 말은 8개의 서로 다른 아날로그 입력을 받아들일 수 있다는 의미이다. 동시에 8개의 아날로그 입력 모두 A/D 변환이 가능한 것이 아니라 8개의 아날로그 입력 중 하나의 입력만을 선택해서 A/D 변환을 할 수 있다. 이들 8채널의 아날로그 입력 신호는 모두 ATMega128의 PORTF에 위치한다. PORTF를 범용 I/O 가 아닌 부가기능으로 사용하도록 MCUCR의 SRE 비트를 설정해둔 상태에서만 유효하다.

(1) A/D 컨버터의 특징

- 8채널
- 10비트 분해능
- 축차비교형(변환시간 수십us의 종속형 A/D Converor)
- 내부 아날로그 멀티플렉서 탑재
- 샘플/홀드회로 탑재로 인하여 A/D 동작동안 전압 고정화
- 단극성 아날로그 입력 / 차동입력 선택
- 차동입력에서 10배~200배의 증폭 A/D 가능
- 포트F는 아날로그 비교기 기능으로도 사용 가능
- 변환시간 (13us~260us - 50kHz~200kHz)

(2) A/D 컨버터의 구성

- 범용 PORTF의 특수 기능
  - ADC0 ~ ADC7 : 8채널 10비트 A/D 컨버터의 아날로그 입력단자
- ADC 정확도 성능 향상을 위한 독립 전원 구성
  - AVCC : Analog Supply Voltage(VCC의 전압의 ±0.3V 유지해야함)
  - AGND : Analog Ground (반드시 GND와 연결)

- AREF : Analog Reference Voltage

\- 입력 전압의 범위

- 일반 모드 입력전압의 범위(0V ~ Vref)
- 차동입력 모드 입력전압의 범위(-Vref ~ Vref)

\- Vref의 범위

- 전원전압 VCC를 초과할 수 없다.(VREF=VGND~VCC, 내부기준전압 2.56V)

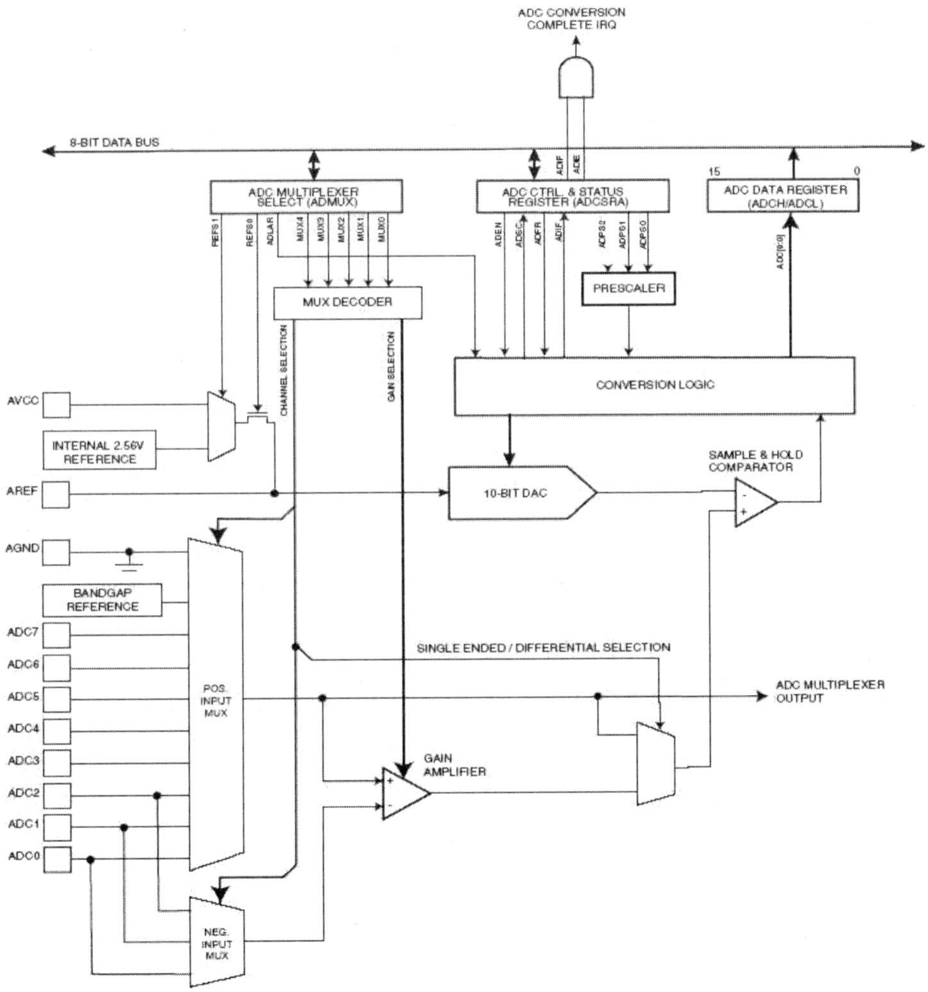

그림4-1 ATmega128 ADC의 블록도

(3) A/D 컨버터의 동작

- 단일변환모드(Single conversion mode) : ADC 동작을 한번만 수행하게 된다.
- 프리런닝코드(Free running mode) : ADC 동작을 반복적으로 수행하게 된다.

① A/D 컨버터 초기화 설정

- ADC 활성화 (ADEN=1)
- ADC 클록설정 (ADPS 2~0)
- ADC 기준전압설정 (REF 1~0)
- ADC 입력채널설정 (MUX 4~0)
- ADC 동작모드설정 (ADFR)
- ADC 변환 완료 인터럽트 활성화 (ADIE)

② A/D 컨버터 스타트

- ADC 시작신호 (ADSC)

③ A/D 변환

- ADC 변환 결과

$ADC = \frac{V_{IN} \cdot 1024}{V_{REF}}$	$ADC = \frac{(V_{POS} - V_{NEG}) \cdot GAIN \cdot 512}{V_{REF}}$
[단극성입력]	[차등입력]

④ A/D 변환 완료

- ADC 변환이 완료되면 변환값을 ADCH/L 에 저장하게 된다.

⑤ A/D 변환 완료 인터럽트 요청

- ADC Conversion Complete Interrupt 요청

⑥ ADC 상태플래그 셋

- AIDF = 1

⑦ ADC 다음 동작 결정

- 단일/연속동작인지 구분하여 다음 동작 수행을 결정한다. (ADFR)

(4) A/D Convertor 잡음 제거 방법

A/D Convertor의 경우에는 노이즈에 매우 민감하기 때문에 ATmega128 내에서도 AVCC(독립적인 아날로그 회로 전원 단자), AREF(기준 전원 입력 단자), AGND(아날로그 회로 접지 단자)와 같은 ADC 전원 구성도 따로 하였으며 사용자 또한 몇 가지 사항을 주의하여 사용해야 한다.

① 아날로그 입력선은 최소한으로 짧게 하고 잡음의 영향이 없도록 회로를 구성한다.
② 아날로그 전원단자 AVCC에 VCC를 인가할때는 LC필터를 거쳐 안정하 시킨다.
③ 아날로그 회로의 모든 접지는 AGND에 접지하여 한 포인트에서만 GND와 접속한다.
④ ADC 동작 중에는 병렬 I/O 포트의 논리상태를 스위칭하지 않는다.
⑤ 잡음에 민감한 아날로그 소자의 ADC의 경우에는 ADC Noise Reduction mode를 사용한다.
⑥ 잡음이 심하여 결과값의 변동이 심하면 디지털 필터를 사용하거나 평균치를 구하여 사용한다.

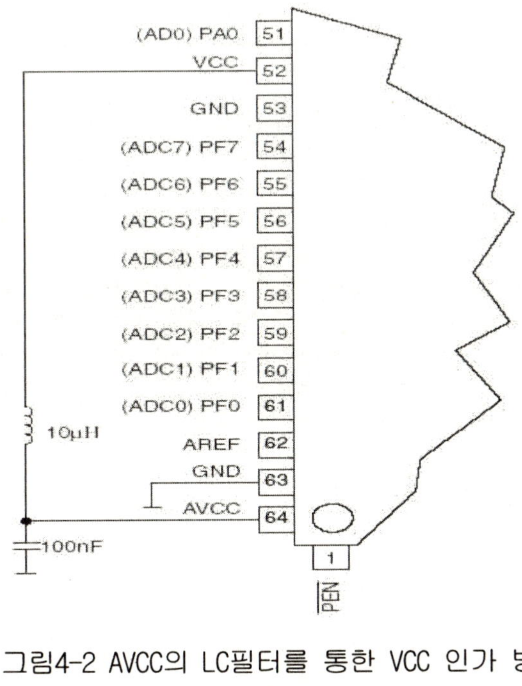

그림4-2 AVCC의 LC필터를 통한 VCC 인가 방법

4.2.2 A/D 컨버터 관련 레지스터

A/D 컨버터를 제어하기 위해서는 ADC 관련 레지스터(ADMUX, ADCSRA, ADCH/L)의 사용법을 알아야 한다.

① ADMUX(ADC Multiplexer Selection Register)

Bit	7	6	5	4	3	2	1	0
	REFS1	REFS0	ADLAR	MUX4	MUX3	MUX2	MUX1	MUX0
읽기/쓰기	R/W	R/W	R/W	R/W	R/W	R/W	R/W	R/W
초기값	0	0	0	0	0	0	0	0

- Bit 7, 6 - REFS1, REFS0 (Reference Selection Bit)
- ADC에서 사용하는 기준접압을 설정한다.

REFS1	REFS0	기준접압
0	0	외부의 AREF 단자로 입력된 전압을 사용한다.
0	1	외부의 AVCC 단자로 입력된 전압을 사용한다.
1	0	-
1	1	내부의 2.56V를 사용한다.

- 비트 5 "ADLAR"(ADC Left Adjust Result)을 1로 지정하면 ADC의 변환 결과가 ADC 데이터레지스터 (ADCH, ADCL)에 저장될 때, 좌측 끝으로 맞추어 저장된다. 반대로 0으로 설정하면 우측 끝에 맞추어서 저장된다. 우리는 "ADLAR"의 경우 0으로 설정해서 쓰기로 한다.

- 비트 4 ~ 비트 0은 ADC의 아날로그 입력 채널 형식을 지정할 때 사용하는데 모두 32개의 방식이 있으나, 우리는 그 중 단극성 입력방식(Single ended 방식)만을 사용할 것이고, 차동 입력방식(Differential) 방식은 사용하지 않을 것이다. 따라서 차동 입력 방식에 관한 내용은 본 강좌에서 제외된다.
  단극성 입력방식의 경우 MUX4 ~ MUX0가 00000 ~ 00111 까지를 사용해서 입력 채널을 선택하는 방식이다. 예를 들어 ADC의 첫 번째 입력 채널인 ADC0를 선택하기 위해서는 MUX4 ~ MUX0를 "00000"로 설정하면 되고, 두 번째 입력 채널인 ADC1을 선택하기 위해서는 "00001"로 설정 하면 된다.

MUX4	MUX3	MUX2	MUX1	MUX0	입력선택
0	0	0	0	0	ADC0
0	0	0	0	1	ADC1
0	0	0	1	0	ADC2
0	0	0	1	1	ADC3
0	0	1	0	0	ADC4
0	0	1	0	1	ADC5
0	0	1	1	0	ADC6
0	0	1	1	1	ADC7

② ADCSRA(ADC Control and Status Register A)

Bit	7	6	5	4	3	2	1	0
	ADEN	ADSC	ADFR	ADIF	ADIE	ADPS2	ADPS1	ADPS0
읽기/쓰기	R/W	R/W	R/W	R/W	R/W	R/W	R/W	R/W
초기값	0	0	0	0	0	0	0	0

- 비트 7 "ADEN"은 ADC Enable
  1로 설정하면 ADC의 모든 동작을 허용시킨다. 0으로 설정하면 ADC가 꺼진다. 주의 할 점은 ADC의 모든 동작을 허용하는 것은 ADC를 켜는 것이지 ADC의 A/D 변환을 시작하는 것은 아니다.

- 비트 6 "ADSC"는 ADC Start Conversion
  1로 설정하면 A/D 변환이 시작 된다. A/D 변환 중에 ADSC를 읽으면 1로 읽혀지며, A/D 변환 종료 시에는 ADSC가 자동으로 0으로 변환된다.
-
- 비트 5 "ADFR"은 ADC Free Running Select
  1로 설정하면 ADC를 프리 러닝모드로 설정한다. ATMega128은 단일 변환 모드(Single conversion mode)와 프리러닝 모드 (Free running mode)의 두 가지 A/D 변환 모드가 있다. 전자의 경우는 말 그대로 사용자가 시작하면 한번만 A/D 변환을 실행하는 모드이고, 후자의 경우는 사용자가 일단 A/D 변환을 시작하면 (ADSC = 1로 설정) 자동으로 변환을 계속 수행하는 방식이다.

- 비트 4 "ADIF"는 ADC Interrupt Flag
  ADC는 A/D 변환이 완료되어 A/D 컨버터 데이터 레지스터의 값이 갱신되고 나면 이것이 1로 설정되면서 변환완료 인터럽트를 요청한다. 이때 ADIE=1로 설정되고 SREG 레지스터의 I 비트가 1로 설정되어 있다면 이 인터럽트가 발생하여 처리된다.

- 비트 3 "ADIE"는 ADC Interrupt Enable

A/D 변환완료 인터럽트를 개별적으로 허용한다. 실제로 인터럽트가 허용되려면 ADIE=1로 설정되고 SREG 레지스터의 "I" 비트가 1로 설정되어 있어야 한다.

- 비트 2 ~ 비트 0은 ADC Prescaler Select Bit
  ADC에 인가되는 클록의 분주비를 선택한다. ADC는 A/D 변환을 수행하는데 일정 한 수의 클록 주기가 소요 되므로 시스템 클록을 나누는 분주비를 어떻게 선택하는지에 따라 변환 시간이 달라진다.

[표4.1] ADC 클록의 분주비 선택

ADPS2	ADPS1	ADPS0	분주비
0	0	0	2
0	0	1	2
0	1	0	4
0	1	1	8
1	0	0	16
1	0	1	32
1	1	0	64
1	1	1	128

③ **ADCH/L (ADC Data Register)**

ADC의 변환결과를 저장한다.

- **ADLAR=0**

Bit	7	6	5	4	3	2	1	0
							ADC9	ADC8
	ADC7	ADC6	ADC5	ADC4	ADC3	ADC2	ADC1	ADC0
읽기/쓰기	R	R	R	R	R	R	R	R
	R	R	R	R	R	R	R	R
초기값	0	0	0	0	0	0	0	0
	0	0	0	0	0	0	0	0

- **ADLAR=1**

Bit	7	6	5	4	3	2	1	0
	ADC9	ADC8	ADC7	ADC6	ADC5	ADC4	ADC3	ADC2
	ADC1	ADC0						
Read/Write	R	R	R	R	R	R	R	R
	R	R	R	R	R	R	R	R
Initial Value	0	0	0	0	0	0	0	0
	0	0	0	0	0	0	0	0

ATMega128은 10비트의 ADC를 가지고 있다. 아날로그 입력에 대하여 A/D 변환을 수행하면 10비트 범위의 데이터가 얻어진다. 예를 들면 ADC0를 통해서 0~5V 범위의 아날로그 전압을 입력으로 받아들여서 ADC는 이를 1024 (2^{10} = 1024) 단계

로 세분화 할 수 있다. 따라서 한 바이트 크기로는 ADC의 변환 결과값을 표현할 수 없다. (바이트: 8비트, 2^8 = 256 이므로 최대 표현할 수 있는 숫자는 256이다.) 따라서 ADC는 A/D 변환의 결과값을 표현하기 위해서 두 개의 레지스터를 조합 하여 사용한다. ADMUX레지스터의 “ADLAR”를 0으로 설정하면 ADC는 10비트의 결과 값을 표현하기 위해서 10비트 중 상위 2비트는 ADCH에 표시하고 하위 8비트는 ADCL에 표시한다. 이 경우 원래 ADCH는 8비트 레지스터인데, 하위 2비트만이 실제 유효한 데이터가 될 것이고, 나머지 상위 6비트는 무시해야만 한다. ADMUX 레지스터의 “ADLAR”를 1로 설정하면 ADC는 10비트의 결과 값을 표현하기 위해서 10비트 중 상위 8비트는 ADCH에 표시하고 하위 2비트는 ADCL에 표시한다. 이 경우 원래 ADCL은 8비트 레지스터인데, 상위 2비트만이 실제 유효한 데이터가 될 것이고, 나머지 하위 6비트는 무시해야만 한다.

ADCH와 ADCL을 사용할 때 반드시 주의해야 할 점은 그 값을 읽을 때 AVR의 16비트 레지스터 액세스 원칙대로 반드시 하위 바이트 먼저 읽고 상위 바이트를 읽어야 한다는 점이다. 때문에 반드시 하위 바이트인 ADCL을 먼저 읽고, 그 다음 상위 바이트인 ADCH를 읽어야 한다.

【실습 4-1】 다음의 회로를 브레드보드에 꾸미고 입력된 전압값을 LCD에 다음과 같이 표시하기.

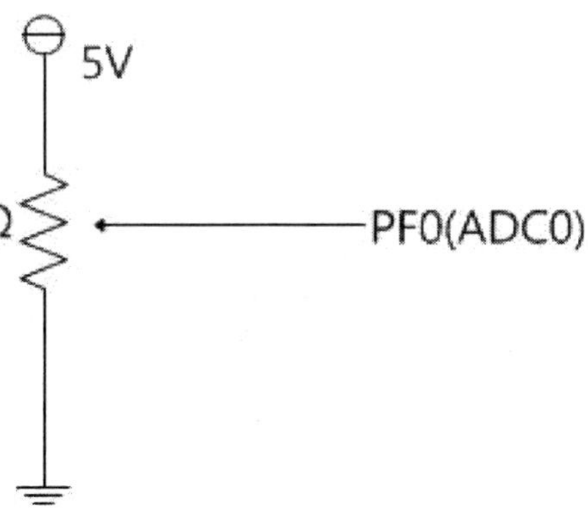

	A	D	C		V	a	l	u	e	=		*	*	*	*				

```
#include <mega128.h>
#include <delay.h>

#define CH0 0x00
#define CH1 0x01
#define lcd_RS     PORTC.0
#define lcd_RW     PORTC.1
#define lcd_E      PORTC.2
#define LCD_out    PORTC

void LCD_init(void);                          // LCD 초기화
void LCD_cmd(char d);                         // LCD 명령어
void LCD_data(char d);                        // LCD 데이터 출력
void LCD_puts(char *str);                     // 문자열 출력
void LCD_gotoxy(char x, char y);              // LCD 포지션 설정
void ADC_test(void);
unsigned int ADC_read(unsigned char ch);

void main(void)
{
     char i;

     DDRC=0xff;
     lcd_RW=0;

     LCD_init();

     while(1)
     {
          ADC_test();
          delay_ms(10);
     }
}
```

```
void ADC_test(void)
{
    unsigned int  adc_value=0;
    unsignde char dt1, dt2, dt3, dt4, temp;

    ADMUX= 0x40; //AVcc는 외부 전원사용, ADC read데이터는 오른쪽부터 정렬
    ADCSRA=0x80; // ADC Enable

    adc_value=ADC_read(CH0); // ADC0의 입력값을 ADC하여 adc_value에 저장

    LCD_gotoxy(1,0);
    LCD_puts("ADC Value=");

    dt4= (char)ad_value/1000;
    temp=ad_value%1000;
     dt3=(char)temp/100;
     temp=(char)temp%100;
     dt2=temp/10;
     dt1=temp%10;
     LCD_gotoxy(12,0);
     LCD_data(dt4);
     LCD_gotoxy(13,0);
     LCD_data(dt3);
     LCD_gotoxy(14,0);
     LCD_data(dt2);
     LCD_gotoxy(15,0);
     LCD_data(dt1);
}

unsigned int ADC_read(unsigned char ch)
{
    ADMUX |= ch; // ADC0 채널의 입력값 ADC

    delay_us(10);

    ADCSRA |= 0x40;  // ADC 시작

    while((ADCSRA & 0x10)==0);  //ADIF=1(ADC완료)이 될 때까지 Hold
```

```
    ADCSRA |=0x10;  // ADIF 플래그비트를 clear하기 위해 1을 다시 써줌

    return ADCW;  // ADC 결과값을 리턴
}
void LCD_data(char d){
    lcd1_RS=1;
    LCD_out=(d&0xF0)|1; lcd_E=1; lcd_E=0; delay_us(1);
    LCD_out=(d<<4)|1;    lcd_E=1; lcd_E=0; delay_us(50);
}
void LCD_cmd(char c){
    lcd_RS=0;
    LCD_out=c & 0xF0; lcd_E=1; lcd_E=0; delay_us(1);
    LCD_out=c<<4;    lcd_E=1; lcd_E=0; delay_ms(50);
}
void LCD_init(void){
    delay_ms(50); DDRA=0xFF; // lcd port output
    LCD_cmd(0x28); LCD_cmd(0x28); LCD_cmd(0x28);
    LCD_cmd(0x0C); delay_us(10); LCD_cmd(0x06); delay_us(10);
    LCD_cmd(0x01); delay_us(10); LCD_cmd(0x02); delay_ms(30);
}

void LCD_gotoxy(char x, char y){
    if      (y==0)LCD_cmd(0x80+x);
    else if(y==1)LCD_cmd(0xC0+x);
}


{
    {
        LCD_data(*str);  // 문자 *str을 화면에 출력
        str++;                    // str이 다음 문자를 가리킴
    }
}
```

【혼자 해보기 1】【실습 4-1】의 AD변환값을 전압값으로 변환하여 LCD에 표시하시오.

	V	o	l	t	a	g	e		=		*	.	*	[	v	]			

【혼자 해보기 2】그림4-3과 같이 LM35 온도센서 회로를 보드에 꾸미고, OP-amp의 출력값을 ADC1(PF1) 연결한 후 계산된 온도 값을 7세그먼트에 표시하시오.

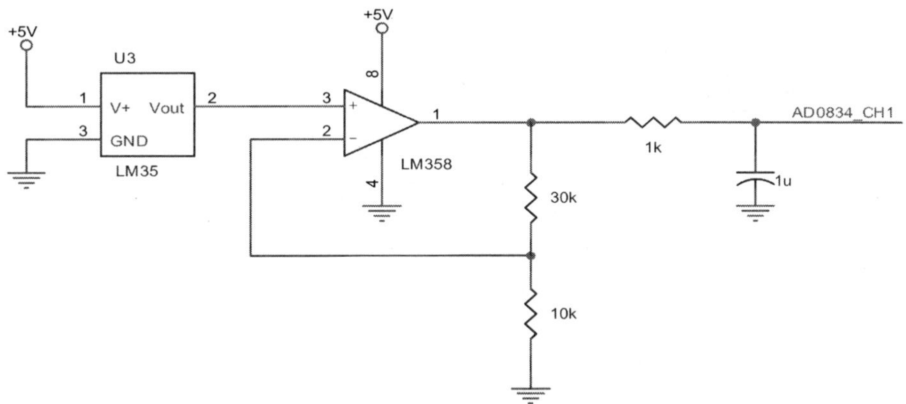

그림4-3 LM35 온도센서 회로

■ 온도센서 LM35 사용하기

IC온도센서로서 LM35 시리즈는 섭씨온도(℃)에 대해 선형적으로 비례한 출력전압을 발생한다. 또한 이 센서는 온도 측정범위에 따라 여러 종류를 갖고 있다. 즉, LM35, LM35A의 경우는 -55~150℃의 측정범위, LM35D의 경우 0~100℃의 측정범위를 갖고, LM35C, LM35CA 타입은 -40~110℃의 측정범위를 갖는다.LM35시리즈는 아래그림과 같이 크게 네가지 타입으로 분류된다.

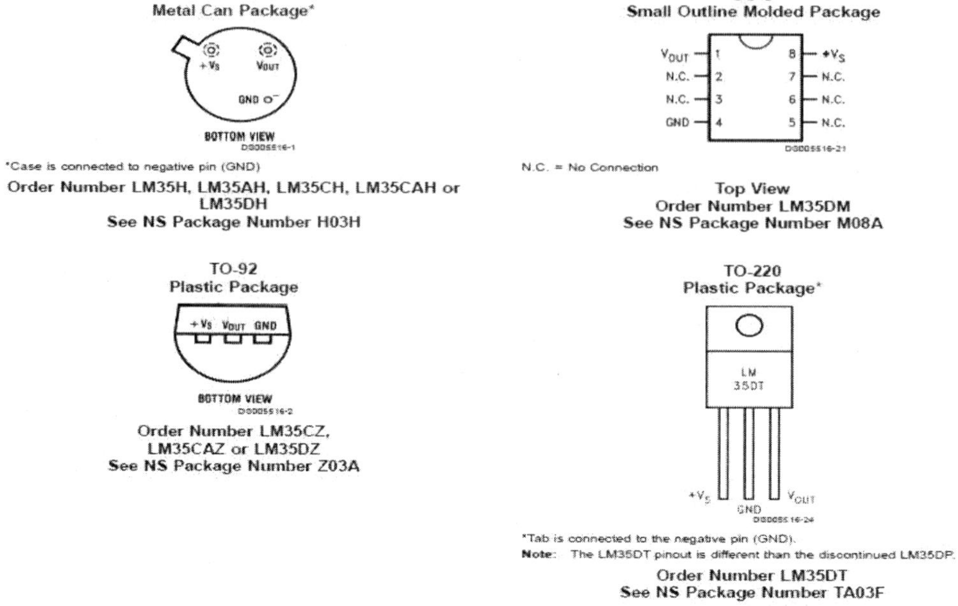

그림4.4. LM35 IC-type

아래 그림4.5는 TO-92 타입의 핀 배치도와 LM35 시리즈 IC온도센서의 내부 블록도를 나타낸 것이다.

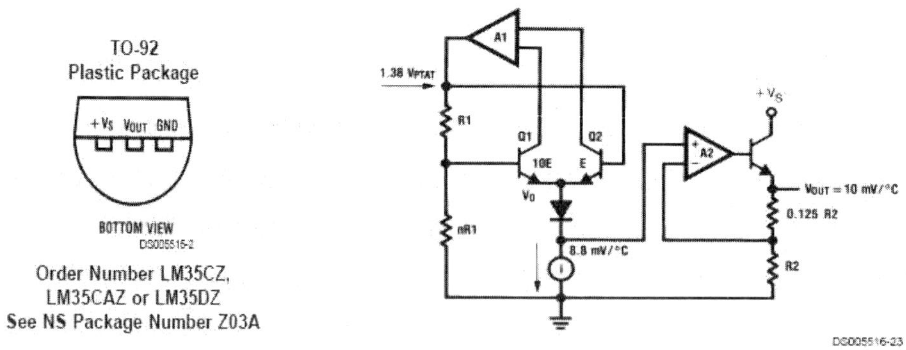

(a) 핀 배치도　　　　　　　　　(b) 내부 블록도

그림4.5 TO-92 타입의 핀 배치도와 내부 블록도

내부 블록도에서 보는 바와 같이 IC 온도센서인 LM35 시리즈는 보정회로가 따로 필요

없도록 PN접합 트랜지스터가 복수로 편성되어 있고, 기준전압 발생부, 증폭부 등이 원칩 상으로 탑재되어 있음을 알 수 있다. LM35는 다른 일반적인 IC와 마찬가지의 방법으로 쉽게 사용될 수 있으며, 표면에 부착하거나 고정하여 0.01° C안에서 온도를 측정할 수 있다. 측정치는 소자의 표면 온도, 주변 기온과 거의 같으며, 만약 측정하고자 하는 표면온도와 기온의 차가 클 경우 LM35 금형의 실제 온도는 TO-92 Plastic Package의 구리판이 소자에 열을 전달하기 때문에 표면온도 보다는 기온에 가까운, 기온과 표면 온도의 중간값이 될 것이다.

위의 회로를 보면 LM35의 출력값을 Noninverting Amplifier(비반전 증폭기)로 증폭하여 그 값을 출력하도록 하였다.

비반전 증폭기의 이득은

$$Gain = \frac{V_{OUT}}{V_{IN}} = (1 + \frac{30K}{10K}) = 4$$

즉, LM35의 출력을 4배 증폭하여 ADC0834로 보낸다. 여기에서 LM35의 출력은 10mV/° C 이고 증폭기의 전압이득이 4이므로 비반전 증폭기을 거친 최종 출력은 40mV/° C가 된다. 즉 1° C 온도 상승시 0.04V의 전압상승이 일어난다. 이때, OP-AMP의 최저 전압은 0.2V 이므로 0.2V/40Mv=5즉 5° C 이하의 온도출력은 무시된다. 최대값은 출력제한 전압이 5V이므로 5V/40Mv=125° C이상의 온도도 무시된다.

Vout (LM35)	10mV / ° C
AMP GAIN	4
최종출력(VLM35)	40mV / ° C
측정온도범위 • OP AMP 최저전압 : 0.2V • ADC최고전압 : 5V	5° C ~ 125° C

Tip) 만약 실내온도가 25° C라고 하면 25° C x 40mV=1V가 출력되고, 이 값을 A/D하면 208이 된다. A/D 결과값 208을 온도 25° C 로 세그먼트에 표시하려면 208을 8(약 40mV)로 나누면 약25가 된다. 이 값을 세그먼트에 출력하면 된다. 온도를 소수점 첫째자리까지 표시한다면 (A/D결과값 x 10)/8을 한 후 결과값의 일의자리를 소수점으로 간주하면 된다.

【혼자해보기 3】 그림4-6과 같이 CdS 센서 회로를 보드에 꾸미고, OP-amp의 출력값을 ADC2에 연결한 후 사용자가 설정한 광량에 대하여 Relay를 동작하기.

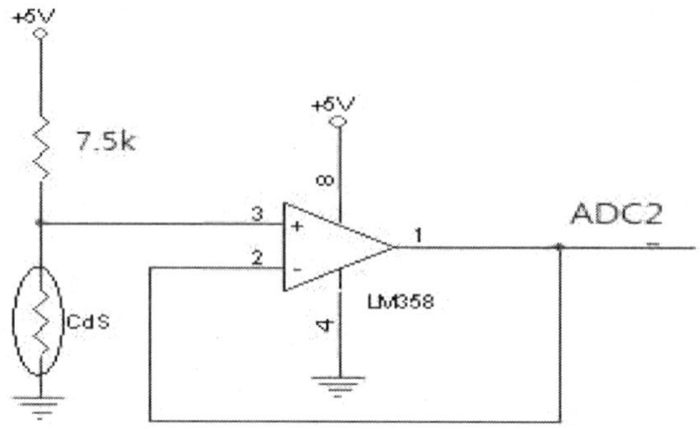

그림4-6 CdS 센서 회로

■ 광도전센서(CdS) 사용하기

광전도센서는 빛의 변화를 전기의 변화로 변환(광전변환)하는 데 사용된다. 광전도재료로 만들어진 저항체에 정전압의 전원으로부터 전류를 흐르게 해 두고, 이 저항체에 빛을 비추면 저항이 감소되어 전류가 증가하며, 광량(光量)을 전기량으로 바꿀 수가 있다. 이와 같은 재료로서는 셀렌 ·탈로파이드(탈륨과 황과 산소의 화합물) ·게르마늄 ·산화납 황화카드뮴 ·황화아연 등 여러 가지가 있다. 감도가 높고 소형이며 구조가 간단하여 사용하기 편리하나 전기전도도가 광량의 증가에 대해서 포화하는 경향이 있고, 빛의 급격한 변화에 대하여 전도도의 변화가 늦어지는 결점이 있다. 용도로서는 필름 사운드트랙의 재생, 광통신, 온도측정, 텔레비전 수상기의 자동휘도 조정, 사진기의 자동조리개, 화재탐지기, 자동점멸기, 광계전기(버스 승강문의 제어 등에 이용), 자동차 전도등 빔 변환기 등 다양하다. 광전도 셀 소자는 빛을 가해질수록 전기전도율이 증가하는 소자이다. 거리에 따른 저항을 측정하면 거리가 증가하면 할수록 저항이 증가하면서 전도율이 감소하는 것을 알 수 있다. 이로써 빛의 양이 모아 질수록(세기) 강할수록 전도율이 높다는 것이다.

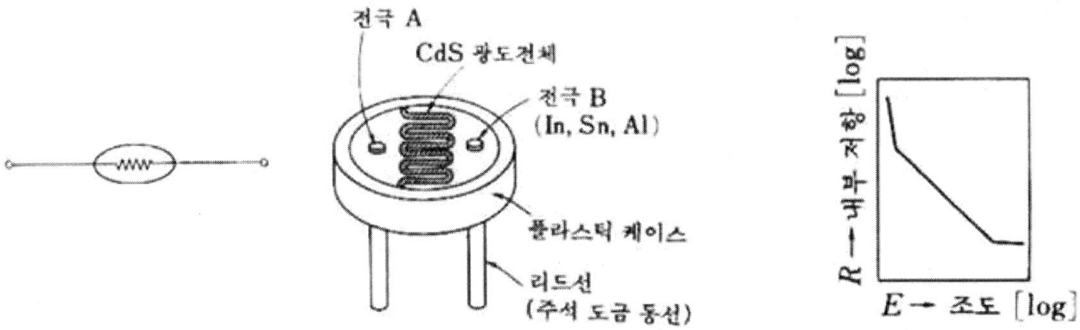

(a) 기호　　(b) 외관　　(c) 동작 특성

그림4.7. CdS 센서

실습에 사용되는 CdS 센서는 조도에 따른 저항값의 변화가 일반적으로

10Lux에서 5-10kΩ, 0Lux에서 200kΩ

이다. 그림4.7의 회로에서 만약 CdS 센서의 조도가 10Lux이면 Op-amp 출력단의 전압은

$$V_{out} = \frac{7.5k\Omega}{7.5k\Omega + 7.5k\Omega} \times 5\,V = 2.5\,V$$

가 된다. 따라서 A/D된 디지털 출력값은 $\frac{2.5\,V}{4.88m\,V} = 512$ 이 될 것이다.

만약 0Lux이면 위의 과정을 거쳐 계산하면 약4.98V가 된다. 여기서 조도 측정회로는 조도가 어두울수록 큰 값이 A/D 변환기에 입력됨을 알 수 있다.

4.3 아날로그 비교기

아날로그 비교기는 포트E의 PE.2(AIN0(+))와 PE.3(AIN1(-))로 입력되는 입력 레벨(전압값)을 비교한다. AIN0의 핀의 입력값이 AIN1의 입력값보다 더 높은 전압값이 들어 올 때 아날로그 비교기 출력이 "1" (set)이 된다. 비교기의 출력이 "1" 이 되면 타이머/카운터1의 입력캡쳐 트리거 신호를 발생한다. 또한, 비교기는 인터럽트 기능과 연계해서 비교기의 출력이 일어날 때 인터럽트를 발생시키는 것을 선택할 수 있다. AIN0와 AIN1의 입출력 방향설정은 입력으로 설정한다. 그림4.12는 아날로그 비교기의 내부구조를 나타낸다.

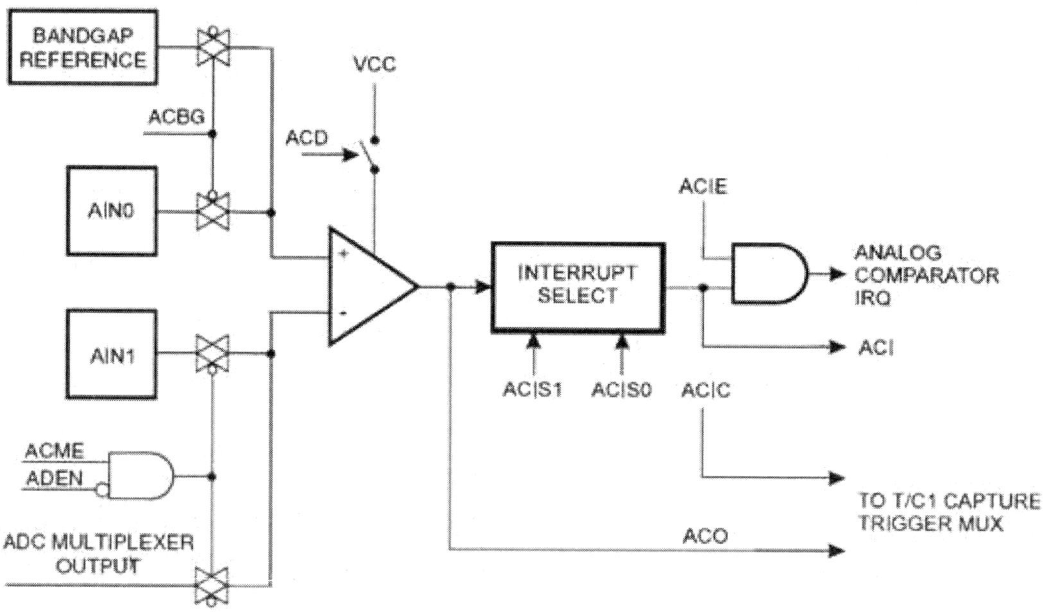

그림4.8. 아날로그 비교기 내부구조

4.3.1. 아날로그 비교기 레지스터

① SFIOR(Special Function IO Register)

Bit	7	6	5	4	3	2	1	0
	TSM	–	–	–	ACME	PUD	PSR0	PSR321
읽기/쓰기	R/W	R/W	R/W	R/W	R/W	R/W	R/W	R/W
초기값	0	0	0	0	0	0	0	0

• 비트3의 ACME는 아날로그 비교기 멀티플렉서 인에이블 비트로 아날로그 비교기의

음극성 입력에 A/D 컨버터의 입력신호가 사용될 수 있도록 허용한다. 이 비트를 0으로 하면 음극성 입력에는 AIN1로 입력된 전압이 사용되며, 이 비트를 1로 하고 ADCSRA 레지스터에서 ADEN=0으로 설정하여 A/D 컨버터의 동작을 정지시키면 ADC0~ADC7의 입력신호가 아날로그 비교기의 음극성 입력으로 사용된다. 이때 ADC0~ADC7중의 하나를 선택하는 것은 ADMUX 레지스터의 MUX2~0 비트로 설정한다.

[표 4-2] 아날로그 비교기 멀티플렉서 입력

ACME	ADEN	MUX2..0	Analog Comparator Negative Input
0	x	xxx	AIN1
1	1	xxx	AIN1
1	0	000	ADC0
1	0	001	ADC1
1	0	010	ADC2
1	0	011	ADC3
1	0	100	ADC4
1	0	101	ADC5
1	0	110	ADC6
1	0	111	ADC7

② ACSR(Analog Comparator Control and Status Register)

Bit	7	6	5	4	3	2	1	0
	ACD	ACBG	ACO	ACI	ACIE	ACIC	ACIS1	ACIS0
Read/Write	R/W	R/W	R/W	R/W	R/W	R/W	R/W	R/W
Initial Value	0	0	N/A	0	0	0	0	0

• Bit 7 - ACD: 아날로그 비교기 동작 정지 비트

이 비트가 "1"이 되었을 때 아날로그 비교기의 동작이 정지된다, "1"이 되면 아날로그 비교기로 공급되는 전원이 Off된다. 이 비트는 MCU가 활성화(Active) 상태와 휴지모드(Idle mode)에 있을 때 소비전력을 줄일 수 있다. 이 비트를 스위칭하면 아날로그 비교기 인터럽트가 발생될 수 있으므로 이를 방지 하려면 미리 ACIE 비트를 클리어시켜 인터럽트를 금지시텨 두는 것이 좋다.

• Bit 6 - ACBG: 아날로그 비교기 양전압 설정비트

아날로그 비교기의 양극성 입력에 인가되는 전압을 선택한다. 이 비트를 1로 설정하면 양극성 입력에는 내부 기준전압 1.23V가 선택되고, 0으로 하면 AIN0 단자로 입력된 전압이 선택된다.

• Bit 5 - ACO: 아날로그 비교기 출력 비트
이 비트는 아날로그 비교기의 출력 값으로서 클록과 동기되어 발생된다. 클록과 동기되기 위하여 1~2클록의 시간지연이 발생하며, 이 값은 그대로 ACO 신호로 전달되어 인터럽트를 발생하거나 타이머/카운터 1의 입력캡쳐 트리거 신호로 사용된다.

• Bit 4 - ACI: 아날로그 비교기 인터럽트 발생 플래그 비트
아날로그 비교기의 인터럽트 발생 플래그이다. 이 플래그는 아날로그 비교기의 출력과 ACIS1~0 비트의 설정에 따라 결정 된다. ACIE = 1로 설정되고 상태 레지스터 SREG의 I비트가 1일 경우에는 이 인터럽트가 처리되며, 인터럽트가 처리되기 시작하면 이 비트는 자동으로 클리어 된다.

• Bit 3 - ACIE: 이닐로그 비교기 인터럽트 인에이블 비트
아날로그 비교기의 인터럽트 발생을 개별적으로 허용하는 비트이다.

• Bit 2 - ACIC: Analog Comparator Input Capture Enable
아날로그 비교기 입력캡쳐 인에이블 비트로 아날로그 비교기의 출력이 타이머/카운터1의 입력캡쳐 트리거 신호로 사용되도록 설정한다. 이 트리거 신호에 의해 타이머/카운터1의 입력캡쳐 인터럽트를 발생시키기 위해서 타이머/카운터 인터럽트 마스크 레지스터 TIMSK의 타이머/카운터 입력캡쳐 인터럽트 인에이블 비트(TICIE1)을 미리 “1” 로 설정한다.

• Bits 1, 0 - ACIS1, ACIS0: Analog Comparator Interrupt Mode Select
아날로그 비교기의 출력이 인터럽트를 발생하는 모드를 설정한다. ACIS1~0비트의 설정을 변경하는 경우에는 아날로그 비교기의 인터럽트가 발생할 수 있으니 미리 ACIE=0으로 하여 미리 인터럽트를 금지시켜 두어야 한다.

[표 4-3] ACIS1/ACIS0 설정

ACIS1	ACIS0	인터럽트 모드
0	0	토글 출력에 대한 비교기 인터럽트 발생.
0	1	-
1	0	하강 출력 에지에 대한 비교기 인터럽트 발생
1	1	상승 출력 에지에 대한 비교기 인터럽트 발생

【실습 4-2】 다음의 회로를 브레드보드에 꾸미고 PE.3에 입력된 전압값이 PE.2(AIN0) 값보다 크면 포트 C에 연결된 4개의 LED에 0x0a를 출력하고,작으면 0x55를 출력하기.

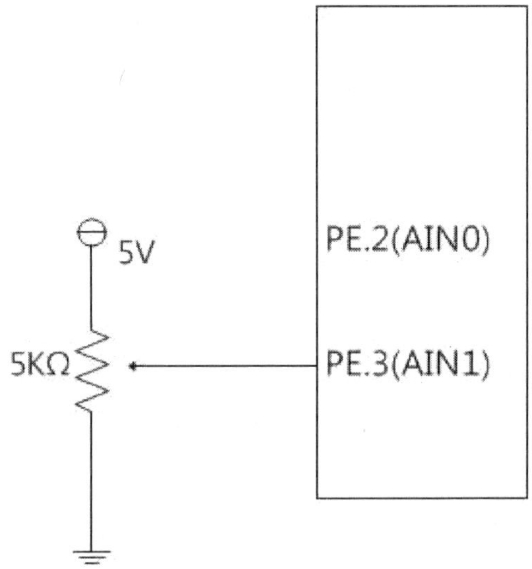


```
#include <mega128.h>
#include <delay.h>

void    main()
{
        DDRC=0x0f;
        PORTC=0x0f;
        DDRE=0b00000000; // PE.2와 PE.3을 입력으로 설정
        ACSR=0b01000000; //AIN0 전압값을 내부전압 1.236V로 고정
        while(1)
        {
            if(ACSR & 0x20) PORTC=0b11110101;
            else PORTC=0b11111010;
        }
}
```

【혼자 해보기 4】 그림과 같은 회로를 꾸미고 아날로그 비교기를 이용하여 AIN0이 AIN1보다 크거나 같으면 부저를 On시키고, 작으면 부저를 Off시킨다.

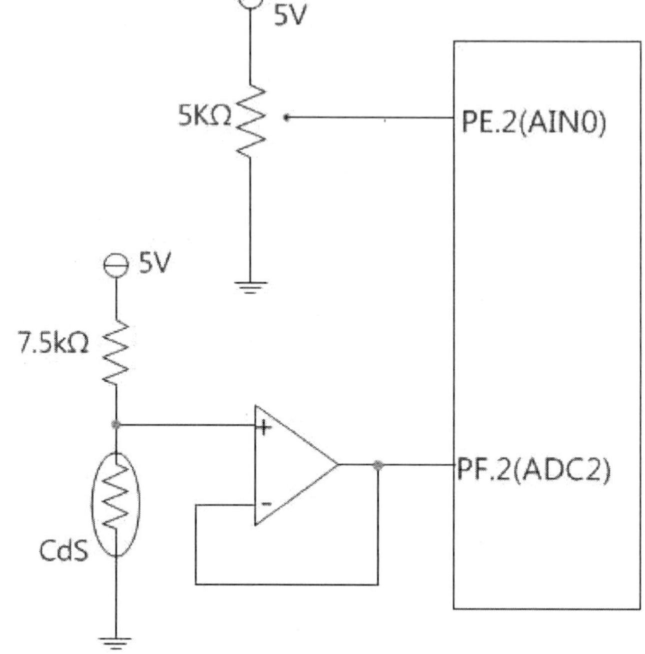

Tip) 음극성 입력값이 AIN1이 아니고 ADC2의 값이다. ADC 입력채널 값을 음극성으로 사용하기 위해서는 SFIOR레지스터와 ADMUX 레지스터를 설정해야 한다.

제5장
인터럽트(Interrupt)

제5장 인터럽트(Interrupt)

5.1 인터럽트의 개념과 종류

인터럽트는 어떤 조건이나 사건의 발생으로 정상적인 프로그램을 일시적으로 중지시키고 보다 시급한 작업을 먼저 수행하고 다시 원래로 복귀하여 실행순서를 변경하도록 만드는 것을 말한다. 사무실에 누가 들어왔는지 아닌지 확인하기 위해서는 두 가지 방법이 있다. 하나는 일을 하다가 가끔씩 계속적으로 문을 점검하는 것이고, 다른 방법은 문에 벨을 달아놓아 벨 소리가 나면 문을 점검하는 것이다. 전자와 같이 계속적으로 어떤 사건의 발생을 점검하는 방법을 폴링(Polling)이라고 하고, 후자와 같이 어떤 사건이 발생하면 그 때 바로 사건 처리 요구를 하는 것을 인터럽트라 한다. 인터럽트를 사용하면 사건이 발생할 때만 대응하므로 매우 효과적이다. 그림 5.1은 인터럽트가 발생하였을 때 작업수행 경로를 보여준다. 인터럽트가 발생하면 미리 지정된 위치로 분기하여 인터럽트 처리를 한다. 이 때 인터럽트를 처리하는 코드를 인터럽트 서비스루틴이라 한다. 처리가 끝나면 인터럽트 서비스루틴으로 분기하기 전의 위치로 복귀하여 작업을 계속적으로 수행하게 된다.

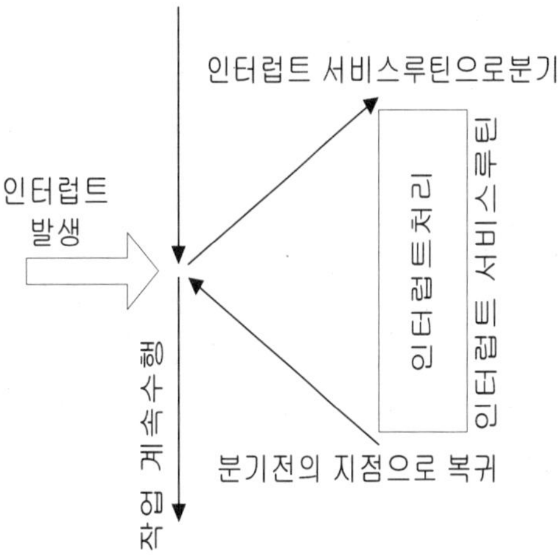

그림 5.175 인터럽트 처리과정

일반적인 함수도 작업수행 중 다른 곳으로 분기한다는 면에서 인터럽트와 유사하다. 그러나 함수는 그림 5.2와 같이 함수의 호출에 의해서 분기를 한다. 함수의 호출은 언제 분기할 지를 프로그래머가 정확히 인지하고 있으므로 확정적이라 할 수 있다. 이에 비해 인터럽트를 발생시키는 사건은 그림5.3과 같이 언제 발생할지 모르는 불확정적인 것이다. 또한 인터럽트는 특정적이기 때문에 고유의 특정 인터럽트를 발생시킨다. 특정 인터럽트가 발생하면 미리 정해진 주소로 분기하게 된다.

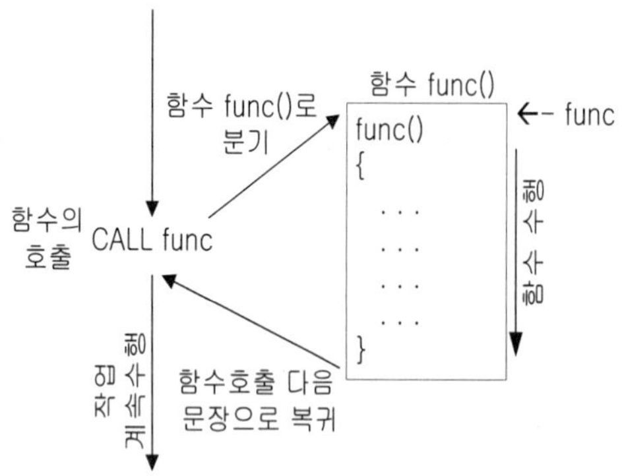

그림 5.176 함수의 수행

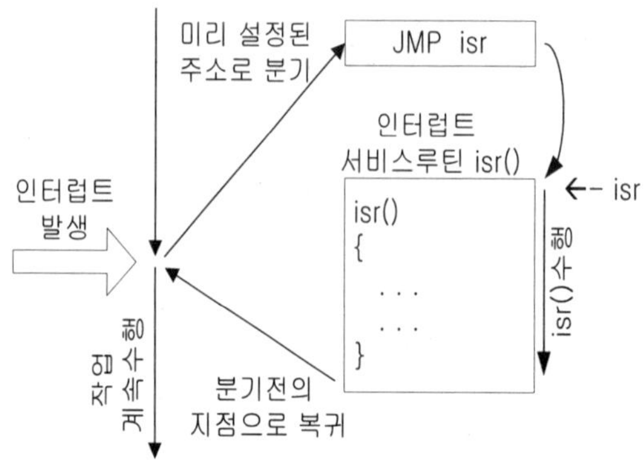

그림 5.3 인터럽트서비스루틴 수행

정해진 주소(인터럽트 벡터)로 분기하면 그 곳에 해당 인터럽트를 처리할 수 있는 함수의 주소(인터럽트 서비스 루틴)가 존재한다. 함수의 주소로 점프하여 인터럽트를 처리한 후 인터럽트로 인해 중단되었던 지점으로 복귀하게 된다.
ATmega128은 여러 종류의 인터럽트를 처리할 수 있는 데, 각 인터럽트에 고유한 번호가 부여된다. 이를 인터럽트 벡터(Vector)라 부른다.

5.1.1 인터럽트 소스

인터럽트를 무엇이 요청했는가? 리셋을 제외한 34개의 인터럽트는 외부 핀을 통하여 요청되는 외부인터럽트 8개, 타이머0 관련 2개, 타이머1 관련 5개, 타이머2 관련 2개, 타이머3 관련 5개, USART0 관련 3개, USART1 관련 3개, 기타 6개로 분류될 수 있다.

5.1.2 인터럽트 벡터 테이블(Interrupt Vector Table) :모든 인터럽트 서비스 루틴의 주소

벡터 No.	주소	인터럽트 소스	인터럽트 정의
1	0x0000	RESET	외부 리셋, 파워 온 리셋, 워치독 리셋, JTAG연결
2	0x0002	INT0	외부 인터럽트 요구 0
3	0x0004	INT1	외부 인터럽트 요구 1
4	0x0006	INT2	외부 인터럽트 요구 2
5	0x0008	INT3	외부 인터럽트 요구 3
6	0x000A	INT4	외부 인터럽트 요구 4
7	0x000C	INT5	외부 인터럽트 요구 5
8	0x000E	INT6	외부 인터럽트 요구 6
9	0x0010	INT7	외부 인터럽트 요구 7
10	0x0012	TIMER2_COMP	타이머/카운터 2 비교 매치
11	0x0014	TIMER2_OVF	타이머/카운터 2 OVER FLOWER
12	0x0016	TIMER1_CAPT	타이머/카운터 1 캡쳐 이벤트
13	0x0018	TIMER1_COMPA	타이머/카운터 1 비교 매치 A
14	0x001A	TIMER1_COMPB	타이머/카운터 1 비교 매치 B
15	0x001C	TIMER1_OVF	타이머/카운터 1 OVER FLOWER
16	0x001E	TIMER1_COMP	타이머/카운터 1 비교 매치
17	0x0020	TIMER0_OVF	타이머/카운터 0 OVER FLOWER
18	0x0022	SPI_STC	SPI 직렬전송 완료
19	0x0024	USART0_RX	USART1 수신완료
20	0x0026	USART0_UDRE	USART1 데이터 레지스터 비어있음
21	0x0028	USART0_TX	USART1 송신완료
22	0x002A	ADC	A/D 변환완료
23	0x002C	EE_READY	EEPROM Ready
24	0x002E	ANALOG_COMP	아날로그 비교기
25	0x0030	TIMER1_COMPC	타이머/카운터 1 비교 매치 C
26	0x0032	TIMER3_CAPT	타이머/카운터 3 캡쳐 이벤트
27	0x0034	TIMER3_COMPA	타이머/카운터 3 비교 매치 A
28	0x0036	TIMER3_COMPB	타이머/카운터 3 비교 매치 B
29	0x0038	TIMER3_COMPC	타이머/카운터 3 비교 매치 C
30	0x003A	TIMER3_OVF	타이머/카운터 3 OVER FLOWER
31	0x003C	USART1_RX	USART0 수신완료
32	0x003E	USART1_UDRE	USART0 데이터 레지스터 비어있음
33	0x0040	USART1_TX	USART0 송신완료
34	0x0042	TWI	Two-Wire 직렬인터페이스
35	0x0044	SPM_READY	Store Program Memory Ready

5.1.3 인터럽트 핸들러(Interrupt Handler)

인터럽트가 발생할 때 처리하는 프로그램, 인터럽트 서비스루틴이라고도 함.

5.1.4 인터럽트 허용/금지

메인 함수가 작업을 수행할 때는 외부로부터 방해(인터럽트)를 받지 않도록 할 필요가 있다. 경우에 따라서 MCU에 적용된 모든 인터럽트 또는 특정 인터럽트로부터 메인 함수가 방해받지 말아야 할 필요가 있다. 이것은 ATmega128이 허용하는 인터럽트 서비스에 해당하는 각각의 레지스터 내에 인터럽트 허용/금지 비트를 통해 제어된다.

① 각 인터럽트에 대해서는 인터럽트 마스크 비트가 존재하며 이를 사용하여 개별적으로 인터럽트의 허용/금지를 제어할 수 있다.
② 상태레지스터(SREG)의 비트(I)를 리셋하면 모든 인터럽트가 금지된다.
③ SREG.I를 세트하면 개별적으로 허용된 인터럽트만 허용된다.
④ 코드비전에서는 다음 함수를 호출하면 인터럽트를 허용/금지할 수 있다.

```
#asm( “sei” ); // 인터럽트 허용
#asm( “cli” ); // 인터럽트 금지
```

5.1.5 인터럽트의 처리과정

① 주 프로그램 실행
② 인터럽트 발생
③ 복귀주소 저장
④ 인터럽트 벡터로 점프
⑤ 인터럽트 처리
⑥ 인터럽트 처리완료
⑦ 복귀주소 로드
⑧ 마지막에 실행되던 주소로 점프
⑨ 주 프로그램 실행

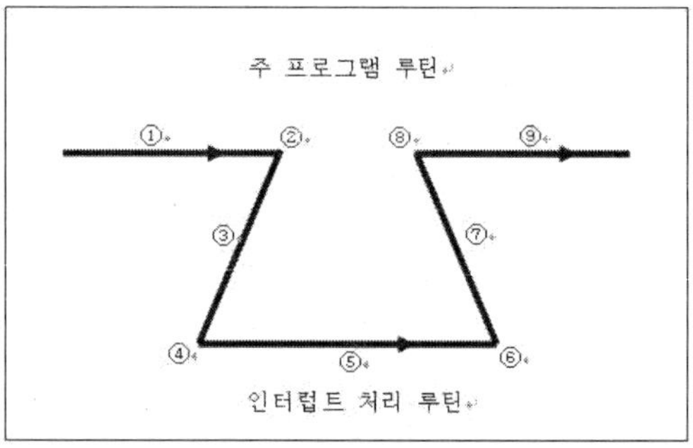

[그림27] 인터럽트 처리과정

5.1.6 CodeVision에서 인터럽트 사용

```
interrupt [Vector_Name] void interrupt_함수_이름(void)
```

5.2 외부 인터럽트 제어

ATmega128에서 외부 인터럽트가 8개 지원되는데 이는 8개의 외부핀(INT0~INT7)을 통해서 입력되는 신호에 의하여 발생하는 인터럽트를 말한다.

5.2.1 외부 인터럽트(INT0~INT7)의 특징

- 외부 인터럽트는 INT0~INT7 핀의 트리거 동작으로 인터럽트가 발생된다.
- LOW Signal () / 상승엣지(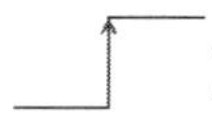) / 하강엣지(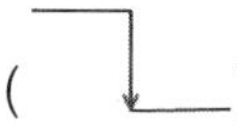) 의 방식으로 트리거 신호를 선택할 수 있다.
- 외부 인터럽트는 INT0~INT7 핀의 입/출력 방향에 관계없이 인터럽트가 발생된다.
- INT4~INT7 : I/O클록이 있어야만 사용가능
- INT0~INT3 : 비동기적 검출이 가능하다.(슬립모드를 깨울 때 이용되기도 한다.)

5.2.2 외부 인터럽트 사용을 위한 정의방법

(가) 해당 포트의 핀을 입력으로 설정(INT0~INT7 핀으로 외부 인터럽트 인에이블 되어있 다면 이 핀들이 출력으로 설정되어도 무관)
(나) 외부 인터럽트 모드 세팅(EICRA, EICRB)
(다) 외부 인터럽트 마스크 세팅(EIMSK)
(라) 전역 인터럽트 발생 허용 세팅(SREG)

5.2.3 외부 인터럽트(INT0~INT7) 제어레지스터

(가) EICRA (External Interrupt Control Register A)

- 외부 인터럽트(INT0-3)의 트리거 방식을 LOW / 상승엣지 / 하강엣지 중에 선택하는 레지스터

Bit	7	6	5	4	3	2	1	0
	ISC31	ISC30	ISC21	ISC20	ISC11	ISC10	ISC01	ISC00
읽기/쓰기	R/W	R/W	R/W	R/W	R/W	R/W	R/W	R/W
초기값	0	0	0	0	0	0	0	0

ISCn1 (n=0,1,2,3)	ISCn0 (n=0,1,2,3)	설명
0	0	INTn의 Low 신호 시에 일반적인 인터럽트 요청을 한다.
0	1	사용 안함
1	0	INTn의 하강에지 신호 시에 일반 비동기적인 인터럽트를 요청한다.
1	1	INTn의 상승에지 신호 시에 일반 비동기적인 인터럽트를 요청한다.

(나) EICRB (External Interrupt Control Register B)

▪ 외부 인터럽트(INT4-7)의 트리거 방식을 LOW / 상승엣지 / 하강엣지 중에 선택하는 레지스터

Bit	7	6	5	4	3	2	1	0
	ISC71	ISC70	ISC61	ISC60	ISC51	ISC50	ISC41	ISC40
읽기/쓰기	R/W	R/W	R/W	R/W	R/W	R/W	R/W	R/W
초기값	0	0	0	0	0	0	0	0

ISCn1 (n=4,5,6,7)	ISCn0 (n=4,5,6,7)	설명
0	0	INTn의 Low 신호 시에 일반적인 인터럽트 요청을 한다.
0	1	INTn 핀의 하강 에지 (Falling Edge) 또는 상승 에지 (Rising Edge) 입력이 입터럽트를 트리거
1	0	INTn의 하강에지 신호 시에 일반 비동기적인 인터럽트를 요청한다.
1	1	INTn의 상승에지 신호 시에 일반 비동기적인 인터럽트를 요청한다.

(다) EIMSK (External Interrupt Mask Register)

Bit	7	6	5	4	3	2	1	0
	INT7	INT6	INT5	INT4	INT3	INT2	INT1	INT0
읽기/쓰기	R/W	R/W	R/W	R/W	R/W	R/W	R/W	R/W
초기값	0	0	0	0	0	0	0	0

Bit0-Bit7: INT0~INT7 비트를 set(1) 시키면 해당 외부 인터럽트 핀(INT0~INT7)이 활성화 된다. 단, 이 때 SREG의 I비트가 1로 세트된 상태여야 한다.

5.2.4 외부 인터럽트 동작

① 인터럽트가 활성화(SREG.7 / EIMSK 해당 비트 활성화) 되어 있는 상태에서
② 외부INT의 동작 엣지나 논리신호에 의해 인터럽트가 요청되면
③ 제일 우선 INTFn=1 상태로 플래그가 Set되고
④ 실행 중이던 메인 프로그램의 프로그램카운터 값을 스택에 저장하게 된다.
⑤ 그 후 해당 인터럽트 벡터로 점프하게 되며
⑥ 지정된 인터럽트 루틴을 실행하는 동시에 INTFn=0 상태로 플래그가 Clear 된다.
⑦ 해당 인터럽트의 루틴이 처리된다.
⑧ 해당 인터럽트의 루틴이 끝나게 되면 RETI 명령을 받는다.
⑨ 스택으로부터 저장된 프로그램카운터 값을 로드 한다.
⑩ 동작 중이던 프로그램 위치로 복귀하여 실행 중이던 부분부터 메인 프로그램이 재작
동된다.

5.3 외부 인터럽트 실습

【실습 1】 외부 인터럽트0번(PORTD.0)을 눌렀다 떼면 PORTC의 8개 LED가 1개씩 400ms 마다 좌측(LED7→LED6→LED5→LED4→LED3→LED2→LED1→LED0)으로 순차 ON 되는 프로그램을 구현하시오.

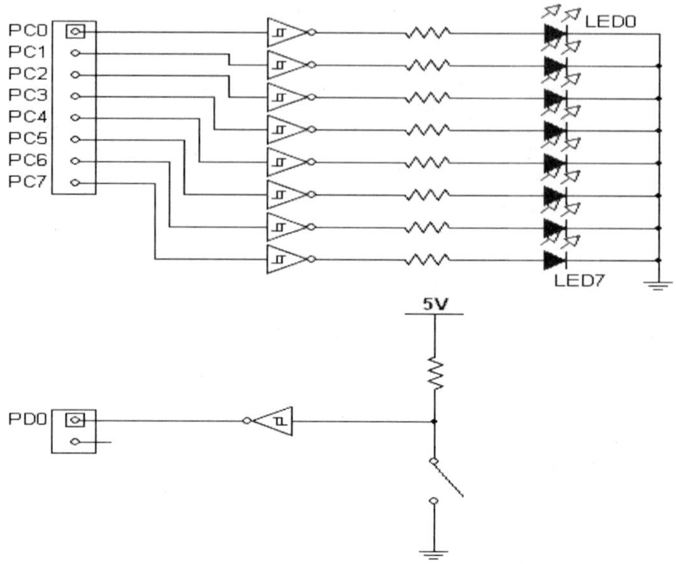


```
#include <mega128.h>
unsigned char led_data=0xfe;
void     main(void)
{
    DDRC=0xff; //LED동작 PORTC를 출력포트로 설정
    DDRD=0xfe; // PORTD.0(INT0)핀을 입력핀으로 설정
    PORTC=led_data;

    EICRA=0b00000010; // 외부인터럽트 (INT0); Falling Edge trigger
    EIMSK=0b00000001; // 외부인터럽트 (INT0) 인에이블
    SREG.7=1  ;          // Global Interrupt enable

    while(1);
}
interrupt   [EX_INT0] void   extenal_int0(void)
{
    PORTC=led_data;
    led_data <<=1;
    led_data |=0x01;
    if(led_data==0xff)led_data=0xfe;
}
```

(1) EICRA (External Interrupt Control Register A) 설정

- 외부 인터럽트(INT0-INT3)의 트리거 방식을 LOW / 상승엣지 / 하강엣지 중에 선택하는 레지스터

Bit	7	6	5	4	3	2	1	0
EICRA	ISC31	ISC30	ISC21	ISC20	ISC11	ISC10	ISC01	ISC00
데이터	0	0	0	0	0	0	1	0

(2) EIMSK (External Interrupt Mask Register)

INT0~INT7 비트를 set(1) 시키면 해당 외부 인터럽트 핀(INT0~INT7)이 활성화 된다.

Bit	7	6	5	4	3	2	1	0
EIMSK	INT7	INT6	INT5	INT4	INT3	INT2	INT1	INT0
데이터	0	0	0	0	0	0	0	1

EIMSK=0b00000001; 는 외부인터럽트 (INT0)를 인에이블시킨다.
INT0비트를 인에이블 시키는 다른 방법을 알아보자.
헤더파일 "mega128.h"를 소스파일에 포함시킴으로써 레지스터명 EIMSK를 unsigned char형 변수처럼 사용할 수 있다. 여기에 모든 레지스터의 각 비트명도 헤더파일에 정의되어 있다. 예를 들어 EIMSK레지스터에 대해 각 비트명은 다음 매크로로 정의되어있다.

```
#define INT0   0
#define INT1   1
#define INT2   2
. . .
```

이에 대해 왼쪽 쉬프트연산자 " <<" 를 사용하여 다음을 고려하여보자.

1<<INT2 <==> 1 << 2   <==>   0b00000100

즉 EIMSK의 INT2 비트가 1로 세트됨을 알 수 있다. 따라서 레지스터 EIMSK의 비트 INT2를 세트하려면 다음과 같이 프로그램하면 된다.

```
EIMSK  = (1<<INT2);
```

다수의 비트를 1로 세트할 때는 비트별 OR 연산자를 사용하면 된다. 다음 문장은 비트 INT2와 비트 INT4를 세트한다.

(1<<INT2)|(1<<INT4) <==> (1<<2)|(1<<4)
<==> (0b00000100)|(0b00010000)
<==> (0b00010100)

따라서 다음과 같이 작성한다.

```
EIMSK = (1<<INT2)|(1<<INT4);   // 비트 INT2, INT4세트
```

이는 INT2와 INT4비트를 제외한 나머지 비트를 모두 0으로 리셋한다.

EIMSK의 각 비트 중 INT2와 INT4를 세트하고 나머지 비트는 원래 값을 보존하도록 하여보자.

```
EIMSK = EIMSK | ((1<<INT2)|(1<<INT4));
EIMSK |= ((1<<INT2)|(1<<INT4));
```

EIMSK의 각 비트 중 INT2와 INT4를 0으로 리셋하고 나머지 비트는 원래 값을 보존하도록 하여보자.

~((1<<INT2)|(1<<INT4)) <==> ~(0b00010100)
<==> 0b11101011

다음과 같이 작성하면 된다.

```
EIMSK &= ~((1<<INT2)|(1<<INT4));
```

(3) 상태레지스터(SREG)의 7비트(I: 전역 인터럽트 인에이블)를 set시킨다. 이 비트가 인에이블되지 않으면 어떠한 인터럽트도 허용되지 않는다.

(4) 외부 인터럽트 INT0 서비스 루틴의 주소 설정

```
interrupt   [EX_INT0] void   extenal_int0(void)
{

}
```

【실습 2】 PORTC의 8개 LED가 300ms 간격으로 좌(LED7→LED6→LED5→LED4→LED3→LED2→LED1→LED0),우(LED0→LED1→LED2→LED3→LED4→LED5→LED6→LED7)로 시프트하며 점멸되도록 구현한다. 동작 중에 외부 인터럽트0번(PORTD.0)을 눌렀다 떼면 PORTC의 LED 이동이 정지되도록 한다. 이 동작을 반복해 본다.

```
#include <mega128.h>
#include <delay.h>
unsigned char led_data=0xfe;
void    main(void)
{
    DDRC=0xff; //LED동작 PORTC를 출력포트로 설정
    DDRD=0b11111110; // PORTD.0(INT0)핀을 입력핀으로 설정
    PORTC=led_data;
    EICRA=0b00000010; // 외부인터럽트 (INT0); Falling Edge trigger
    EIMSK=0b00000001; // 외부인터럽트 (INT0) 인에이블
    SREG=0x80;        // Global Interrupt enable
    while(1)
    {
        do{
            PORTC=led_data;
            led_data <<=1;
            led_data |=0x01;
            delay_ms(500);
            }while(led_data!=0xf7)
            led_data=0xf7;
         do{
            PORTC=led_data;
            led_data >>=1;
            led_data |=0x80;
            delay_ms(500);
            }while(led_data!=0xfe)
            led_data=0xfe;
}
interrupt   [EX_INT0] void  extenal_int0(void)
{
    while((PIND & 0b00000001)==0); //인터럽트 신호가 0에서 1이 될 때까지 유지
}
```

외부 인터럽트(INT0)가 발생되면 main()함수의 LED 이동 동작이 멈춘다. 멈추는 기간은 인터럽트서비스루틴(while((PIND & 0b0000001)==0);)에서 인터럽트 발생 스위치의 상태가 0에서 1로 전환될 깨까지 계속 유지된다.

【실습 3】 외부 인터럽트0번(PORTD.0)을 눌렀다 떼면 PORTC의 LED(LED7,LED6, LED5, LED4)가 구동(ON)되고, 외부 인터럽트1번(PORTD.1)을 눌렀다 떼면 PORTC의 LED (LED3,LED2, LED1,LED0)가 구동(ON)되도록 구현해 보자.

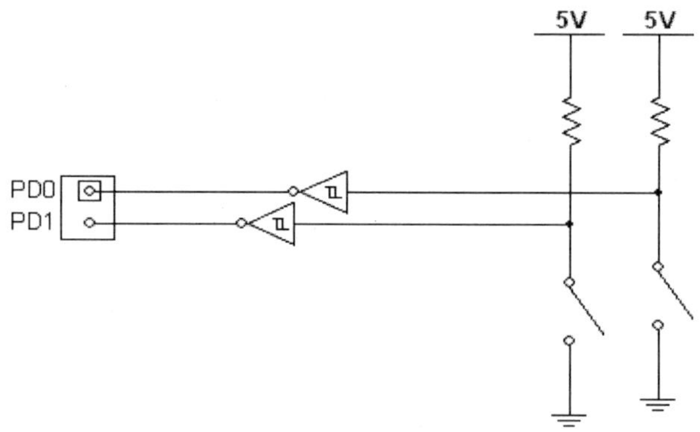


```
#include <mega128.h>
unsigned char led_data=0x55;
void     main(void)
{
    DDRC=0xff; //LED동작 PORTC를 출력포트로 설정
    DDRD=0b11111100; // PORTD.0(INT0)핀을 입력핀으로 설정
    PORTC=led_data;

    EICRA=0b00001010; // 외부인터럽트 (INT0)와 외부인터럽트 (INT1)
                      // ; Falling Edge trigger
    EIMSK=0b00000011; // 외부인터럽트 (INT0),외부인터럽트 (INT1) 인에이블
    #asm("sei);        // Global Interrupt enable

    while(1);
}
```

```
interrupt   [EX_INT0] void   extenal_int0(void)
{
      led_data =0xf0;
      PORTC=led_data;
    while((PIND & 0b00000001)==0);
}
interrupt   [EX_INT1] void   extenal_int1(void)
{
      led_data =0x0f;
      PORTC=led_data;
      while((PIND & 0b00000010)==0);
}
```

(1) EICRA (External Interrupt Control Register A) 설정

▪ 외부 인터럽트(INT0-INT3)의 트리거 방식을 LOW / 상승엣지 / 하강엣지 중에 선택하는 레지스터

Bit	7	6	5	4	3	2	1	0
EICRA	ISC31	ISC30	ISC21	ISC20	ISC11	ISC10	ISC01	ISC00
데이터	0	0	0	0	1	0	1	0

(2) EIMSK (External Interrupt Mask Register)

INT0~INT7 비트를 set(1) 시키면 해당 외부 인터럽트 핀(INT0~INT7)이 활성화 된다.

Bit	7	6	5	4	3	2	1	0
EIMSK	INT7	INT6	INT5	INT4	INT3	INT2	INT1	INT0
데이터	0	0	0	0	0	0	1	1

(3) 상태레지스터(SREG)의 7비트(I: 전역 인터럽트 인에이블)를 set시킨다. 이 비트가 인에이블되지 않으면 어떠한 인터럽트도 허용되지 않는다.

(4) 외부 인터럽트 INT0와 INT1 서비스 루틴의 주소 설정

```
interrupt    [EX_INT0] void   extenal_int0(void)
{

}
interrupt    [EX_INT1] void   extenal_int1(void)
{

}
```

【실습 4】 외부 인터럽트0번(PORTD.0)을 눌렀다 떼면 PORTC의 LED가 0xf0로 구동(ON)되고, 외부 인터럽트1번(PORTD.1)을 눌렀다 떼면 PORTC의 LED가 0x0f로 구동(ON)되고, 외부 인터럽트2번(PORTD.2)을 눌렀다 떼면 PORTC의 LED가 0x55로 구동(ON)되도록 구현하시오.

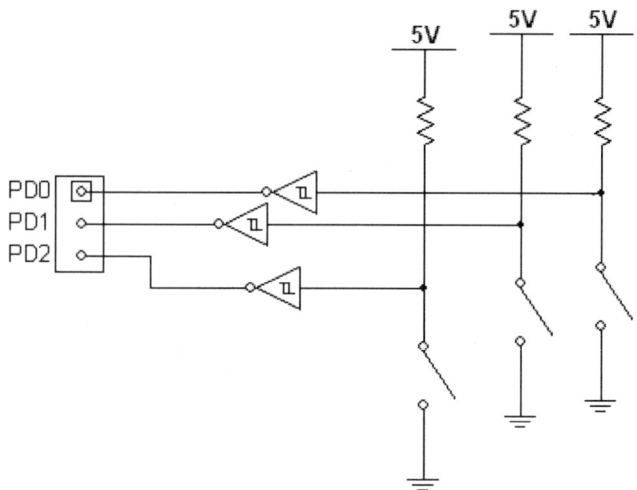

```
#include <mega128.h>

unsigned char led_data=0xff;
void    main(void)
{
    DDRC=0xff; //LED동작 PORTC를 출력포트로 설정
    DDRD=0b11111000; // PORTD.0(INT0)핀을 입력핀으로 설정
    PORTC=led_data;

    EICRA=0b00101010; // 외부인터럽트 (INT0)와 외부인터럽트 (INT1),
                      //  외부인터럽트 (INT2); Falling Edge trigger
    EIMSK=0b00000111; // 외부인터럽트 (INT0),외부인터럽트 (INT1),
                      // 외부인터럽트 (INT2)인에이블
    #asm( "sei);        // Global Interrupt enable

    while(1);
}
interrupt   [EX_INT0] void  extenal_int0(void)
{
    led_data =0xf0;
    PORTC=led_data;
   while((PIND & 0b00000001)==0);
}

interrupt   [EX_INT1] void  extenal_int1(void)
{
    led_data =0x0f;
    PORTC=led_data;
    while((PIND & 0b00000010)==0);
}

interrupt   [EX_INT2] void  extenal_int2(void)
{
    led_data =0x55;
    PORTC=led_data;
    while((PIND & 0b00000100)==0);
}
```

제6장
타이머/카운터

제6장 타이머/카운터

6.1 타이머/카운터 개요

마이크로컨트롤러에서 타이머/카운터를 흔히 통칭해서 부르며 같은 기능이라고 생각하고 사용하지만 세분하여 볼 때는 타이머와 카운터는 엄연히 틀린 기능을 말하는 것을 알아 두어야 한다.

① 타이머는 MCU의 내부클록을 이용하여 일정시간 간격의 펄스를 만들어 내거나 일정시간 경과 후에 인터럽트를 발생시키는 기능을 말한다.
② 카운터는 외부 핀(TOSC1, TOSC2, T1, T2, T3)을 통해서 들어오는 펄스를 계수(Edge Detector)하여 Event Counter로서 동작되는 것을 말한다.

타이머 - 내부클록(빠름/분주가능:범위 내에서 클록선택가능) - 동기모드
카운터 - 외부클록(느림/분주불가능:외부클록 그대로 사용) - 비동기모드

ATmega128은 8비트 타이머/카운터 2개와 16비트 타이머 2개를 제공한다. 타이머/카운터0과 타이머/카운터2는 8비트이며 타이머/카운터1과 타이머/카운터3은 16비트 타이머/카운터이다. 각 타이머/카운터는 독립적인 프리스케일러(prescaler)를 가지고 있다. 프리스케일러는 설정 분주비로 타이머의 입력 클록의 주파수를 낮춘다. 16MHz 클록을 사용하는 보드에서 분주비를 8로 설정하면 타이머/카운터에 입력되는 펄스의 주파수는 2MHz이다.

ATmega128은 타이머/카운터에 비교유닛(Compare Unit)을 제공한다. 이를 이용하여 파형 및 PWM신호를 생성할 수 있다. 타이머/카운터 0과 2는 8비트 구조로서 OVERFOLW, PWM 비슷한 기능을 가지고 제어방식도 비슷하다. 차이점이 있다면 타이머/카운터 0 은 32.768kHz의 크리스탈을 접속하는 TOSC1 및 TOSC2 단자를 가지고 있어서 RTC의 기능을 갖도록 할 수 있으며 다른 타이머/카운터와는 틀리게 내부 클록을 사용하든 외부의 클록을 사용하든 모두 프리스케일러의 분주기능을 사용할 수 있다는 것이다.

※용어설명

- BOTTOM : 카운터가 가질 수 있는 최소값 0x00을 나타낸다.
- MAX : 카운터가 가질 수 있는 최대값 0Xff를 나타낸다.

- TOP : 각 동작모드에 따라 카운터가 실제로 도달하는 최대값을 나타낸다. (CTC모드의 경우 TOP=OCR)
- COUNT : TCNT0의 1씩 증가 또는 감소하는 것
- DIRECTION : COUNT의 증감 / 감소 설정
- CLEAR : Clear TCNT0
- CLKT0 : 타이머/카운터 클록

6.2 타이머/카운터0과 타이머/카운터2

그림 6-1과 그림6-2는 8비트 타이머/카운터 0,2의 블록선도를 보여준다.

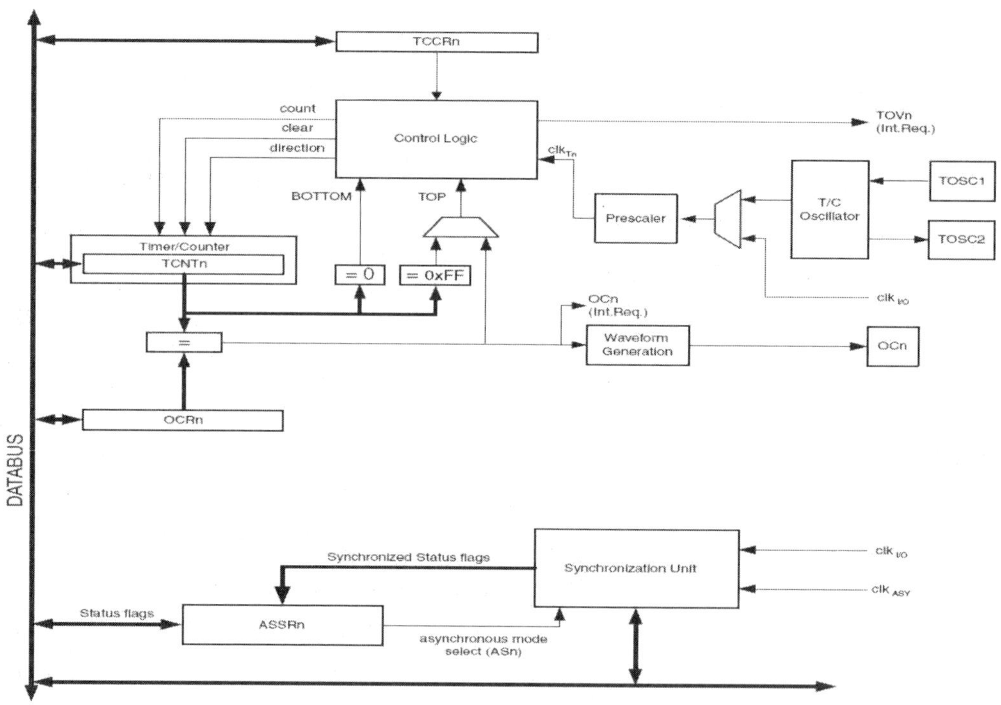

그림6-1 8비트 타이머/카운터 0 개략도

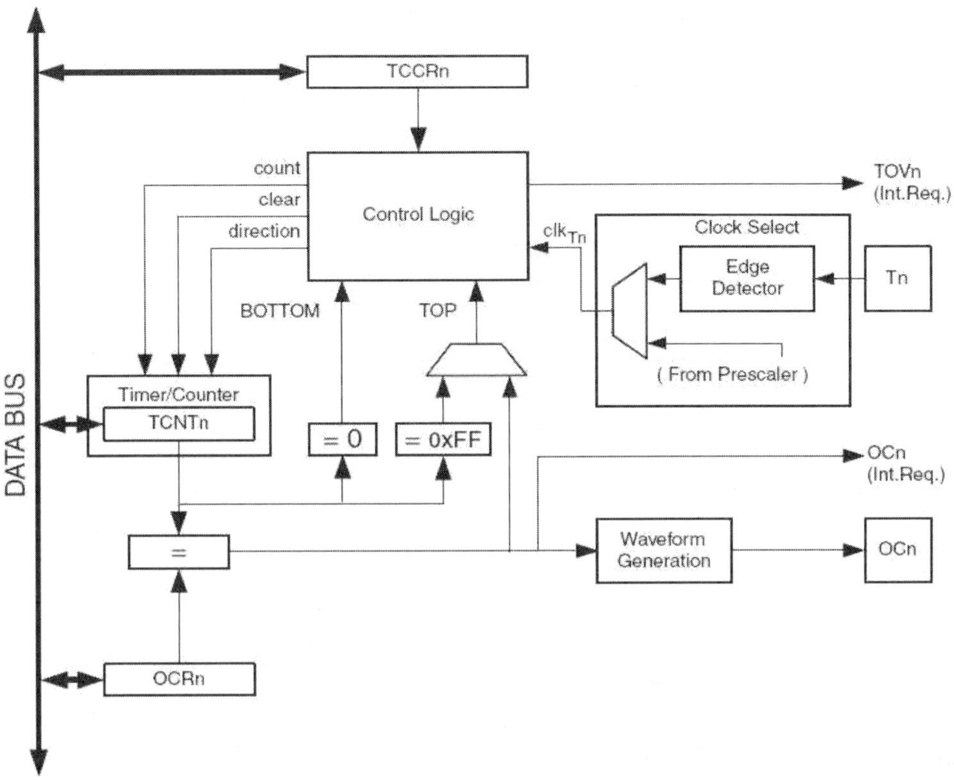

그림6-2 8비트 타이머/카운터2 개략도

프리스케일러 (prescaler)	타이머0의 경우에는 TOSC1에 입력된 시스템클록 주파수의 1/4 미만의 외부클록, TOSC1과 TOSC2단자에 연결된 수정 진동자에 의해 발생되는 클록이나 내부 클록값을 클록 소스로 사용하여 1, 8, 32, 64, 128, 256, 1024의 분주비로 프리스케일러에서 나누어 클록을 생성한다. 타이머0의 클록소스는 ASSR레지스터로 선택한다. 타이머2의 경우에는 TOSCT1,2핀에 해당하는 것이 없고 대신 T2핀으로 입력되는 외부 클록을 프리스케일러를 거치지 않고 클록을 생성하거나 내부 클록을 클록 소스로 사용하여 1, 8, 64, 256, 1024의 분주비로 프리스케일러에서 나누어 클록을 생성한다. 분주비의 선택은 TCCRn레지스터로 설정한다.

TCCRn	타이머n의 동작모드를 설정하는 레지스터(n은 0 또는 2)TCNTn (Timer/CouNTer n) 레지스터 : 프리스케일러에서 생성된 클록을 제어로직에 따라 업/다운 카운팅을 수행하거나 리셋되는 타이머n의 8비트 카운터 값을 저장하는 레지스터. TOVn : TCNTn가 카운팅에 의해 0xFF에서 0x00로 오버플로우가 일어나면 TOVn플랙이 세트되고 오버플로 인터럽트를 발생시킬 수 있게 된다.

OCRn (Output Compare Resister n)	TCNTn의 값과 출력 비교되기 위한 8비트 데이터 값을 저장하고 있는 레지스터로 TCNTn의 값과 같으면 OCFn플랙을 세트시키고 출력비교 인터럽트를 요청하고 출력핀 OCn단자로 적절한 데이터가 출력되도록 한다.

제어로직 (Control Logic)	TCNTn가 제로가 되었을 때 발생하는 BOTTOM 신호, TCNTn 카운터값이 0xFF에 도달하거나 OCRn 레지스터에 설정된 값에 도달할 때 발생하는 TOP신호를 입력으로 받아들여 TCNTn 카운터를 업/다운 카운팅을 수행하게 하거나 리셋시킨다.

6.2.1 타이머/카운터 0과 타이머/카운터2의 레지스터

(가) TCCRn 레지스터

TCCRn(Timer/Counter Control Register n)는 타이머n의 동작모드를 설정하고 프리스케일러의 분주비를 설정한다.

TCCRn (Timer/Counter n Control Register) (n=0, 1)

Bit	7	6	5	4	3	2	1	0
	FOC0	WGM00	COM01	COM00	WGM01	CS02	CS01	CS00
읽기/쓰기	R/W	R/W	R/W	R/W	R/W	R/W	R/W	R/W
초기값	0	0	0	0	0	0	0	0

- 비트7(FOCn:Force Output Compare n)

  PWM 모드가 아닌 경우에만 유효하며 1로 설정하면 강제로 OC0(PB4, 핀14) 단자(타이머2의 경우 OC2(PB7, 핀17)에 출력비교가 일치할 때 출력하게 되는 값과 동일한 출력을 내보낸다. 이 경우 인터럽트가 발생하지도 않고 CTC 모드에서 TCNTn를 클리어시키지도 않으므로 보통 0으로 설정한다.

- 비트6, 비트5 (WGMn0, n1: Waveform Generation Mode n0, n1) (n=0,2)

타이머 n는 4가지의 동작모드를 갖는데 각각 Normal(일반), CTC, PC(Phase Correct) PWM, 고속 PWM이다. WGMn1:n0을 00으로 하면 일반모드, 01로 하면 PC PWM, 10으로 하면 CTC, 11로 하면 고속 PWM모드로 설정한다.

파형 생성 모드 비트 설명

모드	WGMn1	WGMn0	타이머/카운터 동작모드	TOP	OCRn 갱신시점	TOVn 플래그 세트 시점
0	0	0	Normal	0xFF	즉시	MAX
1	0	1	PWM, Phase Correct	0xFF	TOP	BOTTOM
2	1	0	CTC	OCRn	즉시	MAX
3	1	1	Fast PWM	0xFF	TOP	MAX

• 비트5,4(COMn1, n0 : Compare Match output mode n1, n0) (n=0, 2)

이 비트는 출력 핀 OCn의 동작을 제어한다. 이 비트들 중 하나 이상의 비트가 세트되면 OCn은 공유하는 범용 I/O핀의 기능을 대신한다. (OC0은 PB4와 OC2은 PB7과 공유한다.) 그러나 OCn핀을 사용하기 위해서는 공유 범용 I/O핀의 방향을 출력으로 설정하여야 한다.

표6.1 비 PWM모드일 때 비교 출력 모드

COMn1	COMn0	설명
0	0	범용 I/O로 동작한다. OCn 핀은 연결되지 않음.
0	1	비교 일치가 될 때 OCn핀의 상태를 반전시킨다.
1	0	비교 일치가 될 때 OCn핀에 0을 출력한다.
1	1	비교 일치가 될 때 OCn핀에 1을 출력한다.

표 8.3 Fast PWM모드일 때 비교 출력모드

COMn1	COMn0	설명
0	0	범용 I/O로 동작한다. OCn 핀은 연결되지 않음.
0	1	-
1	0	비교 일치가 될 때 OCn핀을 0으로 하고 TOP 값에서 1을 출력
1	1	비교 일치가 될 때 OCn핀을 1로 하고 TOP 값에서 0을 출력

표6.2 Phase Correct PWM모드일 때 비교 출력 모드

COMn1	COMn0	설명
0	0	범용 I/O로 동작한다. OCn 핀은 연결되지 않음.
0	1	-
1	0	카운터 증가모드일 때 비교 일치가 되면 OCn핀에 0을 출력한다. 카운터 감소모드일 때 비교 일치가 되면 OCn핀에 1을 출력한다.
1	1	카운터 증가모드일 때 비교 일치가 되면 OCn핀에 1을 출력한다. 카운터 감소모드일 때 비교 일치가 되면 OCn핀에 0을 출력한다.

- 비트 2:0 – CSn2:0: 클록선정

  이 비트로 타이머/카운터 n이 사용하는 클록을 표 8.5와 8.6과 같이 선정한다.(타이머/카운터0과 타이머/카운터2가 서로 다르다.)

표6.3 타이머/카운터0의 클록 선정

CS02	CS01	CS00	설명
0	0	0	타이머/카운터 정지(클록사용하지 않음)
0	0	1	clk_{TOS} (프리스케일링 없음)
0	1	0	clk_{TOS}/8(프리스케일링 입력)
0	1	1	clk_{TOS}/32(프리스케일링 입력)
1	0	0	clk_{TOS}/64(프리스케일링 입력)
1	0	1	clk_{TOS}/128(프리스케일링 입력)
1	1	0	clk_{TOS}/256(프리스케일링 입력)
1	1	1	clk_{TOS}/1024(프리스케일링 입력)

clk_{TOS}는 프리스케일러 입력 클록을 말한다. ASSR레지스터의 AS0이 0일 때는 내부클록, 1일 때는 TOSC1/TOSC2핀의 수정발진자 주파수이다.

표6.4 타이머/카운터2의 클록 선정

CS22	CS21	CS20	설명
0	0	0	타이머/카운터 정지(클록사용하지 않음)
0	0	1	$clk_{I/O}$ (프리스케일링 없음)
0	1	0	$clk_{I/O}$/8(프리스케일링 입력)
0	1	1	$clk_{I/O}$/64(프리스케일링 입력)
1	0	0	$clk_{I/O}$/256(프리스케일링 입력)
1	0	1	$clk_{I/O}$/1024(프리스케일링 입력)
1	1	0	T2핀의 외부 클록사용. 하강모서리에서 클록을 함
1	1	1	T2핀의 외부 클록사용. 상승모서리에서 클록을 함

1. $clk_{I/O}$는 내부 클록을 말한다.
2. 외부클록 사용모드를 사용하면 T2핀이 출력방향으로 설정되더라도 클록으로 동작을 한다.

(나) 타이머/카운터 레지스터(Timer Counter Register):TCNTn(n=0,2)

Bit	7	6	5	4	3	2	1	0
	TCNTn[7:0]							
읽기/쓰기	R/W	R/W	R/W	R/W	R/W	R/W	R/W	R/W
초기값	0	0	0	0	0	0	0	0

타이머/카운터 레지스터로서 읽기/쓰기를 직접 할 수 있다.

(다) 출력 비교 레지스터(Output Compare Register): OCRn(n=0,2)

Bit	7	6	5	4	3	2	1	0
	OCRn[7:0]							
읽기/쓰기	R/W	R/W	R/W	R/W	R/W	R/W	R/W	R/W
초기값	0	0	0	0	0	0	0	0

OCRn은 타이머/카운터 레지스터 TCNTn과 지속적으로 비교된다. 비교 일치는 출력비교일치 인터럽트나 OCn핀에 파형을 출력할 때 사용된다.

(라) TIMSK 레지스터

타이머/카운터 인터럽트 마스크 레지스터(Timer/Counter Interrupt Mask

Register): TIMSK, TIMSK(Timer Interrupt MaSK) 레지스터는 타이머0,1,2가 발생하는 인터럽트를 개별적으로 허용 제어하는 레지스터이다.

Bit	7	6	5	4	3	2	1	0
	OCIE2	TOIE2	TICIE1	OCIE1A	OCIE1B	TOIE1	OCIE0	TOIE0
읽기/쓰기	R/W	R/W	R/W	R/W	R/W	R/W	R/W	R/W
초기값	0	0	0	0	0	0	0	0

- 비트 1,7 OCIEn(n=0,2)

  출력 비교 일치 인터럽트 허용(Output Compare Match Interrupt Enable)

  OCIEn비트가 1이고 SREG레지스터의 I비트가 1이면 출력비교 일치 인터럽트를 허용한다. 출력 비교 일치 인터럽트는 타이머 값 TCNTn과 비교레지스터 값 OCRn이 같을 때 즉 출력 비교 플래그 OCFn가 세트될 때 발생한다.
- 비트 0,6 - TOIEn(n=0,2)

  타이머 오버플로 인터럽트 허용(Timer/Counter Overflow Interrupt Enable)

  TOIEn비트가 1이고 SREG레지스터의 I비트가 1이면 타이머 오버플로 인터럽트를 인터럽트를 허용한다. 타이머 오버플로 인터럽트는 타이머 값 TCNTn가 오버플로가 생길 때 즉 타이머/카운터 오버플로 플래그 TOVn이 세트될 때 발생한다.

(마) TIFR 레지스터

TIFR(Timer Interrupt Frag Register) 레지스터는 타이머0~2가 발생하는 인터럽트 플래그를 저장한다. 소프트웨어적으로 강제로 클리어 하려면 1을 기록해야 한다.

Bit	7	6	5	4	3	2	1	0
	OCF2	샒2	ICF1	OCF1A	OCF1B	TOV1	OCF0	TOV0
읽기/쓰기	R/W	R/W	R/W	R/W	R/W	R/W	R/W	R/W
초기값	0	0	0	0	0	0	0	0

- 비트 1,7 OCFn(n=0,2)

출력비교 플래그(Output Compare match Flag n) : 타이머 n의 TCNTn 레지스터와

출력비교 레지스터 OCRn의 값을 비교하여 같으면 OCFn는 1로 세트되고 출력비교 인터럽트가 요청된다. 인터럽트가 서비스되기 시작하면 자동적으로 클리어된다.

• 비트 0,6 TOVn(n=0,2)

타이머/카운터 n 오버플로 플래그(Timer Overflow Flag n) : 타이머 n에서 오버플로가 발생하면(0xFF까지 세고 0x00으로 넘어가게 되면) 이 TOVn는 1로 세트되면서 오버플로 인터럽트가 요청된다. 인터럽트가 서비스되기 시작하면 자동적으로 클리어된다. Phase correct PWM 모드에서는 타이머2이 0x00에서 계수방향을 바꿀 때 TOVn가 세트된다.

(바) ASSR 레지스터

ASSR(ASynchronous Status Register) 레지스터는 비동시 상태 레지스터로 타이머/카운터 0에만 해당된다. 타이머/카운터 0이 클록 소스를 선택하거나 외부 클록에 의해 비동기 모드로 동작하는 경우 제어를 위한 레지스터이다.

Bit	7	6	5	4	3	2	1	0
	–	–	–	–	AS0	TCN0UB	OCR0UB	TCR0UB
읽기/쓰기	R/W	R/W	R/W	R/W	R/W	R/W	R/W	R/W
초기값	0	0	0	0	0	0	0	0

• 비트3(AS0 : ASynchronous timer 0)

0이면 내부클록 $f_{clk_I/0}$를 클록소스로 설정하여 동기모드로 타이머0가 동작하게 하고 1이면 TOSC1을 통해 들어오는 외부클록을 소스로 설정하여 비동기 모드로 동작하게 한다.

AS0 TCNT0, OCR0, TCCR0 예상하지 못한 인터럽트가 발생할 수 있으므로 주의해야 한다.

• 비트2(TCN0UB : Timer/CouNter0 Uptate Busy)

타이머0이 외부에서 TOSC1 단자로 입력되는 클록을 소스로 하여 비동기모드로 동작하고 있을 때 TCNT0레지스터에 새로운 값을 기록하면 1로 세트된다. 기록이 완료되면 0으로 자동적으로 클리어되어 TCNT0에 새로운 값을 기록할 수 있음을 표시한다.

• 비트1(OCR0UB : Output Compare Register 0 Update Busy)

타이머0이 외부에서 TOSC1 단자로 입력되는 클록을 소스로 하여 비동기모드로 동작하고 있을 때 OCR0레지스터에 새로운 값을 기록하면 1로 세트된다.

기록이 완료되면 0으로 자동적으로 클리어되어 OCR0에 새로운 값을 기록할 수 있음을 표시한다.

비트0(TCROUB : Timer Conter Register 0 Update Busy) : 타이머0이 외부에서 TOSC1 단자로 입력되는 클록을 소스로 하여 비동기모드로 동작하고 있을 때 TCCR0 레지스터에 새로운 값을 기록하면 1로 세트된다. 기록이 완료되면 0으로 자동적으로 클리어되어 TCCR0 에 새로운 값을 기록할 수 있음을 표시한다.

(사) SFIOR 레지스터

SFIOR(Special Function I/O Register)는 타이머들을 동기화시키는데 사용되는 레지스터이다.

Bit	7	6	5	4	3	2	1	0
	TSM	-	-	-	ACME	PUD	PSR0	PSR321
읽기/쓰기	R/W	R/W	R/W	R/W	R/W	R/W	R/W	R/W
초기값	0	0	0	0	0	0	0	0

- 비트7(TSM : Timer Synchronization Mode)
  0으로 클리어하면 PSR0, PSR321비트가 하드웨어적으로 클리어되며 타이머들이 동시에 카운팅 동작을 시작한다. 1로 하면 PSR0, PSR321비트에 기록한 값을 유지하여 대응하는 프리스케일러 리셋신호를 발생하고 해당 타이머의 동작을 정지시켜 같은 값으로 설정할 수 있도록 한다.
- 비트1(PSR0 : Prescaler Reset Timer 0)
  1로하면 타이머0의 프리스케일러를 리셋시키며 완료후에 자동적으로 클리어된다. TSM = 1이면 자동적으로 클리어되지 않는다.
- 비트0(PSR123 : Prescaler Reset Timer 123)
  1로하면 타이머0의 프리스케일러를 리셋시키며 완료후에 자동적으로 클리어된다. TSM = 1이면 자동적으로 클리어되지 않는다.

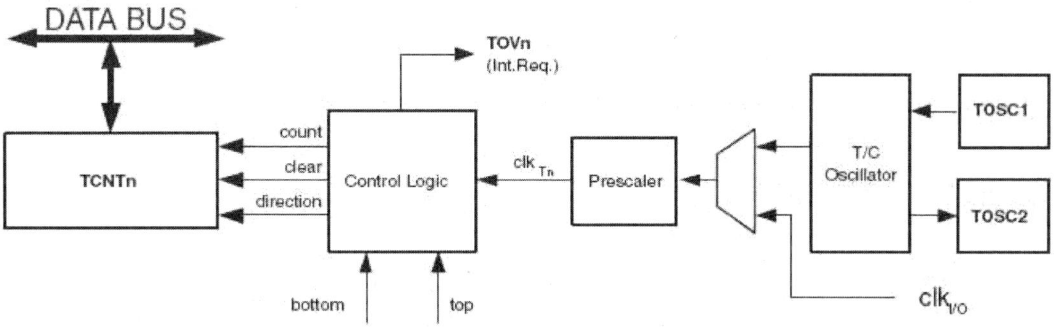

타이머/카운터 0의 Counter Unit

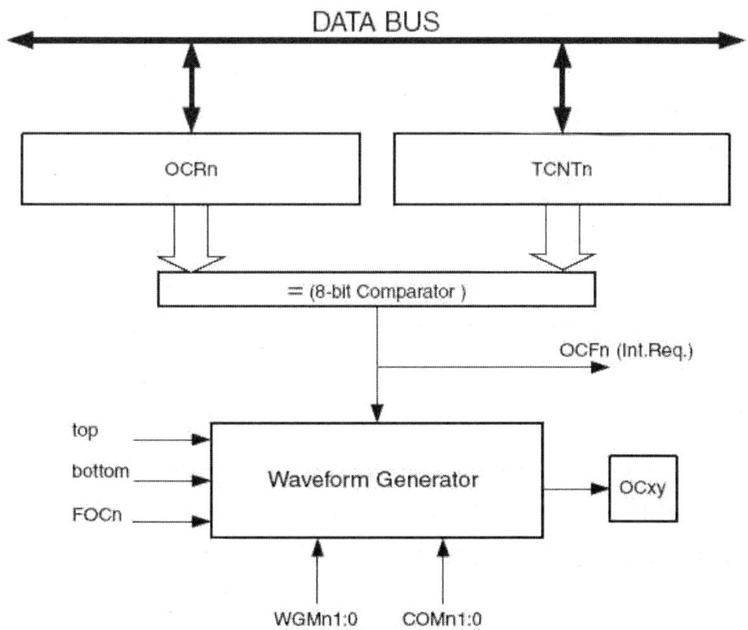

그림6-3. 타이머/카운터 0의 Output Compare Unit

6.2.2 동작모드

8비트 타이머의 동작모드는 TCCRn레지스터의 WGMn1:0비트와 COMn1:0로 설정한다.

(1) 타이머0,2의 일반 모드

(가) 설정 : TCCRn레지스터의 WGMn1:n0 = 00으로 설정한다.

(나) 동작 : 타이머/카운터 TCNTn은 항상 증가(UP 카운터)를 하며 값이 8비트의 최대 값(TOP=0xFF)을 지나면 다시 바닥(BOTTOM=0x00)부터 다시 카운트를 시작한다.TCNTn의 값이 255에서 0으로 바뀌는 순간 TIFR레지스터의 TOVn비트가 세트되며 오버플로 인터럽트 발생이 요청된다.

(다) 시간간격 설정 : 오버플로 인터럽트가 요청될 때 마다 인터럽트를 발생시켜 TCNTn의 초기값을 적당하게 설정하면 원하는 시간 간격을 얻을 수 있다. TCCRn의 비트2..0(CSn2..0)값에 따라 1, 8, 32, 64, 128, 256, 1024 분주(타이머2의 경우 1,8, 64, 256, 1024)가 되므로 클록을 16MHz로 사용하는 경우 분주비를 256으로 설정할 경우 TCNTn은 16us마다 1씩 증가한다. 이때 최대 오버플로우 인터럽트 시간간격은 16us x 256=4.096ms이다. 만약 2ms마다 오버플로우 인터럽트가 발생하기 위해서는 TCNTn이 125개 증가하여 TCNTn의 값이 255에서 0으로 바뀌면 된다. 따라서 TCNTn의 초기값을 256-125=131을 TCNTn에 미리 써 넣어 동작시키면 2ms마다 오버플로우 인터럽트가 발생한다. 이때 오버플로우 인터럽트 발생 시마다 TCNTn은 131을 새로이 써 주어야 한다.
프리스케일러 출력 클록 당 소요시간은 다음과 같다.

$$t_0 = N/f_{clk\_IO}$$

여기서 N은 프리스케일러의 분주비이고 $f_{clk_I/O}$는 내부클록 주파수이다. 8비트 레지스터인 TCNTn레지스터 또는 OCRn은 0~255까지 셀 수 있으므로 최대 주기는 다음과 같다.

$$T_{\max} = 256 \cdot t_o = 256 \cdot N/f_{clk\,IO}$$

16MHz클록을 사용할 때 프리스케일러 분주비에 따른 인터럽트 최대 발생주기를 나타낸다.

표6-4 분주비에 따른 인터럽트 최대 발생주기

분주비(N)	1	8	32†	64	128†	256	1024
최대주기 (msec)	0.016	0.128	0.512	1.024	2.048	4.096	16.384

†타이머/카운터 2는 제공하지 않는 분주비임

(2) 타이머0,2의 CTC모드

(가) 설정 : TCCRn레지스터의 WGMn1:n0 = 10으로 설정한다.

(나) 동작 : CTC(Clear Timer on Compare match)모드에서는 TCNTn의 값이 OCRn레지스터에 설정한 값과 일치되면 그 다음 클록 사이클에서 TCNTn의 값이 0으로 클리어된다. 이때 TIFR레지스터의 OCFn비트가 세트되며 출력비교 인터럽트 발생이 요청된다. 이때 인터럽트를 발생시켜 OCRn의 값을 바꾸면 주기를 원하는 대로 변경할 수 있다. OCn단자로 하여금 출력파형을 발생하도록 할 수 있는데 TCCRn의 COMn1:n0을 01로 설정하고 OCRn레지스터 값을 바꿔가면서 출력비교에 의해 OCn의 신호를 토글하는 경우를 그림 86이 보여준다. OCn핀에 출력을 하려면 공유 범용 I/O핀의 방향을 출력으로 설정해야 한다.

(다) 주기 설정 : 생성되는 파형의 주파수는 비교 레지스터 OCRn으로 설정할 수 있다.
프리스케일러 값이 N이면 내부 클록 N개마다 TCNTn값이 1씩 증가한다. 따라서 TCNTn이 1 증가하는 데 필요한 소요시간 t_0는

$$t_0 = N/f_{clk\_IO}$$

여기서 f_{clk_IO}는 내부클록 주파수를 말한다.TCNTn은 0부터 OCRn값까지 증가하였다가 0으로 리셋되므로 0부터 다음 0까지 소요 카운트 값은 OCRn+1이다. TCNTn이 0으로 리셋 될 때마다 출력 OCn핀의 상태가 반전되므로 한 파형을 만드는 데 0으로 리셋이 두 번 일어나야 하므로 소요카운트 값은 2·(OCRn+1)이다. 따라서 파형의 주기 t_{OCn}과 주파수 f_{OCn}은

$$t_{OCn} = 2t_0(OCRn+1)\sec,\ f_{OCn} = \frac{1}{t_{OCn}}Hz$$

내부 클록 16MHz를 사용하고 프리스케일러 값이 8, OCRn=15로 설정되면 파형의 주파수 및 주기는 다음과 같다.

$$t_0 = 8\ /\ 16\times10^6 = 0.5\ \times10^{-6}\ \sec = 0.5\ \text{usec}$$

$$t_{OCn} = 2 \cdot 0.5\times10^{-6} \cdot (15+1) = 16usec$$

$$f_{OCn} = \frac{1}{16\times10^{-6}} = 62.5kHz$$

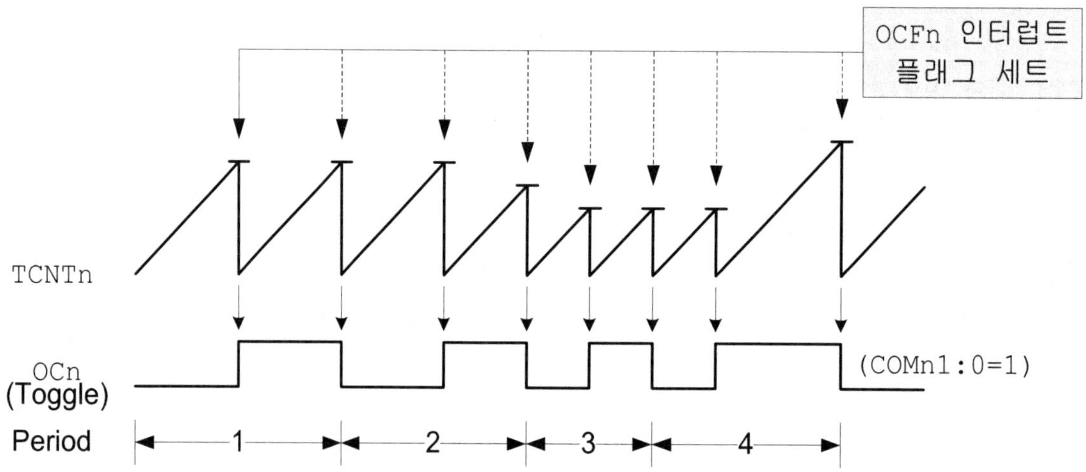

그림6-4 CTC모드의 동작

(3) 타이머 0, 2의 고속 PWM 모드

(가) 설정 : TCCRn레지스터의 WGMn1:n0 = 11으로 설정한다.

(나) 동작 : TCNTn는 반복적으로 업 카운팅하며 항상 0x00~0xFF의 값을 갖는다. TCNTn의 값이 OCRn레지스터에 설정한 값과 일치되면 TIFR레지스터의 OCFn 비트가 세트되며 출력비교 인터럽트가 요청되며 OCn의 값은 0으로 클리어 된다. 그리고 TCNTn는 업 카운팅을 계속하여 TCNTn는 255까지 증가했다가 0으로 바뀌는 순간 TIFR레지스터의 TOVn비트가 세트되어 오버플로 인터럽트가 요청되며 OCn는 1로 세트된다. TOVn비트가 세트되어 오버플로 인터럽트가 요청될 때 인터럽트를 발생시켜 OCRn의 값을 바꾸어 듀티비를 제어할 수 있다. OCRn = 0x00일 때 듀티비는 1/256이며 OCRn=0xFF일 때 100%가 됨을 알 수 있다.

TCNTn의 값이 0으로 리셋되는 시점이 PWM 신호의 시작 시점이므로 PWM신호의 주기는 카운터의 값이 0부터 다음 0까지이므로 256카운트에 해당한다. 따라서 주기와 주파수는

$$t_{OCnPWM} = t_0 \times 256 \text{ sec}$$

$$f_{OCnPWM} = \frac{1}{t_{OCnPWM}} \ Hz$$

PWM 신호의 듀티비는 출력 비교레지스터 값으로 설정할 수 있다.

듀티비(%) = OCRn/256 × 100 (%)

FAST PWM모드의 해상도는 8bit 즉 256등분이다.

그림6-5는 Fast PWM 모드에서 출력 핀의 동작을 보여준다.

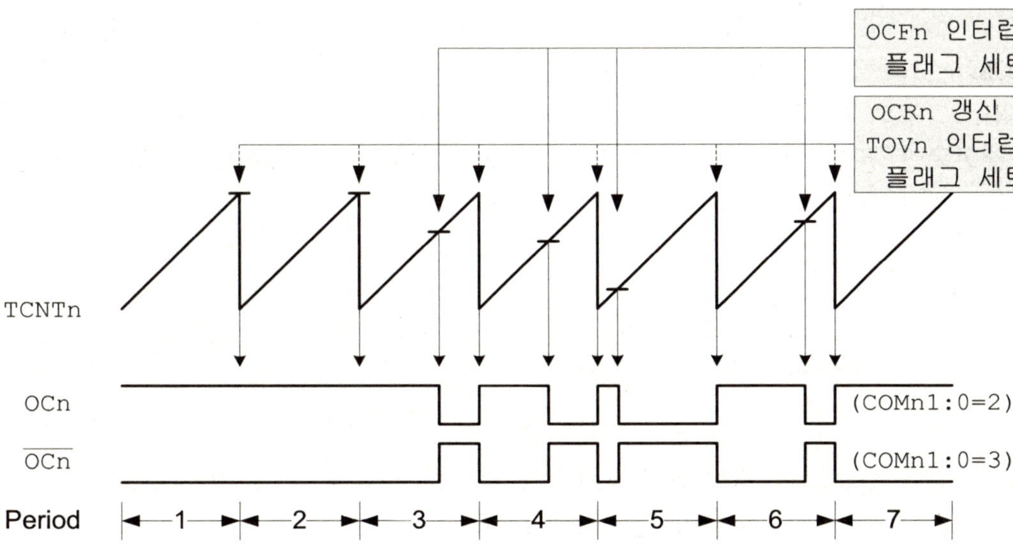

그림6-5 Fast PWM 모드의 동작

(5) 타이머 0, 2의 Phase Correct PWM 모드

(가) 설정 : TCCRn레지스터의 WGMn1:n0 = 01으로 설정한다.

(나) 동작 : TCNTn는 업 카운팅하여 0xFF으로 증가하다가 다운 카운팅으로 0x00으로 감소를 반복한다. TCCRn의 COMn1:n0을 10 혹은 11로 설정하고 OCRn 레지스터 값을 변화시켜가며 출력비교에 의해 OCn의 신호를 PWM하는 경우 TCNTn의 값이 OCRn레지스터에 설정한 값과 일치되면 TIFR레지스터의 OCFn비트가 세트되며 출력 비교 인터럽트 발생이 요청되며 OCn의 값은 상향 카운팅의 경우에는 0으로 하향의 경우에는 1로 세트된다. 그리고 TCNTn는 업 카운팅을 계속하여 TCNTn는 255에 도달하면 OCR2의 값이 경신되고 하향 카운팅이 시작된다. 하향 카운팅을 하다가 0에 도달하면 TIFR레지스터의 TOVn비트가 세트되며 오버플로 인터럽트가 요청된다

PC PWM모드에서는 OCRn 레지스터에 이중 버퍼링 기능이 있어 PWM 주기를 변경하기 위해 OCRn 레지스터에 새로운 값을 기록하더라도 즉시 변경되지 않고 TCNTn이 255에 도달하면 갱신된다. OCRn레지스터 값과 듀티비가 비례함을 그림 88에서 알 수 있다. OCRn = 0x00일 때 듀티비는 0이며 OCRn=0xFF일 때 100%가 됨을 알 수 있다.

TCNTn의 값이 MAX값이 되는 시점이 PWM 신호의 시작시점이므로 PWM신호의 반송주기동안 카운터의 값은 0xFF(255)->0x00->0xFF으로 변한다. 카운트로는 510에 해당한다. 따라서 반송주기와 주파수는

$$t_{PC\_PWM} = t_0 \times 510 \text{ sec}$$

$$f_{PC\_PWM} = \frac{1}{t_{PC\_PWM}} \; Hz$$

PWM 신호의 듀티비는 출력 비교레지스터 값으로 설정할 수 있다.

듀티비(%) = OCRn/256 × 100 (%)

Phase Correct PWM모드의 해상도는 8bit 즉 256등분이다.

Phase Correct PWM모드의 PWM신호 반송주기는 Fast PWM모드의 약 두 배이다.

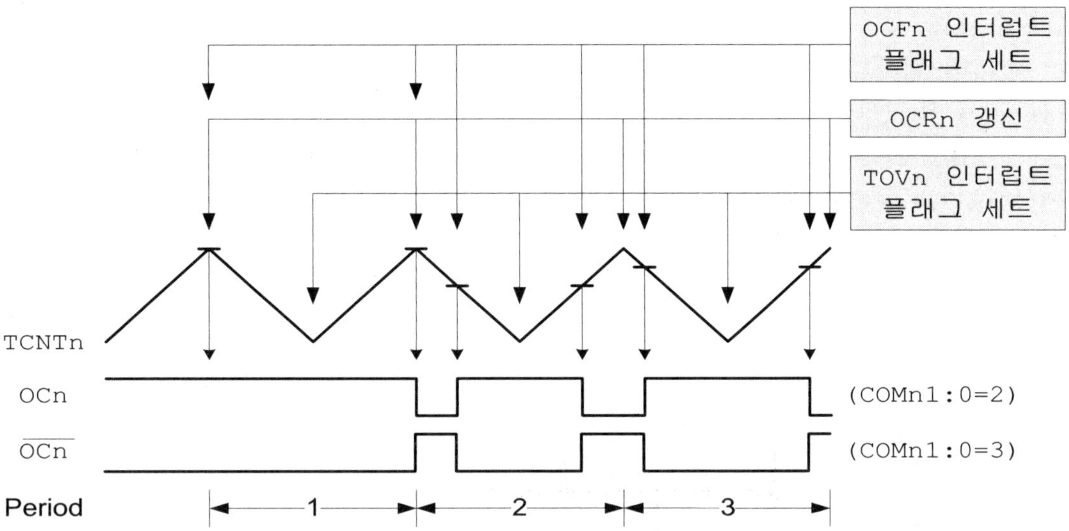

그림6-6 Phase Correct PWM 모드의 동작

6.3 타이머 카운터1과 타이머/카운터 3

3개의 PWM 출력 및 캡춰 기능을 갖는 16 비트 업/다운 카운터로 10비트의 프리스케일러를 갖고 있어 이를 통하여 내부 클록을 소스로 받아 타이머나 카운터로 동작한다. 오버플로와 출력비교에 의한 인터럽트 이외에 Input Capture 인터럽트 기능을 갖고 있고 주파수를 발생할 수 있는 기능과 출력비교와 재장전 기능을 갖고 있다.

(1) 타이머/카운터 1, 3의 특징

- 16비트(0x0000 ~ 0xFFFF) 구조
- 10비트(0x000 ~ 0x3FF) 프리스케일러
- Overflow, Output Compare Match A/B/C, Input Capture 인터럽트
- Output Compare Match 할 때 타이머가 클리어 된다.(CTC 모드)

(2) 타이머/카운터 1, 3의 동작

- 내/외부 클록 중 하나를 선택하여 기준 클록으로 삼는다.
- 타이머/카운터 1,3은 0x0000~0xFFFF까지 Count하여 Overflow되면 OVF 인터럽

트가 걸린다.

- 타이머/카운터 1, 3은 0x0000~0xFFFF까지 Count하다가 지속적으로 TCNT값과 OCR값을 비교하여 같으면 COMP 인터럽트가 걸린다.
- 타이머/카운터 1, 3은 외부 ICn핀으로부터 트리거 신호가 입력되면 현재의 TCNTn의 값이 입력캡쳐 레지스터 ICRn으로 저장되면서 IC 인터럽트가 걸린다.

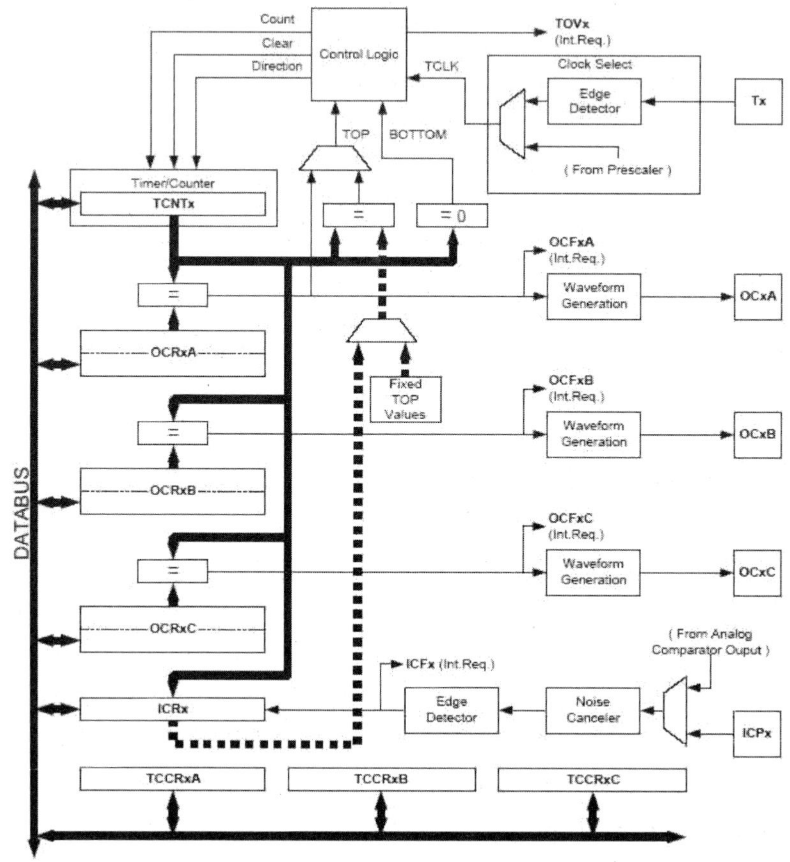

그림6-7 타이머/카운터 1의 블록도

6.3.1 타이머/카운터 1 관련 레지스터

타이머/카운터 1을 제어하기 위해서는 상태레지스터(SREG)와 타이머/카운터 1 관련 레지스터(TCCR1A, TCCR1B, TCCR1C, TCNT1H, TCNT1L, OCR1AH, OCR1AL, OCR1BH, OCR1BL, OCR1CH, OCR1CL, ICR1H, ICR1L, SFIOR, TIMSK, ETIMSK, TIFR, ETIFR)의 사용법을 알아야 한다.

(1) TIMSK(Timer/Counter Interrupt Mask Register)

타이머/카운터1,3 에서 발생하는 인터럽트를 개별적으로 허용하는 기능을 수행하는 레지스터

Bit	7	6	5	4	3	2	1	0
	OCIE2	TOIE2	TICIE1	OCIE1A	OCIE1B	TOIE1	OCIE0	TOIE0
읽기/쓰기	R/W	R/W	R/W	R/W	R/W	R/W	R/W	R/W
초기값	0	0	0	0	0	0	0	0

- Bit 5 - TICIE1(Timer/Counter1 Input Capture Interrupt Enable)
  TICIE1=1로 Set시켜주면 Input Capture Interrupt가 활성화된다.
  CAPT인터럽트를 사용하려면 SREG의 I=1인 상태여야 한다.

- Bit 4, 3 - IE1x(Timer/Counter1 Output Compare Match A, B Interrupt Enable)
  OCIE1x=1로 Set시켜주면 Output Compare Match Interrupt가 활성화된다.
  COMP인터럽트를 사용하려면 SREG의 I=1인 상태여야 한다.
- Bit 2 - TOIE1(Timer/Counter1 Overflow Interrupt Enable)
  TOIE1=1로 Set시켜주면 Overflow Interrupt가 활성화된다.
  OVF인터럽트를 사용하려면 SREG의 I=1인 상태여야 한다.

(2) ETIMSK(Extended Timer/Counter Interrupt Mask Register)

타이머/카운터1,3 에서 발생하는 인터럽트를 개별적으로 허용하는 기능을 수행하는 레지스터

Bit	7	6	5	4	3	2	1	0
	-	-	TICIE3	OCIE3A	OCIE3B	TOIE3	OCIE3C	OCIE1C
읽기/쓰기	R/W	R/W	R/W	R/W	R/W	R/W	R/W	R/W
초기값	0	0	0	0	0	0	0	0

- Bit 0 - OCIE1C(Timer/Counter1 Output Compare Match C Interrupt Enable)

OCIE1C=1로 Set시켜주면 Output Compare Match C Interrupt가 활성화된다.

COMP인터럽트를 사용하려면 SREG의 I=1인 상태여야 한다.

(3) TIFR(Timer/Counter Interrupt Flag Register)

Bit	7	6	5	4	3	2	1	0
	OCF2	TOV2	ICF1	OCF1A	OCF1B	TOV1	OCF0	TOV0
읽기/쓰기	R/W	R/W	R/W	R/W	R/W	R/W	R/W	R/W
초기값	0	0	0	0	0	0	0	0

- Bit 5 - ICF1(Timer/Counter1 Input Capture Flag)

  타이머/카운터 1의 외부 IC1핀의 입력캡처신호 또는 아날로그비교기의 신호로 인하여 캡처동작이 되면 이 비트가 1로 Set되면서 입력캡처 인터럽트가 요청된다. 이 비트는 인터럽트 처리의 시작과 함께 0으로 Clear된다.

- Bit 4, 3 - OCF1x(Timer/Counter1 Output Compare Match A, B Flag)

  TCNT1값과 OCR1값을 비교하여 이것이 같으면 이 비트가 1로 Set되면서 출력비교 인터럽트가 요청된다. 이 비트는 인터럽트 처리의 시작과 함께 0으로 Clear된다.

- Bit 0 - TOV1(Timer/Counter1 Overflow Flag)

  타이머/카운터1에서 Overflow가 발생되면 이 비트가 1로 Set되면서 출력비교 인터럽트가 요청된다. 이 비트는 인터럽트 처리의 시작과 함께 0으로 Clear된다.

(4) ETIFR(Extended Timer/Counter Interrupt Flag Register)

Bit	7	6	5	4	3	2	1	0
	-	-	ICF3	OCF3A	OCF3B	TOV3	OCF3C	OCF1C
읽기/쓰기	R/W	R/W	R/W	R/W	R/W	R/W	R/W	R/W
초기값	0	0	0	0	0	0	0	0

- Bit 0 - OCF1C(Timer/Counter1 Output Compare Match C Flag)

  TCNT1값과 OCR1값을 비교하여 이것이 같으면 이 비트가 1로 Set되면서 출력비교 C인터럽트가 요청된다. 이 비트는 인터럽트 처리의 시작과 함께 0으로 Clear된다.

(5) TCCR1A(Timer/Counter1 Control Register A)

Bit	7	6	5	4	3	2	1	0
	COM1A1	COM1A0	COM1B1	COM1B0	COM1C1	COM1C0	WGM11	WGM10
읽기/쓰기	R/W	R/W	R/W	R/W	R/W	R/W	R/W	R/W
초기값	0	0	0	0	0	0	0	0

- Bit 1,0 - WGM11, WGM10 (Waveform Generation Mode) : 파형 출력 모드

  TCCR1C 레지스터의 WGM00과 결합하여 타이머/카운터1의 동작모드를 설정한다.

그 동작모드는 아래와 같다.

Mode	WGMn3	WGMn2 (CTCn)	WGMn1 (PWMn1)	WGMn0 (PWMn0)	Timer/Counter Mode of Operation[1]	TOP	Update of OCRnx at	TOVn Flag Set on
0	0	0	0	0	Normal	0xFFFF	Immediate	MAX
1	0	0	0	1	PWM, Phase Correct, 8-bit	0x00FF	TOP	BOTTOM
2	0	0	1	0	PWM, Phase Correct, 9-bit	0x01FF	TOP	BOTTOM
3	0	0	1	1	PWM, Phase Correct, 10-bit	0x03FF	TOP	BOTTOM
4	0	1	0	0	CTC	OCRnA	Immediate	MAX
5	0	1	0	1	Fast PWM, 8-bit	0x00FF	TOP	TOP
6	0	1	1	0	Fast PWM, 9-bit	0x01FF	TOP	TOP
7	0	1	1	1	Fast PWM, 10-bit	0x03FF	TOP	TOP
8	1	0	0	0	PWM, Phase and Frequency Correct	ICRn	BOTTOM	BOTTOM
9	1	0	0	1	PWM, Phase and Frequency Correct	OCRnA	BOTTOM	BOTTOM
10	1	0	1	0	PWM, Phase Correct	ICRn	TOP	BOTTOM
11	1	0	1	1	PWM, Phase Correct	OCRnA	TOP	BOTTOM
12	1	1	0	0	CTC	ICRn	Immediate	MAX
13	1	1	0	1	(Reserved)	–	–	–
14	1	1	1	0	Fast PWM	ICRn	TOP	TOP
15	1	1	1	1	Fast PWM	OCRnA	TOP	TOP

Note: 1. The CTCn and PWMn1:0 bit definition names are obsolete. Use the WGMn2:0 definitions. However, the functionality and location of these bits are compatible with previous versions of the timer.

- Bit (7,6), (5,4), (3,2) - COM1x1, COM1x0 (Compare Match Output A, B, C Mode)

Mode	COM1x1	COM1x0	설명
PWM모드가 아닌 경우 (Normal / CTC)	0	0	범용 입출력포트 (OC1x 출력 차단)
	0	1	비교매치>> OC1x Toggle 출력
	1	0	비교매치>> OC1x = 0 출력
	1	1	비교매치>> OC1x = 1 출력

Mode	COM1x1	COM1x0	설명
FAST PWM	0	0	범용 입출력포트 (OC1x 출력 차단)
	0	1	모드15의 경우 OC1A 토글, 나머지 차단, 나머지의 경우 OC1x 출력 차단
	1	0	비교매치>> OC1x = 0 출력 오버플로우>> OC1x = 1 출력
	1	1	비교매치>> OC1x = 1 출력 오버플오우>> OC1x = 0 출력

Mode	COM1x1	COM1x0	설명
Phase (and Frequency) Correct PWM	0	0	범용 입출력포트 (OC1x 출력 차단)
	0	1	모드9, 11의 경우 비교매치에서 OC1A 토글 출력, 나머지 차단 나머지의 경우 OC1x 출력 차단
	1	0	상향카운터 비교매치>> OC1x = 0 출력 하향카운터 비교매치>> OC1x = 1 출력
	1	1	상향카운터 비교매치>> OC1x = 1 출력 하향카운터 비교매치>> OC1x = 0 출력

(6) TCCR1B(Timer/Counter1 Control Register B)

Bit	7	6	5	4	3	2	1	0
	ICNC1	ICES1	-	WGM13	WGM12	CS12	CS11	CS10
읽기/쓰기	R/W	R/W	R/W	R/W	R/W	R/W	R/W	R/W
초기값	0	0	0	0	0	0	0	0

- Bit 7 - ICNC1(Input Capture Noise Canceler)

  이 비트를 1로 Set해주면 입력캡처 단자 IC1으로 입력되는 캡처신호를 위한 노이즈 제거회로가 작동된다. 노이즈 제거회로가 작동되면 입력캡처 신호를 필터링하게 되는데 이를 이용하면 시스템클록의 4주기만큼 지연되어 작동된다.

- Bit 6 - ICES1(Input Capture Edge Select)

  입력캡처 단자 IC1으로 입력되는 신호의 엣지의 검출 방법을 결정짓는다.

  ICES1=1 이면 상승 엣지일 때 검출된다.

  ICES1=0 이면 하상 엣지일 때 검출된다.

- Bit 2,1,0 - CS12,11,10(Clock Select)

표 8.5 타이머/카운터0의 클록 선정

CSn2	CSn1	CSn0	설명
0	0	0	타이머/카운터 정지(클록사용하지 않음)
0	0	1	clk_{TOS} (프리스케일링 없음)
0	1	0	clk_{TOS}/8(프리스케일링 입력)
0	1	1	clk_{TOS}/64(프리스케일링 입력)
1	0	0	clk_{TOS}/256(프리스케일링 입력)
1	0	1	clk_{TOS}/1024(프리스케일링 입력)
1	1	0	Tn핀의 외부클록(Falling Edge)
1	1	1	Tn핀의 외부클록(Rising Edge)

clk_{TOS}는 프리스케일러 입력 클록을 말한다. ASSR레지스터의 AS0이 0일 때는 내부클록, 1일 때는 TOSC1/TOSC2핀의 수정발진자 주파수이다.

(7) TCCR1C(Timer/Counter1 Control Register C)

Bit	7	6	5	4	3	2	1	0
	FOC1A	FOC1B	FOC1C	–	–	–	–	–
읽기/쓰기	R/W	R/W	R/W	R/W	R/W	R/W	R/W	R/W
초기값	0	0	0	0	0	0	0	0

- Bit 7,6,5 - FOC1A,B,C(Force Output Compare A, B, C)
  강제로 OC1A, B, C 단자에 출력비교 매치 신호를 출력

(8) TCNT1H, TCNT1L (Timer/Counter Register 1)

Bit	7	6	5	4	3	2	1	0
	TCNT1H[15:8]							
	TCNT1L[7:0]							
읽기/쓰기	R/W	R/W	R/W	R/W	R/W	R/W	R/W	R/W
초기값	0	0	0	0	0	0	0	0

- 타이머/카운터 1의 16비트 카운터값을 저장하고 있는 레지스터

(9) OCR1xH, OCR1xL (Timer/Counter Output Compare Register 1)

Bit	7	6	5	4	3	2	1	0
	OCR1AH[15:8]							
	OCR1AL[7:0]							
읽기/쓰기	R/W	R/W	R/W	R/W	R/W	R/W	R/W	R/W
초기값	0	0	0	0	0	0	0	0

Bit	7	6	5	4	3	2	1	0
	OCR1BH[15:8]							
	OCR1BL[7:0]							
읽기/쓰기	R/W	R/W	R/W	R/W	R/W	R/W	R/W	R/W
초기값	0	0	0	0	0	0	0	0

Bit	7	6	5	4	3	2	1	0
	OCR1CH[15:8]							
	OCR1CL[7:0]							
읽기/쓰기	R/W	R/W	R/W	R/W	R/W	R/W	R/W	R/W
초기값	0	0	0	0	0	0	0	0

- 타이머/카운터 1의 카운터값인 TCNT1과 비교하여 OC1A, B, C 단자에 출력신호를 발생하기 위한 16비트 값을 저장하고 있는 레지스터

(10) ICR1(Timer/Counter Input Compare Register 1)

Bit	7	6	5	4	3	2	1	0
	ICR1H[15:8]							
	ICR1L[7:0]							
읽기/쓰기	R/W	R/W	R/W	R/W	R/W	R/W	R/W	R/W
초기값	0	0	0	0	0	0	0	0

- 입력캡처신호 IC1에 의하여 TCNT1값을 캡쳐하여 저장하는 16비트 레지스터이다.

(11) SFIOR(Special Function I/O Register)

Bit	7	6	5	4	3	2	1	0
	TSM	-	-	-	ACME	PUD	PSR0	PSR321
읽기/쓰기	R/W	R/W	R/W	R/W	R/W	R/W	R/W	R/W
초기값	0	0	0	0	0	0	0	0

- Bit 7 - TSM(Timer/Counter Synchronization Mode)
  모든 타이머/카운터들을 동기화시키는 기능을 수행한다.
- Bit 0 - PSR321(Prescaler Reset Timer/Counter0)
  타이머/카운터1~3의 프리스케일러를 리셋 시키며 동작 후에 자동적으로 클리어 된다.

6.3.2 동작모드

(1) 타이머1의 일반 모드

(가) 설정 : TCCR1A의 WGMn1:WGMn0 = 00, TCCR1B의 WGMn3:WGMn2 = 00으로 설정한다.(n=1,3)

(나) 동작 : 타이머n는 항상 상향 카운터로만 동작한다. TCNTn의 값이 0xFFFF에서 0으로 바뀌는 순간 TOVn비트가 세트되며 오버플로 인터럽트가 발생이 요청된다.
오버플로 인터럽트가 요청될 때 마다 인터럽트를 발생시켜 TCNTn의 초기값을 적당하게 설정하면 원하는 시간 간격을 얻을 수 있다. TCCRnB의 비트 2..0(CSx2..0)값에 따라 1,8, 64, 256, 1024가 될 수 있으므로 분주비에 따라 주기가 결정된다. 동작방법은 타이머/카운터 0의 일반동작 모드와 동일하다.

(2) 타이머1, 3의 CTC모드

(가) 설정 : TCCR1A의 WGMn1:WGMn0 = 00, TCCRxB레지스터의 WGMx3:2 을 01 또는 11로 설정한다.

(나) 동작 : CTC(Clear Timer on Compare match)모드의 4번 모드에서는 TCNTn의 값이 OCRnA레지스터에 설정한 값과 일치되면 그 다음 클록 사이클에서 TCNTn의 값이 0으로 클리어된다. 이때 OCFnA비트가 세트되며 출력비교 인터럽트 발생이 요청된다. 이때 인터럽트를 발생시켜 OCRnA의 값을 바꾸면 주기를 원하는 대로 변경할 수 있다. OCn단자로 하여금 출력파형을 발생하도록 할 수 있는데 TCCRxB레지스터의 WGMx3:2 을 01로 설정하면 COMnx1:COMnx0(n=1,3/x=A,B,C)을 01로 설정하고 OCRnA레지스터 값을 바꿔가면서 출력비교에 의해 OCnx(n=1,3/x=A,B,C)의 신호를 토글하게 된다. TCCRxB레지스터의 WGMx3:2 을 11로 설정하면 TCNTn의 값이 입력캡춰 레지스터 ICRn에 설정한 값과 일치되면 그 다음 클록 사이클에서 TCNTn의 값이 0으로 클리어된다. 이때 ICFn비트가 세트되며 입력캡춰 인터럽트 발생이 요청된다. 이때 인터럽트를 발생시켜 ICRn의 값을 바꾸면 주기를 원하는 대로 변경할 수 있다. OCxn단자로 하여금 출력파형을 발생하도록 할 수 있는데 COMnx1~0을 01로 설정하고 OCRnx레지스터 값을 바꿔가면서 출력비교에 의해 OCnx의 신호를 토글하게 된다.

생성되는 파형의 주파수는 비교 레지스터 OCRn으로 설정할 수 있다.

프리스케일러 값이 N이면 내부 클록 N개마다 TCNTn값이 1씩 증가한다. 따라서 TCNTn이 1 증가하는 데 필요한 소요시간 t_0는

$$t_0 = N/f_{clk\_IO}$$

여기서 f_{clk_IO}는 내부클록 주파수를 말한다.TCNTn은 0부터 OCRn값까지 증가하였다가 0으로 리셋 되므로 0부터 다음 0까지 소요 카운트 값은 OCRn+1이다. TCNTn이 0으로 리셋 될 때마다 출력 OCn핀의 상태가 반전되므로 한 파형을 만드는 데 0으로 리셋이 두 번 일어나야 하므로 소요카운트 값은 2·(OCRn+1)이다. 따라서 파형의 주기 t_{OCn}과 주파수 f_{OCn}은

$$t_{OCn} = 2t_0(OCRn+1)\sec,\ f_{OCn} = \frac{1}{t_{OCn}}Hz$$

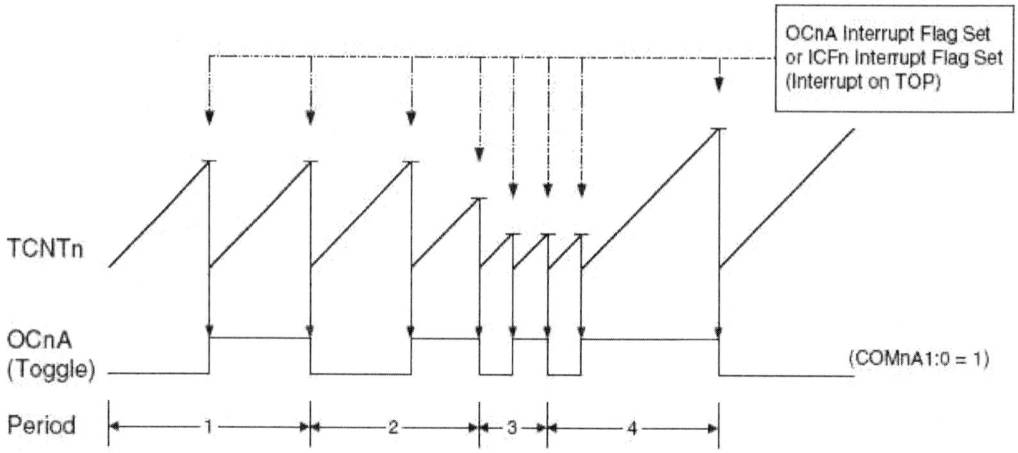

(3) 타이머 1, 3의 고속 PWM 모드

(가) 설정 :TCCRxA,TCCRxB레지스터의 WGMn3..WGMn0을 5,6,7,14,15로 설정한다.(n=1,3/x=A,B,C)

(나) 동작 : TCNTn는 반복적으로 업카운팅하며 항상 0x0000~TOP의 값을 갖는다. TOP의 값은 모드 번호에 따라 0x00FF, 0x1FF, 0x03FF, ICRn, OCRnA을 갖는다. TCNTn의 값이 TOP 값과 일치되면 그 다음 사이클에서 0으로 클리어 되며 OCFnA비트가 세트되어 출력비교 인터럽트가 요청되거나 ICFn비트가 세트되어 입력캡처 인터럽트가 요청되거나 TOVn비트가 세트되어 오버플로 인터럽트가 요청될 수 있으며 OCRnA와 TOP값을 업데이트 할 수 있다. COMnx1:0을 10으로 세팅한 경우 TCNTn의 값은 ICRn나 OCRnx값과 같아지면 OCnx의 값은 0으로 클리어 된다. 그리고 TCNTn는 업카운팅을 계속하여 TOP까지 증가했다가 0으로 바뀌는 순간 OCnx는 1로 세트된다. 인터럽트가 요청될 때 인터럽트를 발생시켜 TOP 값이나 OCRnx의 값을 바꾸어 듀티비를 제어할 수 있다.

출력되는 파형의 주기계산은 다음과 같다.

TCNTn의 값이 0으로 리셋되는 시점이 PWM 신호의 시작 시점이므로 PWM신호의 주기는 카운터의 값이 0부터 다음 0까지이므로 TOP 카운트에 해당한다. 따라서 주기와 주파수는

$$t_{OCnPWM} = t_0 \times \text{TOP (sec)}$$

$$f_{OCnPWM} = \frac{1}{t_{OCnPWM}}\ Hz$$

PWM 신호의 듀티비는 출력 비교레지스터 값으로 설정할 수 있다.

듀티비(%) = OCRn/TOP × 100 (%)

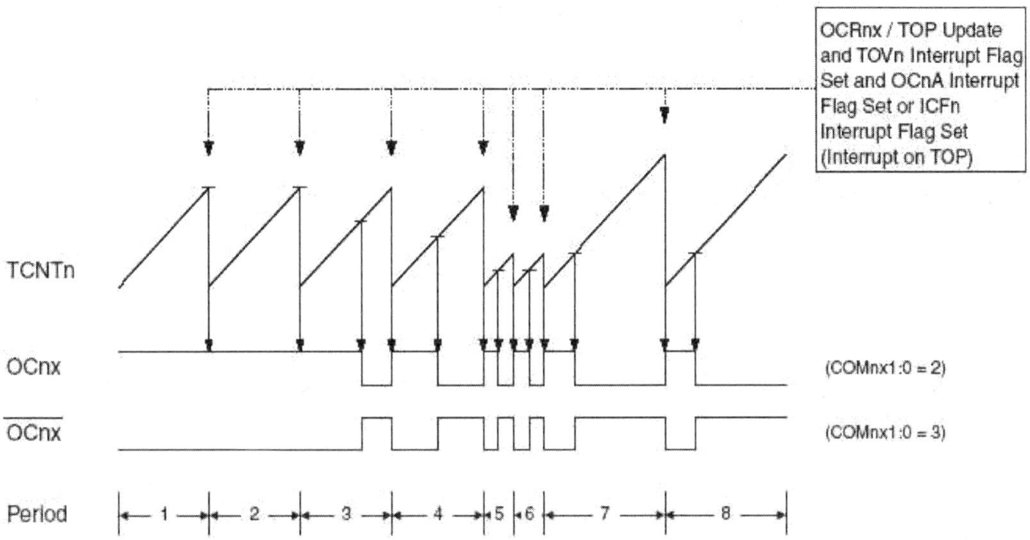

(4) 타이머 1, 3의 Phase Correct PWM 모드

(가) 설정 : TCCRxA,TCCRxB레지스터의 WGMn3..WGMn0을 1, 2, 3, 10, 11로 설정한다.(n=1,3/x=A,B,C)

(나) 동작 : TCNTn는 업카운팅하여 TOP으로 증가하다가 다운카운팅으로 0x0000으로 감소를 반복한다. TOP의 값은 모드 번호에 따라 0x00FF, 0x1FF, 0x03FF, ICRx, OCRxA을 갖는다. TCNTn가 TOP값에 도달하면 OCRnx, TOP의 값이 경신되고 OCFnA비트가 세트되어 출력비교 인터럽트가 요청되거나 ICFn비트가 세트되어 입력캡춰 인터럽트가 요청될 수 있다. TCNTn가 0x0000에 도달하면 TOVn비트가 세트되어 오버플로 인터럽트가 요청될 수 있다. COMnx1:0을10으로 세팅한 경우 TCNTn의 값이 OCRnx레지스터에 설정한 값과 일치되면 OCnx의 값은 상향 카운팅의 경우에는 0으로 하향의 경우에는 1로 세트된다. 그리고

TCNTn는 업카운팅을 계속하여 TOP에 도달하면 하향 카운팅이 시작된다. PC PWM모드에서는 OCRnx 레지스터에 이중 버퍼링 기능이 있어 PWM 주기를 변경하기 위해 OCRnx 레지스터에 새로운 값을 기록하더라도 즉시 변경되지 않고 TCNTnx이 TOP에 도달하면 갱신된다. OCRnx레지스터 값과 듀티비가 비례함을 알 수 있다.

TCNTn의 값이 MAX값이 되는 시점이 PWM 신호의 시작시점이므로 PWM신호의 반송 주기 동안 카운터의 값은 TOP->0x00->TOP으로 변한다. 카운트로는 TOP값 x 2에 해당한다. 따라서 반송주기와 주파수는

$$t_{PC\_PWM} = t_0 \times 2 \cdot \text{TOP (sec)}$$

$$f_{PC\_PWM} = \frac{1}{t_{PC\_PWM}}\ Hz$$

PWM 신호의 듀티비는 출력 비교레지스터 값으로 설정할 수 있다.

듀티비(%) = OCRn/TOP × 100 (%)

Phase Correct PWM모드의 PWM신호 반송주기는 Fast PWM모드의 약 두 배이다.

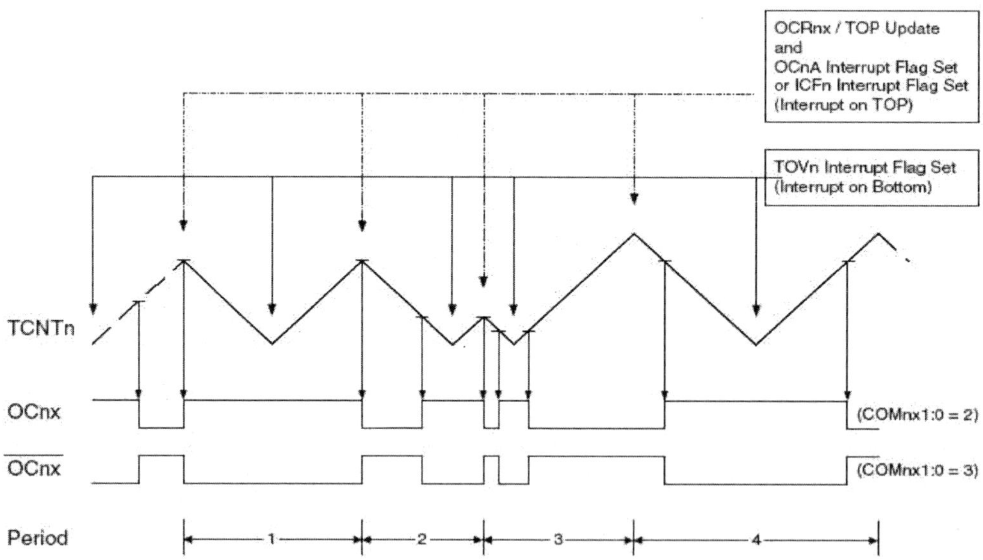

[ATmega128 타이머/카운터0,1,2,3 비교표]

	타이머/카운터 0	타이머/카운터 1	타이머/카운터 2	타이머/카운터 3
기본구조	8bit	16bit	8bit	16bit
타이머입력	clkI/O	clkI/O	clkI/O	clkI/O
카운터입력	TOSC1 와 TOSC2 (32.768kHz) TOSC1	T1	T2	T3
타이머/프리스케일러	1, 8, 32, 64, 128, 256, 1024	1, 8, 64, 256, 1024	1, 8, 64, 256, 1024	1, 8, 64, 256, 1024
레지스터	TCCR0 TCNT0 OCR0 ASSR SFIOR TIMSK TIFR	TCCR1A TCCR1B TCCR1C TCNT1H, TCNT1L OCR1AH, OCR1AL OCR1BH, OCR1BL OCR1CH, OCR1CL ICR1H, ICR1L SFIOR TIMSK, ETIMSK TIFR, ETIFR	TCCR2 TCNT2 OCR2 SFIOR TIMSK TIFR	TCCR3A TCCR3B TCCR3C TCNT3H, TCNT3L OCR3AH, OCR3AL OCR3BH, OCR3BL OCR3CH, OCR3CL ICR3H, ICR3L SFIOR TIMSK, ETIMSK TIFR, ETIFR
동작모드	Normal CTC Fast PWM Phase Correct PWM	Normal, CTC, Fast PWM, Phase Correct PWM, Phase and Frequency Correct PWM	Normal CTC Fast PWM Phase Correct PWM	Normal, CTC, Fast PWM, Phase Correct PWM, Phase and Frequency Correct PWM
입력신호	TOSC1, TOSC2	T1, IC1	T2	T3, IC3
출력신호	OC0	OC1A, OC1B, OC1C	OC2	OC3A, OC3B, OC3C
인터럽트	Overflow, Output Compare Match	Overflow, Output Compare Match A/B/C, Input Capture	Overflow, Output Compare Match	Overflow, Output Compare Match A/B/C, Input Capture
기타	RTC기능 타이머카운터모두 프리스케일러 사용	Capture		Capture

위 자료는 ATmega128 마스터(윤덕용저,OHM사)의 자료를 인용한 내용입니다.

6.4 타이머/카운터 실습

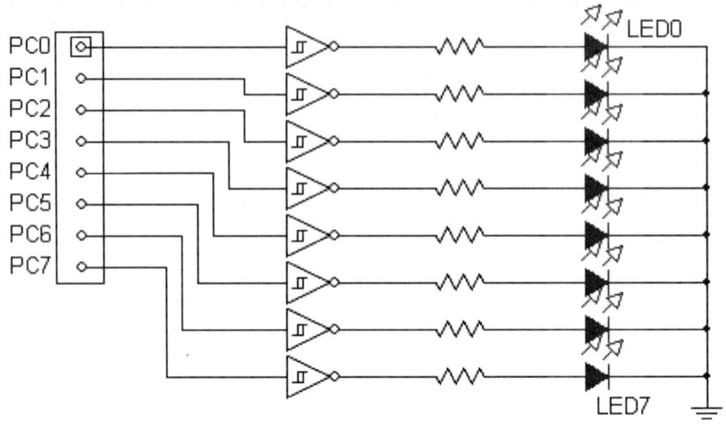

【실습 1】 타이머/카운터0을 이용하고 1,024분주비를 적용하여 오버플로우 인터럽트가 발생하면 PORTC의 LED를 좌측(LED7→LED6→LED5→LED4→LED3→LED2→LED1→LED0)으로 순차 ON되는 프로그램을 구현하시오.

```
#include <mega128.h>
unsigned char led_data=0xfe;
void     main(void)
{
    DDRC=0xff;  //포트 C를 출력포트로 설정
    PORTC=led_data;

    TIMSK=0b00000001; // 타이머머/카운터0 오버플로우 인터럽트 인에이블 설정
    TCCR0=0b00000111; // 타이머/카운터0 일반모드, 1,204분주 설정
    TCNT0=0x100;          // 타이머/카운터0 레지스터 100으로 초기화
    SREG.7=1;           // 글로벌 인터럽트 허용 세트

    while(1);
}
interrupt   [TIM0_OVF] void timer0_ovf(void)
{
        static char n=0; // 인터럽트 횟수

        TCNT0 = 100;            // 10msec 후에 인터럽트발생
        n++;                    // 인터럽트 횟수 증가
```

```
        if(n == 50)                  // 500msec
        {
                n=0;
                PORTC=led_data;
                led_data <<=1;
                led_data |=0x01;
                if(led_data==0xff)led_data=0xfe;
        }
}
```

(1) TIMSK 레지스터

타이머0,1,2가 발생하는 인터럽트를 개별적으로 허용 제어하는 레지스터이다.

Bit	7	6	5	4	3	2	1	0
	OCIE2	TOIE2	TICIE1	OCIE1A	OCIE1B	TOIE1	OCIE0	TOIE0
데이터	0	0	0	0	0	0	0	1

타이머/카운터0의 타이머 오버플로우(카운터값이 0xff→0x00으로 바뀔 때 발생) 인터럽트 허용하기 위해 TOIE0=1로 설정

(2) TCCR0 레지스터

타이머/카운터0의 동작모드를 설정하고 프리스케일러의 분주비를 설정한다.

Bit	7	6	5	4	3	2	1	0
	FOC0	WGM00	COM01	COM00	WGM01	CS02	CS01	CS00
데이터	0	0	0	0	0	1	1	1

WGM00:WGM01=00은 타이머/카운터0의 동작모드를 일반모드로 설정

CS02:CS01:CS00=111은 타이머/카운터0의 클록 분주비를 128로 설정함으로써 타이머/카운터0 레지스터(TCNT0)가 1씩 증가하는데 걸리는 시간은 $\frac{C_k}{1{,}024} = \frac{16\times10^6}{1{,}024} = 15.625[kHz]$즉 $t = \frac{1}{f} = \frac{1}{15.625\times10^3} = 0.064[ms]$이다.

(3) 타이머/카운터0 레지스터(TCNT0)를 0으로 초기화시킨다.

(4) 주기적으로 인터럽트를 발생시키고, 인터럽트서비스루틴에서 LED를 이동시킨다.

주기적으로 인터럽트를 발생시**키는 방법은** **<u>타이머 오버플로 인터럽트</u>**와 **<u>출력 비</u>**

<u>교 일치 인터럽트</u>를 사용할 수 있다.
표준 모드에서는 타이머 오버플로 인터럽트와 출력 비교 일치 인터럽트 중 하나를 사용하면 되고, CTC모드에서는 비교 일치 인터럽트를 사용한다.
우선 각 프리스케일러의 분주비에 따라 인터럽트의 최대 발생주기를 계산하여 보자.

프리스케일러 출력 클록 당 소요시간은 식(8.2)로서 주어진다.

$$t_0 = N/f_{clk\_IO}$$

여기서 N은 프리스케일러의 분주비이고 $f_{clk_I/0}$는 내부클록 주파수이다. 8비트 레지스터인 TCNTn레지스터 또는 OCRn은 0~255까지 셀 수 있으므로 최대 주기는 다음과 같다.

$$T_{\max} = 256 \bullet t_o = 256 \bullet N/f_{dk\,IO}$$

이다. 표6-4에서 16MHz클록을 사용할 때 가장 큰 분주비를 선택하여도 최대주기가 약 16msec이다. 이 주기로 패턴을 이동하면 너무 빨라 모두 켜져 있는 것처럼 보인다. 느린 주기로 패턴을 이동하여 패턴이동을 보기 위해 다음 방법을 고려하자.

① 10msec 주기로 인터럽트를 건다.
② 인터럽트 서비스루틴에서 인터럽트가 걸린 회수를 계산하여 긴 시간을 측정하고 시간이 되면 LED를 이동시킨다. 예를 들어 500msec주기로 패턴을 이동하려면 10ms 인터럽트가 50번 걸렸을 때 LED를 이동하면 된다.

타이머에 적절한 초기 값을 쓰면 타이머 시작부터 타이머 오버플로가 발생할 때까지의 시간을 조절할 수 있다. 타이머0의 TCNT0에 0xF0를 쓰고 타이머를 시작하면 0xFF에서 0x00으로 넘어가는 시점에서 오버플로 인터럽트가 발생하므로

0xFF - 0xF0 + 1 = 0x10 = 16

타이머0가 시작한 후 16클록 후에 타이머 오버플로 인터럽트가 발생한다.
n msec후에 인터럽트를 발생시키려면 n msec에 해당하는 클록 수를 계산하여야

한다. 클록수를 i라 하고, 목표시간을 t_s라 하면

$$
\begin{aligned}
i &= t_s \times 10^{-3} / t_o \\
&= t_s \times 10^{-3} \times 16 \times 10^6 / N \\
&= t_s \times 16 \times 1000 / N
\end{aligned}
$$

여기서 N은 분주비이고 $f_{clk\_I/O}$=16MHz이다. 따라서 타이머에

TCNTn = 0xFF - i + 1 = 256 - i

를 설정하고 타이머를 동작시키면 n msec 후에 인터럽트가 발생한다. 10msec마다 인터럽트가 발생하기 위해서는 1,024 프리스케일러를 적용하게 되면 I=156이 된다. 따라서 TCNT0에는 256-156=100을 써 넣으면 된다.

(4) 타이머/카운터0의 오버플로우 인터럽트는 TCNT0값이 125부터 255를 카운터한 후 다시 이 되는 시점에서 발생한다. 인터럽트가 요청되는 시점에서 TCNT0레지스터는 0으로 초기화된다.

【실습 2】 타이머/카운터0을 이용하고 256분주비를 적용한 오버플로우 인터럽트를 이용하여 4ms를 생성하기 위해 TCNT0의 설정값을 계산하여 적용한 후 4ms를 가지고 400ms를 만들어 400ms 마다 PORTC의 LED를 좌측(LED7→LED6→LED5→LED4→LED3→LED2→LED1→LED0)으로 순차 ON되는 프로그램을 구현하시오.

【설명】 【실습 1】에서 알 수 있듯이 타이머/카운터0를 이용해 만들 수 있는 최대시간은 16.384[ms]이다. 따라서 1초를 만들기 위해서는 약간의 알고리즘이 요구된다. 즉 타이머/카운터0를 이용해 기준시간을 만든 후 기준시간x반복횟수를 이용해 요구되는 시간을 만든다. 만약 요구시간을 1초로 하고 타이머/카운터0를 이용해 기준시간을 4ms로 만들면 반복횟수는 1/4ms=250이 된다. 즉 4ms 타이머/카운터0 오버플로우 인터럽트가 250번 요구되면 1초가 되는 것이다.

타이머/카운터0으로 기준시간은 (인터럽트 발생시간)=

$\frac{1}{16}[\mu s] \times (prescaler) \times (256-N)$ 로 구하면 된다. 즉 분주비를 256으로 하고 기준시간(인터럽트 발생시간)을 4ms로 한다면 식에서 N은 6이 된다. 따라서 TCNT0에 미리 6을 써 넣으면 TCNT0는 6부터 카운터를 시작하므로 250카운터에서 오버플로우 인터럽트가 발생하게 된다. 그러면 4ms가 만들어지게 된다.

```
#include <mega128.h>
unsigned char led_data=0xfe;
unsigned char t_ov_cnt=0;
void    main(void)
{
    DDRC=0xff;  //포트 C를 출력포트로 설정
    PORTC=led_data;

    TIMSK=0b00000001; // 타이머/카운터0 오버플로우 인터럽트 인에이블 설정
    TCCR0=0b00000110; // 타이머/카운터0 일반모드, 256분주 설정
    TCNT0=0x06;       // 타이머/카운터0 레지스터 0으로 초기화
    SREG.7=1;         // 글로벌 인터럽트 허용 세트

    while(1);
}
interrupt   [TIM0_OVF] void timer0_ovf(void)
{
   TCNT0=0x06;
   t_ov_cnt++;
    if(t_ov_cnt==250){
        PORTC=led_data;
        led_data <<=1;
        led_data |=0x01;
         if(led_data==0xff)led_data=0xfe;
        t_ov_cnt=0
    }

}
```

【실습 3】 타이머/카운터0을 이용하고 256분주비를 적용한 비교 매치(CTC모드)를 이용하는데 OCR0 값을 125로 설정하여 1초를 생성한 후 1초 마다 PORTC의 LED를 좌측(LED7→LED6→LED5→LED4→LED3→LED2→LED1→LED0)으로 순차 ON되는 프로그램을 구현하시오.

```
#include <mega128.h>
unsigned char led_data=0xfe;
unsigned char t_cnt=0;
void    main(void)
{
    DDRC=0xff;  //포트 C를 출력포트로 설정
    PORTC=led_data;

    TIMSK=0b00000010; // 타이머머/카운터0 비교매치 인터럽트 인에이블 설정
    TCCR0=0b00001110; // 타이머/카운터0 CTC모드, 256분주 설정
    TCNT0=0x00;       // 타이머/카운터0 레지스터 0으로 초기화
    OCR0=125;         // 비교매치 값 저장(2ms)
    SREG.7=1;         // 글로벌 인터럽트 허용 세트

    while(1);
}
interrupt  [TIM0_COMP] void timer0_comp(void)
{
   t_cnt++;
    if(t_cnt==250){
        PORTC=led_data;
        led_data <<=1;
        led_data |=0x01;
         if(led_data==0xff)led_data=0xfe;
        t_cnt=0
    }

}
```

【실습 4】 타이머/카운터0을 이용하고 1,024분주비를 적용한 비교 매치(CTC모드)를 이용하는데 OCR0 값을 250로 설정하여 PB0(OC0)에 연결된 LED를 토글 시키도록 구현하시오.

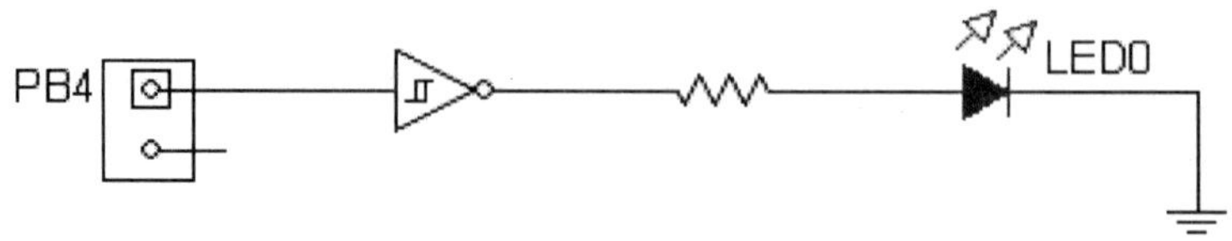


```
#include <mega128.h>

unsigned char led_data=0xfe;

void    main(void)
{
    DDRB.4=1;  //포트 B의 4비트를 출력포트로 설정
    PORTB.4=1;

    TIMSK=0b00000010; // 타이머/카운터0 비교매치 인터럽트 인에이블 설정
    TCCR0=0b00011111; // 타이머/카운터0 CTC모드, 1,024분주 설정
                    // CTC모드에서 비교매치 되었을 때 OC0핀(PB4) 토글로 설정
    TCNT0=0x00;       // 타이머/카운터0 레지스터 0으로 초기화
    OCR0=250;         // 비교매치 값 저장(2ms)
    SREG.7=1;         // 글로벌 인터럽트 허용 세트

    while(1);
}

interrupt   [TIM0_COMP] void timer0_comp(void)
{

}
```

(2) TCCR0 레지스터

타이머/카운터0의 동작모드를 설정하고 프리스케일러의 분주비를 설정한다.

Bit	7	6	5	4	3	2	1	0
	FOC0	WGM00	COM01	COM00	WGM01	CS02	CS01	CS00
데이터	0	0	0	1	1	1	1	1

WGM00:WGM01=01은 타이머/카운터0의 동작모드를 CTC모드로 설정

CS02:CS01:CS00=111은 타이머/카운터0의 클록 분주비를 1,024로 설정함으로써 타이머/카운터0 레지스터(TCNT0)가 1씩 증가하는데 걸리는 시간은 $\frac{C_k}{1,024}=\frac{16\times10^6}{1,024}=15.625[kHz]$ 즉 $t=\frac{1}{f}=\frac{1}{15.625\times10^3}=0.064[ms]$ 이다.

COM01:COM00=01로 설정함으로써 TCNT0값과 OCR0값이 비교매치 되었을 때 OC0(PB4)핀이 자동으로 토글 되도록 설정.

(3) 타이머/카운터0 레지스터(TCNT0)를 0으로 초기화시키고 비교매차 레지스터(OCR0)에 기준시간 2ms를 만들기 위해 250를 써 넣는다.

(4) 타이머/카운터0의 비교매치 인터럽트는 TCNT0값이 0부터 카운터하여 비교매치 레지스터(OCR0)에 저장된 값과 일치되었을 때 인터럽트가 발생하고, TCNT0는 0부터 다시 카운터 된다.

【실습 5】 타이머/카운터1을 이용하고 256분주비를 적용하여 오버플로우 인터럽트가 발생하면 PORTC의 LED를 좌측(LED7→LED6→LED5→LED4→LED3→LED2→LED1→LED0)으로 순차 ON되는 프로그램을 구현하시오.

```
#include <mega128.h>
#include <delay.h>

unsigned char t_ov_cnt=0;
unsigned char led_data=0xfe;

void main(void)
{

    DDRC=0xff;
    PORTC=led_data;

    TIMSK=0b00000100;
    TCCR1B=0b00000100;
    TCNT1=0xff06;
   // OCR0=125;
    SREG.7=1;

    while(1);

}

interrupt [TIM1_OVF] void timerint(void)
{

    TCNT1=0xff06;
    t_ov_cnt++;
```

```
        if(t_ov_cnt==100)
        {
            PORTC=led_data;
            led_data<<=1;
            led_data |=0x01;
            if(led_data==0xff) led_data=0xfe;
            t_ov_cnt=0;
        }
}
```

【혼자 해보기 1】 타이머/카운터1을 이용하고 256분주비를 적용한 오버플로우 인터럽트를 이용하여 500ms를 생성하기 위해 TCNT1의 설정값을 계산하여 적용한 후 500ms 마다 PORTC의 LED를 좌측(LED7→LED6→LED5→LED4→LED3→LED2→LED1→LED0)으로 순차 ON되는 프로그램을 구현하시오.

【실습 7】 타이머/카운터1을 이용하고 1,024 분주비를 적용한 비교 매치(CTC모드)를 이용하는데 OCR1A 값을 7,812로 설정하여 500ms를 생성한 후 500ms 마다 PORTC의 LED를 좌측(LED7→LED6→LED5→LED4→LED3→LED2→LED1→LED0)으로 순차 ON되는 프로그램을 구현하시오.

```
#include <mega128.h>

unsigned char led_data=0xfe;
unsigned char t_cnt;
void main(void)
{

        DDRC=0xff;
        PORTC=led_data;

        TIMSK=0x10;
        TCCR1A=0x00;
        TCCR1B=0b00001010;
        TCNT1=0x0000;
        OCR1A=7812;
        SREG.7=1;

        while(1);
}

interrupt [TIM1_COMPA] void timer1_compa_isr(void)
{
    t_cnt++;
    if(t_cnt==100)
   {
        PORTC=led_data;
        led_data<<=1;
        led_data |=0x01;
        if(led_data==0xff) led_data=0xfe;
        t_cnt=0;

    }
}
```

【실습 8】 타이머/카운터1을 이용하고 1,024분주비를 적용한 비교 매치(CTC모드)를 이용하는데 OCR1A 값을 15,624로 설정하여 PB5(OC1A)에 연결된 LED를 토글시키도록 구현하시오.

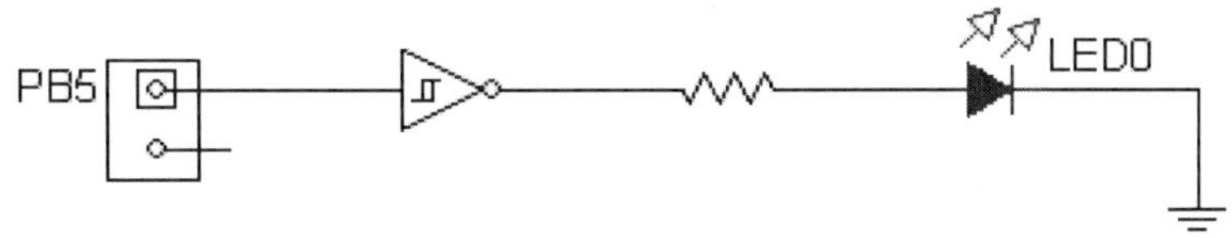


```
#include <mega128.h>

void main(void)
{

        DDRB.5=1;
        PORTB.5=1;

        TIMSK=0x10;
        TCCR1A=0x54;
        TCCR1B=0b00001101;
        TCNT1=0x0000;
        OCR1A=15624;
        SREG.7=1;

        while(1);

}

interrupt [TIM1_COMPA] void timer1_compa_isr(void)
{

}
```

제7장
직렬통신(UART)

제7장 직렬통신(UART)

7.1 직렬통신(UART)란?

UART는 컴퓨터의 비동기 직렬 통신을 처리하는 프로그램으로서 RS-232C를 제공하여, 모뎀이나 기타 다른 직렬 장치들과 통신하거나 데이터를 주고받을 수 있게 하는 것이다. MCU등에 표준적으로 사용하는 통신 방법이다.
Atmega128의 비동기 통신 장치는 일반적인 비동기 통신장치 구조를 가지고 있으며 9비트 데이터통신 방식을 지원한다.

(1) Atmega128 USART 특징

- 동기모드 : Master(내부클록), Slave(외부클록:XCKn)
- 비동기모드 : 내부클록 사용
- 전이중 통신
- 멀티프로세서 통신
- 높은 정밀도의 보레이트 발생기 내장
- 전송데이터 5~9비트 설정
- 스톱비트 1~2 설정
- 페리티비트 설정(사용, 미사용, 짝수패리티, 홀수패리티 선택)
- 에러 검출기능 (페리티 에러, 오버런에러, 프레임에러)

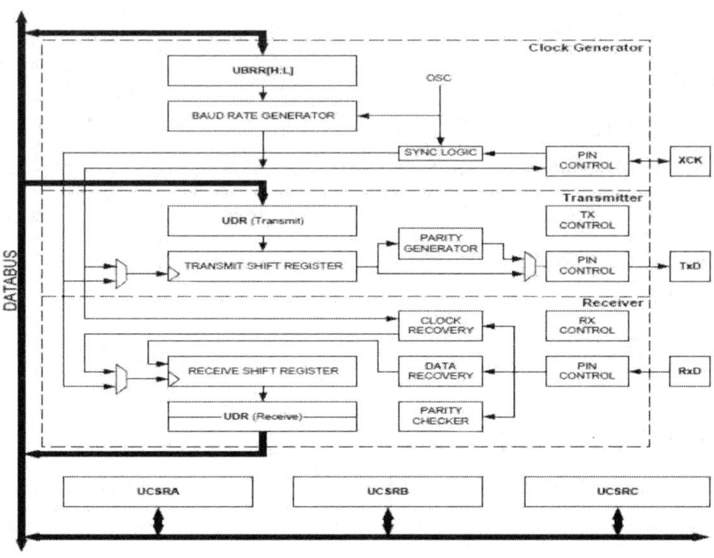

ⓐ 클록발생부 : 보레이트발생기, 외부클록입력 회로
- 비동기 일반모드 : 내부클록으로 보레이트발생
- 비동기 2배속모드 : 내부클록으로 2배의 보레이트발생
- 동기 마스터 모드
- 동기 슬레이브 모드

ⓑ 송신부 : 송신버퍼, 송신 시프트 레지스터, 패리티발생기로 구성되며 주요 레지스터로는 UDRn(UART Data Register), UCSRnB(UART Control Register), UCSRnA(UART Status Register)이 있고, TX_Shift_Registe는 사용자가 프로그램적으로 억세스 할 수 없고 회로적으로 UDRn의 내용이 로드되어 BAUD 클록에 맞추어 쉬프트되면서 TXD핀으로 송출된다.

ⓒ 수신부 : 수신버퍼, 수신 시프트 레지스터, 패리티검사기로 구성되며 주요 레지스터로는 UDRn(UART Data Register), UCSRnB(UART Control Register), UCSRnA(UART Status Register)이 있고, RX_Shift_Registe는 사용자가 RXD핀으로 수신된 신호가 수신 BAUD 클록에 맞추어 쉬프트 되다가 스톱 비트가 들어오면 UDRn로 저장된다. UDRn의 내용은 수신된 데이터로 데이터버스를 통해 사용자가 읽어서 처리한다.

수신 데이터 샘플링처리

각 비트의 중앙부분에서 3번 샘플처리 하여 2번 이상인 값으로 처리한다. 예를 들어 0이 2번 1이 1번인 경우 0 데이터로 처리한다. 이와 같이 처리하는 경우 1회 샘플링 처리하는 경우보다 노이즈 필터링 효과가 있다. 시갖(START) 비트는 0상태이고 정지(STOP)비트는 1상태이어야 한다. 만일 정지 비트가0상태로 판정되면 Framing Error(TE)로 처리된다.

(2) USART 관련 레지스터

① UDRn(Usart 0 I/O Data Register)

- UDRn 레지스터는 송/수신되는 데이터 값을 저장하는 버퍼역할을 한다. UDRn은 TXBn(송신버퍼) / RXBn(수신버퍼) 레지스터로 구성되어 있는데 이는 I/O가 같은

주소에 공유된 형태로 구성되어있으며 송/수신 이라는 다른 일을 하게 구성되어 있다. 송신할 때는 TXBn의 데이터를 전송한다. 수신할 때는 RXBn에 수신된 데이터를 저장하게 된다.

Bit	7	6	5	4	3	2	1	0
	RXBn[7:0]							
	TXBn[7:0]							
읽기/쓰기	R/W	R/W	R/W	R/W	R/W	R/W	R/W	R/W
초기값	0	0	0	0	0	0	0	0

② UCSRnA (USART Control and Status Register A)
USR레지스터는 UART의 통신상태를 나타내는 읽기 전용 레지스터이다.

Bit	7	6	5	4	3	2	1	0
	RXCn	TXCn	UDREn	FEn	DORn	UPEn	U2Xn	MPCMn
읽기/쓰기	R	R	R	R	R	R	R	R
초기값	0	0	1	0	0	0	0	0

▪ Bit 7 - RXCn(USART Receive Complete)

- RXCn = 1 : UDRn의 수신버퍼에 아직 안 읽은 데이터가 존재하는 상태
- RXCn = 0 : UDRn의 수신버퍼를 읽어서 비워져 있는 상태

▪ Bit 6 - TXCn(USART Transmit Complete)

• TXCn = 1 : 송신 시프트 레지스터에 있는 송신데이터가 모두 전송되어(스톱비트 까지) 비어있고, UDR(송신버퍼)도 비어 있을 때 이 비트가 1로 세트된다. TXIE 비트가 1로 설정되었을 때 송신 인터럽트 발생한다. 인터럽트가 처리될 때 TXC는 자동 클리어 되거나 TXC에 1을 쓰면 TXC비트가 클리어 된다.

▪ Bit 5 - UDREn(USART Data Register Empty)

• UDREn가 1로 세트되어 있으면 송신 버퍼가 비어있어서 새로운 송신 데이터를 받을 준비가 된 상태를 가리킨다. UDR에 데이터를 쓸 때 UDRE는 0으로 클리어된다.

▪ Bit 4 - FEn(USART Frame Error)

- FEn 비트가 1로 세트되는 것은 수신할 때 프레임 에러가 발생한 상태를 가리킨다. 예를 들어 정지비트가 0으로 들어 온 경우에 발생한다.

▪ Bit 3 - DORn(USART Data Overrun Error)

- DORn 비트가 1로 세트되는 것은 오버런 상황이 발생한 것이다. UDR의 데이터를 아직 읽지 않은 상태에서 다음 새로운 데이터가 들어와 이전 데이터를 잃어버린 경우 발생한다.

▪ Bit 2 - UPEn(USART Parity Error)

- 수신 버퍼에 데이터가 수신되어 패리티 에러가 발생할 때 1로 세트된다.

패리티에러란 정보의 전달 과정에서 오류가 생겼는지를 검사하기 위해 원래의 정보에 덧붙이는 비트를 패리티비트라 하며 데이터비트와 패리티비트를 계산하여 짝수, 홀수를 판별하여 에러인지 아닌지 구분한다.

▪ Bit 1 - U2Xn(Double the USART Transmission Speed)

- U2Xn 비트는 비동기 모드에서만 유효한 것으로서 1로 세트하게 되면 클록의 분주비를 16에서 8로 절반만큼 낮추어 전송속도를 2배 높이는 기능을 수행한다.

▪ Bit 0 - MPCMn(USART Multi-Processor Communication Mode)

• MPCMn를 1로 세트하면 수신된 데이터에 주소 정보가 없으면 무시하며 송신할 때는 영향을 미치지 않는다.

③ UCSRnB (USART Control and Status Register B)

Bit	7	6	5	4	3	2	1	0
	RXCIEn	TXCIEn	UDRIEn	RXENn	TXENn	UCZn2	RXB8n	TXB8n
읽기/쓰기	R/W	R/W	R/W	R/W	R/W	R/W	R/W	R/W
초기값	0	0	0	0	0	0	0	0

▪ Bit 7 - RXCIEn(USART RX Complete Interrupt Enable)

• RXCn = 1 : 수신완료 인터럽트 인에이블

▪ Bit 6 - TXCIEn(USART TX Complete Interrupt Enable)
 • TXCn = 1 : 송신완료 인터럽트 인에이블

▪ Bit 5 - UDRIEn(USART Data Register Empty Interrupt Enable)
 • UDRIEn = 1 : 송신 데이터 레지스터 빔 인터럽트 인에이블

▪ Bit 4 - RXENn(USART Receiver Enable)
 • RXENn 비트가 1이면 수신기가 인에이블 되어 수신가능 상태가 된다.

▪ Bit 3 - TXENn(USART Transmitter Enable)
 • TXENn 비트가 1이면 송신기가 인에이블 되어 송신가능 상태가 된다.

▪ Bit 2 - UCSZn2(USART Character Size)
 • 전송 데이터 길이 선택 비트로 UCSRnC의 UCSZn1:0 비트와 함께 전송 및 수신 데이터 길이를 설정한다.

▪ Bit 1 - RXB8n(USART Receive Data Bit 8)
 • 전송 데이터수가 9로 설정된 경우 수신된 9번째 데이터를 저장하게 된다.

▪ Bit 0 - TXB8n(USART Transmit Data Bit 8)
 • 전송 데이터수가 9로 설정된 경우 송신될 9번째 데이터를 저장하게 된다.

④ UCSRnC (USART Control and Status Register C)

Bit	7	6	5	4	3	2	1	0
	-	UMSEL	UPM1	UPM0	USBS	USCZ1	USCZ0	UCPOL
읽기/쓰기	R/W	R/W	R/W	R/W	R/W	R/W	R/W	R/W
초기값	0	0	0	0	0	0	0	0

▪ Bit 6 - USMSELn(USART Mode Select)
 • USMSELn = 1 : 동기전송모드로 클록신호로 송신과 수신의 통신 클록을 맞춘다.

• USMSELn = 0 : 비동기전송모드로 클록신호로 송신과 수신의 통신 클록을 맞추지 않는다.

▪ Bit 5, 4 - UPMn1, UPMn0 (USART Parity Mode)

UPMn1	UPMn0	패이티 모드
0	0	패리티모드 사용 않함
0	1	-
1	0	짝수 패리티
1	1	홀수 패리티

▪ Bit 3 - USBSn(USART Stop Bit Select)

• USBSn = 1 : 스톱비트 2개로 설정

• USBSn = 0 : 스톱비트 1개로 설정

▪ Bit 2, 1 - UCSZn1, UCSZn0 (USART Character Size)

• UCSRnB의 UCSZn2 비트와 함께 전송 문자의 데이터 비트 수를 설정한다.

UCSZn2	UCSZn1	UCSZn0	전송 데이터 비트수
0	0	0	5비트
0	0	1	6비트
0	1	0	7비트
0	1	1	8비트
1	0	0	-
1	0	1	-
1	1	0	-
1	1	1	9비트

▪ Bit 0 - UCPOLn(USART Clock Polarity)

• 이 비트는 동기 전송 모드의 슬레이브 동작에서만 사용된다.

• UCPOLn = 1 : 송신데이터는 XCKn 클록의 하강에지에서 새로운 값이 출력
수신데이터는 XCKn 클록의 상승에지에서 검출된다

• UCPOLn = 0 : 송신데이터는 XCKn 클록의 상승에지에서 새로운 값이 출력
수신데이터는 XCKn 클록의 하강에지에서 검출된다

⑤ UBRRnH/L (USART Baud Rate Register)

Bit	7	6	5	4	3	2	1	0
	-	-	-	-	UBRRn[11:8]			
	UBRRn[7:0]							
읽기/쓰기	R	R	R	R	R/W	R/W	R/W	R/W
	R/W	R/W	R/W	R/W	R/W	R/W	R/W	R/W
초기값	0	0	0	0	0	0	0	0
	0	0	0	0	0	0	0	0

- USART의 송/수신 속도를 설정한다.
- 원하는 통신속도 맞추기 위해 UBRR설정 시 아래의 표를 참고하여 설정한다. 주의할 사항은 UBRRn에 설정값을 쓸 대 UBRRnH에 값을 쓴 후 UBRRnL에 값을 쓴다.

Baud Rate (bps)	f_{osc}=11.0592MHz				f_{osc}=14.7456MHz				f_{osc}=16.000MHz			
	U2X=0		U2X=1		U2X=0		U2X=1		U2X=0		U2X=1	
	UBRR	Error	UBRR	Error	UBRR	Error	UBRR	Error	UBRR	Error	UBRR	Error
2400	287	0.0%	575	0.0%	383	0.0%	767	0.0%	416	-0.1%	832	0.0%
4800	143	0.0%	287	0.0%	191	0.0%	383	0.0%	207	0.2%	416	-0.1%
9600	71	0.0%	143	0.0%	95	0.0%	191	0.0%	103	0.2%	207	0.2%
14.4k	47	0.0%	95	0.0%	63	0.0%	127	0.0%	68	0.6%	138	-0.1%
19.2k	35	0.0%	71	0.0%	47	0.0%	95	0.0%	51	0.2%	103	0.2%
28.8k	23	0.0%	47	0.0%	31	0.0%	63	0.0%	34	-0.8%	68	0.6%
38.4k	17	0.0%	35	0.0%	23	0.0%	47	0.0%	25	0.2%	51	0.2%
57.6k	11	0.0%	23	0.0%	15	0.0%	31	0.0%	16	2.1%	34	-0.8%
76.8k	8	0.0%	17	0.0%	11	0.0%	23	0.0%	12	0.2%	25	0.2%
115.2k	5	0.0%	11	0.0%	7	0.0%	15	0.0%	8	-3.5%	16	2.1%
230.4k	2	0.0%	5	0.0%	3	0.0%	7	0.0%	3	8.5%	8	-3.5%
250k	2	-7.8%	5	-7.8%	3	-7.8%	6	5.3%	3	0.0%	7	0.0%
0.5M	-	-	2	-7.8%	1	-7.8%	3	-7.8%	1	0.0%	3	0.0%
1M	-		-	-	0	-7.8%	1	-7.8%	0	0.0%	1	0.0%
Max	691.2kbps		1.3824Mbps		921.6kbps		1.8432Mbps		1Mbps			

```
//통신속도 계산 방식(일반모드)
BAUD = fosc / 16 * (UBRR+1)
  BAUD=Baud Rate(bps)
```

f_{osc}= CPU Clock Frequency

UBRRL=UBRR의 내용으로 0~255사이의 값을 갖는다.
UBRRH=UBRR의 내용으로 256~1023사이의 값을 갖는다.

//예제 (16MHz, 57600bps 속도의 UBRR구하기)
UBRR = (fosc / 16 * UBRR) - 1
= (16000000 / 16 * 57600) -1
= 17.36111 - 1
= 16.36111

③ USART 인터럽트

ⓐ 수신완료 인터럽트

▪ 데이터가 수신되어 수신 시프트레지스터에서 수신버퍼(UDRn) 레지스터로 전달될 때 인터럽트가 걸린다.

▪ 이 시점에서 사용자는 UDRn을 Read하면 수신데이터를 확인 할 수 있다.

ⓑ 송신완료 인터럽트

▪ 송신 시프트 레지스터에 있는 송신데이터가 모두 전송되어 비어있고 송신버퍼(UDRn) 도 비어있을 때 인터럽트가 발생된다.

ⓒ 송신데이터준비완료 인터럽트

▪ 송신 시프트 레지스터로 UDRn값이 전송되어 송신버퍼(UDRn)가 비어 있을 때 인터럽트가 발생한다.

▪ 이 시점에서 사용자는 UDRn에 새로운 데이터를 Write하면 송신할 수 있게 된다.

- ATmega128의 USART는 전송데이터의 포맷을 여러 형태로 설정할 수 있도록 되어있다.

- Start bit : 1 (표준:1 bit)
- Data bit : 5, 6, 7, 8 or 9 (표준:8 bit)
- Parity bit : No, Even or Odd (표준:0 bit)
- Stop bit : 1 or 2 (표준:1 bit)

- 수신데이터의 정확한 검출을 위하여 1비트의 샘플링이 이루어진다.

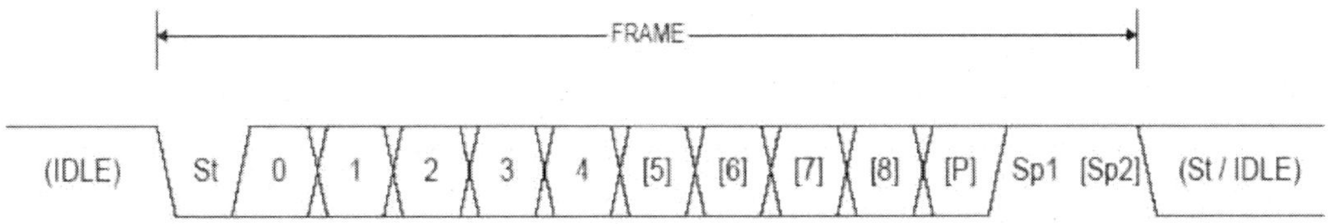

St Start bit, always low.

(n) Data bits (0 to 8).

P Parity bit. Can be odd or even.

Sp Stop bit, always high.

IDLE No transfers on the communication line (RxD or TxD). An IDLE line must be high.

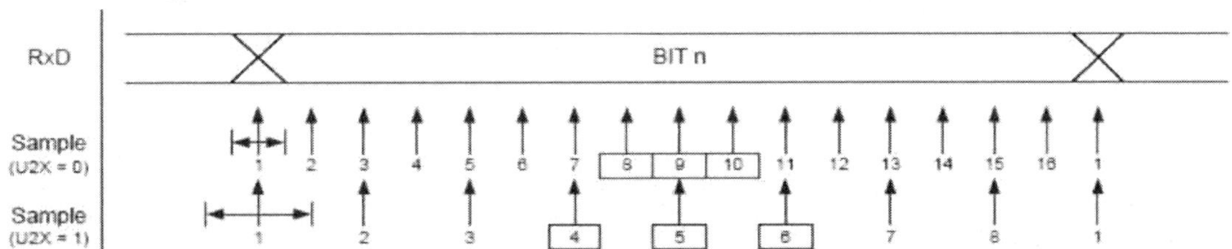

- 검출을 하기 위해서 1비트 당 16배 주파수(2배속모드 : 8배주파수)를 이용한다.
- 16배 주파수중 중앙부(8,9,10)에 3번 샘플링하여 2번 이상인 값으로 처리

7.2 USART 실습

UART 실습에 앞서 UART 케이블을 만든다. 실제 ATmega128의 UART와 PC의 COM 단자는 서로 UART 통신이다. 그러나 바로 연결해서 사용할 수는 없다. 그 이유는 ATmega128에서의 UART 통신은 0V~5V의 디지털방식이고 PC에서는 -12V ~ +12V 디지털 값을 사용하기 때문이다. 이를 연동하기 위해서는 ATmega128에서의 출력레벨과 PC의 출력레벨을 상호변환 가능하도록 만들어야 한다. 아래의 회로는 일반적으로 많이 사용하는 MAX232 IC를 이용한 데이터 레벨의 상호변환 회로이다.

(3) RS232 회로구성

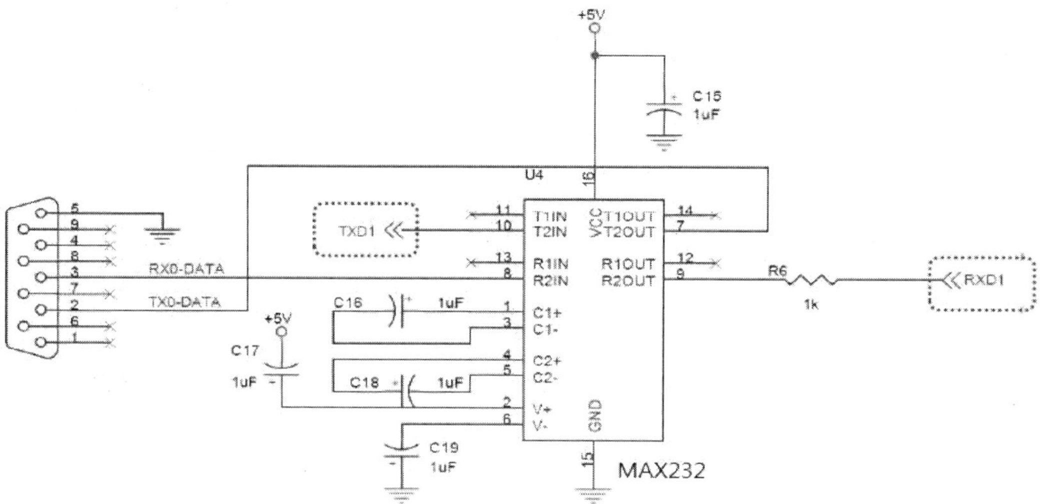

+5V-Powered, Multichannel RS-232 Drivers/Receivers

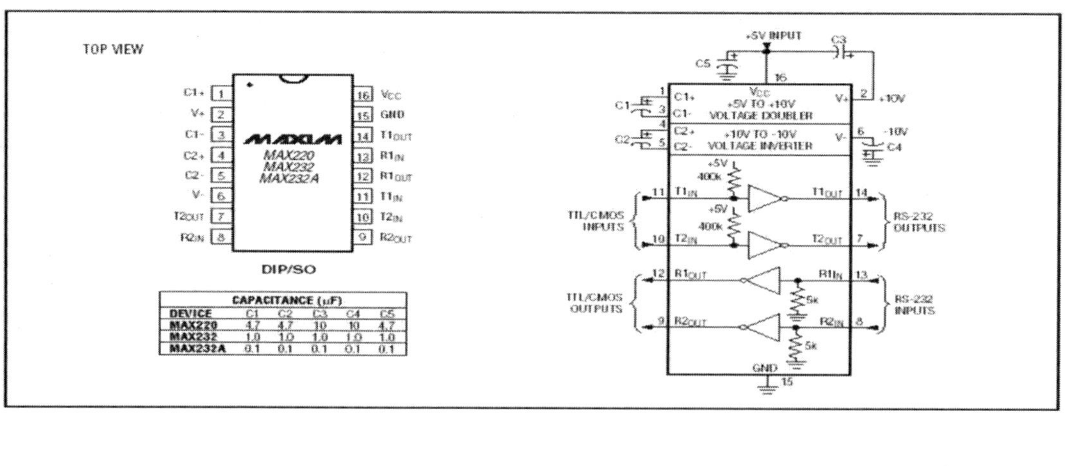

CAPACITANCE (μF)					
DEVICE	C1	C2	C3	C4	C5
MAX220	4.7	4.7	10	10	4.7
MAX232	1.0	1.0	1.0	1.0	1.0
MAX232A	0.1	0.1	0.1	0.1	0.1

【실습 1】 UART 통신 프로그램을 작성하며 컴퓨터와 기본 통신을 해보자.

```
#define F_CPU 16000000 // 사용하는 CPU 클록을 설정한다. delay.h를 위해 필요
#include <avr/io.h>

//16MHz 클록을 사용하고 더블 보레이트(x2) 사용할 때 보레이트
// 각 보레이트에 따라서 UBRR 값을 배열로 지정해 놓았다.
// 2400,2800,9600,14.4k,19.2k, 28.8k,38.4k,57.6k,76.8k, 115.2k, 230.4k, 250k, 500k, 1M
unsigned int baudrate[15]={832,416,207,138, 103, 68, 51, 34, 25, 16, 8, 7, 3, 1, 0};

unsigned char temp;

void serial0_init(void)
{
        DDRE = 0xFE; //시리얼통신을 위해 PE0핀은 RXD0로서 입력으로 설정하고, PE1 핀은
                     // TXD0로서 출력으로 설정
        UBRR0H = baudrate[2]>>8; // 보레이트 설정 9600 bps
        UBRR0L = baudrate[2];
        UCSR0A = 0x02; // 비동기 모드, 더블 보레이트
        UCSR0B = 0x18; // 0x98 rx interrupt enable, 8 data, tx 0xD8, tx_empty 0xF8
        UCSR0C = 0x06; // no parity, 1 stop, 8 data
        temp = UDR0;  // dummy read
}
void tx_char(unsigned char tx_data)
{
        //시리얼포트로 데이터 송신이 완료되고 송신버퍼가 준비되었는지 검사
        while((UCSR0A&0x20) == 0x00);
        UDR0 = tx_data; //시리얼 포트를 통하여 데이터 전송
}
void tx_string(unsigned char *str_data)
{
        while(*str_data != 0x00){ //문자열의 끝부분이 아니라면
                tx_char(*str_data); //시리얼포트로 한개의 문자를 송신한다.
                str_data++;
        }
}
int main(void)
{
        unsigned char *str="www.seniorcom.co.kr";
        serial0_init(); //시리얼 통신 설정
```

```
        while(1)

        {
                tx_string(str); //문자열을 송신하는 프로그램
        }
        return 0;
}
```

찾아보기

(ㄱ)

공통 애노드형 94
공통 캐소드형 94
관계 연산자 34
광도전센서(CdS) 182

(ㄴ)

내부구조 7
논리 연산자 35
논리곱 36
논리합 37

(ㄷ)

단항 연사자 33
대입 연산자 34
데이터 형 28
데이터메모리 9
도트 매트릭스 LED 129

(ㄹ)

레이블 27

(ㅂ)

바이폴라(Bioplar)구동방식 149
배열 50
배타적 논리합 37
범용 레지스터 10
변수 30
변환시간(Conversion Time) 167
분해능(Resolution) 167
비지 플래그 113

(ㅅ)

산술 연산자 33
상수 30
상태레지스터(SREG) 14
서보모터 141
송신부 256
수신부 256
스테핑 모터 146

(ㅇ)

아날로그 비교기 184
어드레스카운터 114
역기전력 136
연산자 36
예약어 28
오른쪽 시프트 38
왼쪽 시프트 37
유니폴라(Unipolar) 구동방식 148
인터럽트 191
인터럽트 벡터 193

(ㅈ)

전처리 29
직렬통신(UART) 255

(ㅋ)

카운터 209

(ㅌ)

타이머 209

(ㅍ)

펄스폭 변조(PWM) 방식 138
포트 69
프로그램메모리 8
프리스케일러 211
핀 배치 4

(ㅎ)

함수 45

(1)

1-2상 여자 방식 148
1의 보수 36

(4)

4x4 키패드 105

(7)

7-세그먼트 93

(A)

A/D변환 167
ACSR 185
ADCH/L 174
ADCSRA 173
ADMUX 172
ASSR 217, 227
ATMega128 3
AVR 3

(B)

break문 44

(C)

C.G.ROM 114
CG RAM 114
CodeVision 컴파일러 52
CodeWizard 55

(D)

DC 모터 135
DD RAM 114
DDRx 71
do while문 41
DR(데이터 레지스터) 113
Dynamic Display 방식 95

(E)

EEAR 레지스터 15
EECR 레지스터 15
EEDR 레지스터 15
EEPROM 14
EICRA 195, 199
EICRB 196
EIMSK 197, 199
ETIFR 229

(F)

for문 40

(H)

H 브리지 137
Harvard 7
HD44780 116

(I)

I/O 레지스터 12
ICR1 233
if~else문 39
if문 39
IR(명령 레지스터) 113

(K)

KLM-162CAN 129

(L)

L297 152
LCD 모듈 111
LM35 179

(M)

MC14511 96
MIPS 3

(O)

OCR1xH 233
OCR1xL 233
OCRn 212
Oscillator 18

(P)

PINx 71
PORTx 71

(R)

Reset 18
return문 48
RS232 264

(S)

SFIOR 70
Static Display 방식 94
switch문 43

(T)

TCCR1A 229
TCCR1B 231
TCCR1C 232
TCCRn 212
TCNT1H 232
TCNT1L 232
TIFR 216, 228
TIMSK 215

(U)

UBRRnH/L 261
UCSRnA 257
UCSRnB 258
UCSRnC 259
UDRn 256
USBISP 19

(W)

while문 41

(X)

X,Y,Z 레지스터 11

ATmega128

마이크로컨트롤러 기초

2014년 8월 26일 인쇄
2014년 8월 28일 발행
저 자 김 락 환 저
펴낸이 오 성 걸
펴낸곳 오성미디어
주 소 132-916 서울시 도봉구 창 3동 491-1
전 화 02) 997-0136
FAX 02) 997-0137
등 록 2000. 5. 12 제 7-212 호

ISBN 978-89-6628-140-4 값 17,000 원